Lissabon
Teja
C. Espichel
PORTUGAL
Guadiana
SPANIE
Cordoba
Murcia
Guadalquivir
Sevilla
C.S. Vincente
C. Gata
W0378929
Tlemcen
Meknes
Soforo
Azemmur
Mazagan
Nördl. C. Blanco
El Waladia
C. Cantin
Bulawan
Tadla
Saffi od. Asfi
Wadi Tensift
Sidi Abdallah
Klaa
Medrara
Zeian
Marka
Mogador
Marocco
El Glaoui
C. Sem
Miltsin B.
10676'
Tafilelt
C. Tesetna
Tafilelt
Bu Amm
C. Ger
Agadir
Wad. A. Sus
Tarudant
Teserin
Tesebit
Sus
Assa
Igli
Tammegrut
Tebelbelt
Ilir
Talent
W. Draa
Akka
Tatta
Mimcina
Sebkha
El Hamid
El Arib
Figuig
El Mai
Quivian
Gnadsa
Atlas
Wadi Draa
Hoher
Sahara
Oase v.
Oase v.
Tedikelt
Agabli
El Waten
Br. el Guédéa
Br. Maraboati
IGUIDI
bewohnt durch die Lamta, die
Ulad Hamrun, Sa'id u. Jahia
Br. el Kseif
Oase Gualata
TANEZRU
Gogden od. Gog
Br. Amul-taf
Br. v. Amul-Gragim
Br. el Mozzaquem
El Kabla
Br. Tughaza od. Trasah
Games Br.
A
Hassi Tuaber
Taudyni
Br. Tilig
Wüste ohne Wasser
Hassi Mussy
M A U R E
ZUENZIGA
bewohnt durch die Guenseris

ALTE ABENTEUERLICHE REISEBERICHTE

J.C. Silva f.

Heinrich der Seefahrer (1394–1460)

INHALT

Heinrich der Seefahrer und das Zeitalter
der portugiesischen Entdeckungen
Rudolf Kroboth
Seite 7

Alvise da Cà da Mosto
Reise nach Westafrika
Seite 43

Gomes Eanes de Zurara
Die Eroberung von Guinea auf Befehl
des Infanten D. Henrique
Seite 161

João de Barros
Die Fahrten entlang der Westküste Afrikas und
die Entdeckung der Inseln Porto Santo und Madeira und
des Cabo Verde
Seite 261

Nachwort
Gabriela Pögl
Seite 314

Anhang

Anmerkungen zum Vorwort
Seite 329

Literatur zum Vorwort
Seite 332

Anmerkungen zu Cà da Mosto, de Zurara und de Barros
Seite 333

Worterklärungen
Seite 339

Geographisches Glossar
Seite 341

Bibliographie
Seite 343

Bildnachweis
Seite 344

HEINRICH DER SEEFAHRER UND DAS ZEITALTER DER PORTUGIESISCHEN ENTDECKUNGEN

»Den Ansporn, eine Seemacht zu werden, erhielt Portugal durch seine geographische Lage. Aber bei einer Bevölkerung, die nur eine und eine viertel Million zählte, hätte man kaum erwarten können, daß es im Verlauf eines Jahrhunderts die halbe Welt entdecken würde.« (Edgar Prestage, Die portugiesischen Entdecker, Wien, Bern, Leipzig 1936, S. 7)

Die portugiesischen Entdeckungen und die Geschichtsschreibung

Schlägt man in der Absicht, sich rasch über die geschichtliche Entwicklung Portugals zu informieren, eine der zahlreichen Gesamtdarstellungen zur Geschichte des Spätmittelalters und der frühen Neuzeit auf, dann gewinnt man den Eindruck, daß das an der europäischen Peripherie gelegene Portugal nicht viel mehr als eine Komparsenrolle auf der Bühne der europäischen Geschichte gespielt hat. Daß in diesem Land die Wiege der abendländischen Übersee-Expansion gestanden hat, daß von keinem anderen Volk in der Geschichte so weitreichende geographische Entdekkungen gemacht wurden wie vom portugiesischen, daß Portugal als erste Kolonialmacht Europas dem Blick der Europäer neue Horizonte erschlossen, daß es mit seinen Entdeckungsfahrten in bislang unbekannte Weltregionen die Enge europäischer Provinzialität gesprengt und die abendländische Zivilisation mit bis dahin fremden Kulturen und Gesellschaften in Kontakt gebracht hat, scheint, obgleich von welthistorischer Bedeutung, vergessen worden zu sein. Wenn wir nach den Gründen für dieses erstaunliche Phänomen fragen, dann ist zunächst festzustellen, daß die in erster Linie auf die klassischen europäischen Großmächte konzentrierte Forschungsperspektive der meisten Historiker das geschichtliche Geschehen an der Peripherie Europas als zweitrangig erscheinen läßt und Portugal dementsprechend zu einer historischen »Randgruppe« im Kreise der »feinen Gesellschaft« von England, Frankreich und Deutschland degradiert. Nachteilig für eine angemessene Würdigung der welthistorischen Leistungen Portugals im 15. und 16. Jahrhundert wirkt sich zudem der bis in unsere Tage vorherrschende Eurozentrismus der Geschichtswissenschaft aus, insofern nämlich, als dadurch die außereuropäische Welt allenfalls als Appendix der europäischen Geschichte abgehandelt wird. Und dieses Faktum sorgt dafür, daß der Eintritt der südlichen Hemisphäre in das abendländische Weltbild, vorrangig zu verdanken den außerordentlichen Erfolgen der portugiesischen Seefahrt, in seiner die abendländische Welt verändernden Wirkung – sieht man einmal ab von der einschlägigen Spezialliteratur – nicht deutlich genug herausgestrichen wird. Daß von der Geschichtsschreibung weitgehend versäumt wurde, den tiefgehenden Einfluß der portugiesischen Geschichte auf die menschliche Zivilisation recht zu würdigen, vermittelt nach Ansicht des amerikanischen Entdeckungshistorikers B. W. Diffie den Anschein, als sei von der internationalen Historikerzunft insgeheim eine regelrechte »Verschwörung« angezettelt worden, die sich zum Ziel gesetzt habe, Portugal seiner Verdienste auf diesem Gebiet zu berauben. Wenn er auch einräumen muß, daß die strikte Geheimhaltungspolitik des portugiesischen Königshauses, also dessen Bestreben, Portugals Entdeckungspläne und Entdeckungserfolge aus Furcht vor ausländischer Konkurrenz nicht ans Licht der Öffentlichkeit gelangen zu lassen, und der hieraus resultierende Quellenmangel für die beschriebene Unterbewertung der portugiesischen Geschichte mitverantwortlich sind, so vermag Diffie den Historikern dennoch den Vorwurf nicht zu ersparen, ihre Argumentation in bezug auf Portugals Entdeckungsleistungen sei ausgesprochen »destruktiv«.[1]) Umgekehrt freilich sei manchen betont nationalistischen portugiesischen Historikern, z. B. Gago Coutinho und Armando Cortesão, vorzuhalten, die entdeckungsgeschichtlichen Meriten Portugals größer gemacht zu haben, als sie es in Wirklichkeit waren: durch die Behauptung nämlich, es habe bereits vor Heinrich dem Seefahrer großangelegte Entdeckungsreisen, vor Vasco da Gama schon geheimgehaltene Vorstöße in den Atlantik und den Indischen Ozean, vor Columbus Fahrten nach Amerika und vor Cabral Expeditionen nach Brasilien gegeben. Solche von keiner Quelle abgestützten Thesen seien lediglich ein »ausgetüfteltes Ratespiel«, das in Verdrehung der historischen Wahrheit dazu führe, all die genannten großen Entdeckerpersönlichkeiten zu »Pygmäen« zu degradieren, die nur den Spuren der vorgeblich »ersten« anonymen Entdekker gefolgt seien.[2])

Welche Antriebskräfte ließen Portugal zur Pioniernation der Entdeckungen werden?

Es ist auf den ersten Blick in der Tat erstaunlich, daß ausgerechnet das kleine, bevölkerungsarme und wirtschaftlich vergleichsweise schwache Portugal, erst 1139 unter Alfonso, dem Sohn des Grafen Heinrich von Burgund, im Kampf gegen die Mauren und unter Beseitigung der Oberhoheit Kastiliens zu einem selbständigen Königreich aufgestiegen[3]), im 15. und 16. Jahrhundert zur führenden Seefahrer- und Entdeckernation Europas wurde. Daß dieses Königreich, das im Rahmen der innereuropäischen Geschichte über die Jahrhunderte hinweg nur eine untergeordnete Rolle spielte, solches zu vollbringen imstande war, läßt sich auf eine Reihe von Gründen zurückführen: Wesentlich ist zum einen die geographische Position Portugals am äußersten Südwestzipfel Europas, die für maritime Unternehmungen sehr günstig war und dem Land gegenüber den Ländern Mittel- und Nordeuropas auf diesem Terrain deutliche geostrategische Vorteile bot. Eine zweite Voraussetzung war die Existenz eines Handelsbürgertums und einer eigenen Schiffsbauindustrie. Die Aussicht auf wirtschaftlichen Gewinn[3a]) und die Befriedigung von Abenteuerlust waren weitere Antriebskräfte. Jungen Adligen versprach die Seefahrt Ehrgewinn und Reichtum, während andere, vor allem das portugiesische Königshaus und die Kirche, in Übersee-Expeditionen in erster Linie die Möglichkeit sahen, die Ungläubigen zum Christentum zu bekehren. Unabhängig davon aber sind die herausragenden Erfolge der portugiesischen Seefahrt nicht zuletzt das ganz persönliche Verdienst von Heinrich dem Seefahrer, der 1394 als vierter Sohn König Johanns I. geboren wurde und im Mannesalter zum »Chef-Promotor«[4]) der portugiesischen Entdeckungen werden sollte. Denn während die anderen europäischen Länder zu Beginn des 15. Jahrhunderts in nicht enden wollende Kriege und dynastische Machtkämpfe verstrickt waren, übernahm Portugal, getrieben von Heinrichs unbändigem Entdeckungseifer, die Führung bei der Erforschung der außereuropäischen Welt und leitete damit eine neue Epoche der Weltgeschichte ein.

Zur Frühgeschichte der portugiesischen Seefahrt

Ohne die entscheidenden Impulse, die die portugiesische Seefahrt von Heinrich dem Seefahrer erhielt, in ihrer Bedeutung herunterspielen zu wollen, darf allerdings nicht vergessen werden, daß die Portugiesen auch schon in früheren Zeiten auf seemännischem Gebiet Hervorragendes geleistet haben. Obwohl wir über die Frühgeschichte der portugiesischen Seefahrt nur relativ wenig wissen, ist bekannt, daß, vor allem von den portugiesischen Geschäfts-

und Handelszentren Lissabon und Oporto aus, bereits im 12. Jahrhundert ein reger Seehandel mit dem Norden Europas und den Mittelmeerländern getrieben wurde. Auch besaß Portugal schon unter Alfons I. (1139–1185) eine, wenn auch noch recht kleine, Kriegsflotte, die immer wieder in Gefechte mit maurischen Geschwadern verwickelt war und mit deren Hilfe es gelang, die Herrschaft der Araber im Rahmen der portugiesischen Reconquista Zug um Zug nach Süden zurückzudrängen. Und im Jahr 1189 beteiligte sich König Sancho I. (1185–1211) mit 40 Galeeren an einer Kreuzfahrerflotte, die den Süden Portugals von den Mauren befreien sollte.[5]) Einen großen Schritt nach vorn machte die portugiesische Kriegs- und Handelsmarine unter König Diniz (1269–1325), dem wohl bedeutendsten portugiesischen Herrscher im Mittelalter. Um den Schiffsbau zu fördern, ließ er nicht nur bei Leira einen Fichtenwald zur Beseitigung des Holzmangels anlegen, sondern er rief im Jahr 1293 auch eine Schiffsversicherungsgesellschaft, die *bolsa*, ins Leben, aus der sich später die *feitora*, die lange Zeit führende portugiesische Überseehandelsgesellschaft, entwickelte.[6]) Neben einer Reihe von Steuerprivilegien, die er dem Handelsbürgertum gewährte, fiel in diesem Zusammenhang auch ins Gewicht, daß er die Schiffsbauer in den Ritterstand erhob. Dieser Beruf war also fortan mit einem außerordentlichen gesellschaftlichen Prestige und einem hohen sozialen Status verknüpft, was natürlich dazu führte, daß sich dieser Gewerbezweig besonders stark entwickelte. Und schließlich schuf König Diniz das Amt des Admirals, des Befehlshabers der Kriegsflotte, dessen Inhaber er ebenfalls mit großen Privilegien ausstattete. Betraut mit diesem Amt wurde ein Genueser namens Manoel Pezagno, der als Seefahrer in einem guten Ruf stand. Überhaupt war Genua damals die führende Seemacht, deren Kapitäne auch von den Königen Kastiliens und Frankreichs mit der Organisation ihrer Flotten beauftragt wurden.[7])

Genueser, die mit besagtem Admiral nach Portugal gekommen waren, waren es auch, die die erste aktenkundige Ozeanfahrt unter portugiesischer Flagge anregten: Am 1. Juli 1341 brachen drei Schiffe zu den Kanarischen Inseln auf, die im Altertum als die »Glücklichen Inseln« bekannt und 1270 von dem Genueser Malocello neu entdeckt worden waren.[8]) Die portugiesische Expeditionsflotte besuchte auf dieser Fahrt die Inseln Fuerteventura, Gran Canaria, Ferro, Gomera und Teneriffa; einige Chronisten vermuten sogar, daß anläßlich dieser Expedition auch die Azoren erreicht wurden. Im November desselben Jahres trafen die drei Schiffe wieder in Lissabon ein, ohne allerdings eine nennenswerte Beute mitzubringen. Wenn dieser ersten Entdeckungsfahrt vorläufig keine weitere folgte, dann lag das vor allem daran, daß Papst Clemens VI. (1342–1352) – nach mittelalterlichem Recht oblag es der päpstlichen Gewalt, über neu entdeckte und bislang unbesetzte Länder zu verfügen – im Jahr 1344 die Kanarischen Inseln dem Grafen Luis de la Cerde, einem Verwandten des Königshauses von Kastilien, gegen eine jährlich zu entrichtende Tributzahlung verlieh.[9]) Hinzu kam, daß der fortdauernde Krieg gegen die Mauren den vollen Einsatz der portugiesischen Flotte verlangte.

In der Folgezeit wurde unter den Königen Pedro I. (1357–1367), der ausländischen Kaufleuten weitgehende Handelsprivilegien einräumte und somit Portugal zu einem Zentrum des europäischen Handels machte, und Ferdinand I. (1367–1383) die Kriegs- und Handelsflotte Portugals stetig ausgebaut und verbessert. Als jedoch Ferdinand I. vor dem Hintergrund der anhaltenden Erfolgestreitigkeiten mit Kastilien immer mehr Geld in die Kriegsmarine steckte, stieß er mit dieser Politik auf den Widerstand der *cortes*, des ständisch verfaßten Parlaments Portugals, in dem die Stimme des Handelsbürgertums ein großes Gewicht hatte. Beklagt wurde vom Parlament neben der Vernachlässigung der Handelsschiffahrt auch die Steuer- und

Zollpolitik des Königs, die aus der Sicht des Handelsbürgertums nur den Adel und den Klerus und obendrein auch noch die ausländischen Kaufleute begünstigte. Da die Volksvertreter mit dem Steuerbewilligungsrecht ein wirksames Druckmittel in der Hand hatten, mußte Ferdinand I. ihrem Begehren nach einer stärkeren Förderung der einheimischen Handelsschiffahrt schließlich nachgeben. 1377 gewährte er der portugiesischen Kaufmannschaft einen großzügigen Privilegienbrief, eine Maßnahme, die er drei Jahre später mit der Gründung einer Schiffahrtsgesellschaft, der *Companhia das Naus*, ergänzte. Beide Entscheidungen waren für die Zukunft der portugiesischen Seefahrt von größter Wichtigkeit: Mit dem Privilegienbrief erhielt die Handelsschiffahrt und der Handelsschiffsbau ein ganzes Bündel weitreichender Begünstigungen zugesprochen, das von der Gewährung von Steuer- und Zollfreiheit in bestimmten Fällen bis hin zu der Erlaubnis reichte, für den Bau von Schiffen über 100 Tonnen Holz in den königlichen Forsten umsonst schlagen zu dürfen. Hauptzweck der neu geschaffenen Schiffahrtsgesellschaft war die Einrichtung eines genossenschaftlichen Versicherungsfonds, auf den die Reeder zurückgreifen konnten, wenn eins ihrer Schiffe auf See verlorengegangen war.[10]) Angesichts dieser Maßnahmen verlegten sich viele Portugiesen auf die Handelsschiffahrt, versprach eine Betätigung auf diesem Felde doch reichen wirtschaftlichen Gewinn. Und in der Tat erlebten in den Jahren nach 1380 der portugiesische Seehandel und die Handelsflotte einen ungeheuren Aufschwung, eine Entwicklung, in deren Verlauf viel Geld in das Land strömte und die Wirtschaft Portugals insgesamt aufblühte. Auch der König, dem der Ausbau der Handelsflotte von den *cortes* zunächst hatte abgerungen werden müssen, zog daraus einen Nutzen, denn die Handelsschiffe, deren Größe mit der Ausweitung des Handels ständig zunahm, konnten in Kriegszeiten auch militärisch eingesetzt werden. Freilich erlitt die Flotte Portugals durch Ferdinands Dauerkrieg gegen den Rivalen Kastilien so schwere Verluste, daß sein Nachfolger auf dem portugiesischen Königsthron, Johann I. (1385–1433), Jahre brauchte, um sie wieder zu reorganisieren.[11])

Das Zeitalter Heinrichs des Seefahrers

Die Eroberung Ceutas im Jahre 1415

Nach Beendigung des Erbfolgekrieges gegen Kastilien in der für die Portugiesen mit einem entscheidenden Sieg endenden Schlacht von Aljubarrota im August 1385 und der nachfolgenden inneren Konsolidierungsphase unter der neuen Dynastie der Aviz, die mit Johann I. an die Macht gekommen war[12]), schickte sich Portugal im Jahr 1415 an, seiner Expansionspolitik neue Horizonte abzustecken und über die Straße von Gibraltar hinausgreifend auf dem afrikanischen Festland Fuß zu fassen. In diesem Jahr wurde das maurische Ceuta von einem portugiesischen Expeditionskorps im Handstreich erobert, wobei Prinz Heinrich zum erstenmal ins Rampenlicht der Geschichte treten sollte.

Zu Beginn des 15. Jahrhunderts fand Portugal für eine aktive Afrikapolitik außerordentlich günstige Voraussetzungen vor: Kastiliens außenpolitischer Spielraum war zu der Zeit stark eingeengt durch innere Machtkämpfe mit dem Adel, und da England und Frankreich durch den Hundertjährigen Krieg[13]) die Hände gebunden und die italienischen Stadtstaaten in gegenseitige Rivalitäten verstrickt waren, hatte Portugal – zudem gestützt auf den endgültigen Friedensschluß mit Kastilien aus dem Jahre 1411 – Energien frei für eine erfolgreiche Südexpansion.

Mit einem Feldzug gegen die mohammedanischen Mauren wollte Johann I. unter anderem Verfehlungen wiedergutmachen, derer er sich im Krieg gegen seinen »christlichen Bruder«, den König von Kastilien, schuldig gemacht zu haben glaubte. Wie uns der Chronist Zurara berichtet, meinte er dafür am besten Buße tun zu können, »wenn er seine Hände im Blut der Ungläubigen wusch«.[14]) Nach reiflichem Überlegen wurde am Königshof zu Lissabon schließlich beschlossen, zu diesem Zweck Ceuta anzugreifen, die Stadt, von der aus die moslemischen Omaijaden im Jahr 711 auf die Iberische Halbinsel vorgedrungen waren. Diffie zufolge war diese Entscheidung das »wichtigste Ereignis der Regierungszeit Johanns I., wenn nicht sogar der gesamten portugiesischen Geschichte«.[15]) Denn die Eroberung Ceutas bildete den Auftakt zur Schaffung des portugiesischen Überseereiches, und sie war gleichsam ein Vorspiel zu den späteren Atlantikerkundungen. Freilich war König Johann dieser Entschluß alles andere als leichtgefallen: er befürchtete, der Fall Ceutas würde das islamisch-maurische Restkönigreich Granada im Süden Spaniens, das erst 1492 von Kastilien endgültig besiegt werden sollte, vom Nachschub der Hilfstruppen aus Afrika abschneiden und dann Portugals Erzrivalen, den König von Kastilien, ermuntern, nicht nur Granada, sondern auch Portugal mit Krieg zu überziehen. In seiner *Crónica de Ceuta* bestätigt Zurara ausdrücklich die Bedenken Johanns, die kastilische Front zu entblößen, wenn er ihm folgende Worte zuschreibt: »Die Kastilier hassen uns abgrundtief, zumal die Erinnerung an die Niederlage, die sie gegen uns erlitten haben, noch sehr frisch ist. Es könnte deshalb sein, daß sie diese Gelegenheit ausnützen, um Vergeltung zu üben für die Erniedrigungen, die wir ihnen zugefügt haben.«[16]) Und obendrein befürchtete der König einen Gegenangriff der Mauren auf die südportugiesische Provinz Algarve, die diesen erst vor kurzem entrissen worden war. Wenn solchen Befürchtungen zum Trotz schließlich dennoch entschieden wurde, Ceuta zu erobern, dann gab es hierfür – neben dem Kreuzzugsgedanken – eine ganze Reihe von gewichtigen Argumenten[17]): Ceuta, nach Zurara »die Blume unter den Städten Afrikas« und »Schlüssel zum Mittelmeer«[18]), war zu der Zeit ein sehr bedeutender Handelsplatz an der Straße von Gibraltar und Endstation verschiedener ins Innere Afrikas führender Karawanenwege. Auf einem davon gelangte man zu den dortigen sagenumwobenen Goldquellen, was auf portugiesischer Seite die Hoffnung nährte, mit der Einnahme von Ceuta den afrikanischen Goldhandel in die Hand zu bekommen. Weiter versprach man sich von der Inbesitznahme eines afrikanischen Hafens an der Straße von Gibraltar eine Stärkung der militärischen Position Portugals gegen die Mauren und einen verbesserten Schutz der Algarve-Küste gegen das maurische Piratenunwesen. In strategischer Hinsicht sollte Ceuta zu einem Brückenkopf ausgebaut werden, von dem aus weitere Eroberungen in Marokko Platz greifen konnten. Ferner bot ein solcher Feldzug die Möglichkeit zur Beschäftigung der portugiesischen Streitkräfte, die seit dem Friedensschluß mit Kastilien im Jahr 1441 gleichsam »arbeitslos« waren. Auch spielte hierbei die Furcht eine Rolle, daß Portugal von seinen Handelsverbindungen nach Afrika abgeschnitten würde, wenn man Kastilien allein das afrikanische Feld überließe. Ganz persönliche Beweggründe, eine Expedition gegen den maurischen Stützpunkt Ceuta zu fördern, hatten die Prinzen Duarte, Pedro und Heinrich, die Söhne Johanns I. Sie wollten sich nämlich durch eine besondere Waffentat die Ehre, von ihrem Vater zum Ritter geschlagen zu werden, verdienen. Und was war hierfür besser geeignet als ein erfolgreicher Kreuzzug gegen die Ungläubigen?

Am 25. Juli 1415 hißte die portugiesische Kriegsflotte die Segel. Sie bestand aus etwa 200 Schiffen aller Größe und ungefähr 50 000 Mann, darunter viele ausländische Söldner und Edelleute, unter anderen auch der Tiroler Dichter Oswald von Wolkenstein. Da die Portugiesen selbst nicht über genügend Schiffe verfügten, um diese Streitmacht nach Afrika überzusetzen, mußte hierfür eine große Anzahl aus dem Ausland angemietet werden.[19]) Einige Tage später ging die Flottille in der Lagos-Bai, an der Südspitze

Portugals gelegen, vor Anker. Um die Truppe für den bevorstehenden Kampf in die richtige Stimmung zu bringen, ließ König Johann dort von seinem Hofkaplan eine zündende Kreuzzugspredigt halten, die mit den Worten endete: »Wer als Katholik und wahrer Christ nicht seine ganze Kraft zur Verteidigung des Glaubens einsetzt, ist kein echter Ritter, kein Glied Jesu Christi; er hat nichts mit ihm gemein und übertrifft an Schlechtigkeit den Ungläubigen.«[20]) Durch heftige Winde zeitweilig vom richtigen Kurs abgetrieben, erreichte die portugiesische Streitmacht am 14. August schließlich die Reede von Ceuta. Am nächsten Morgen erfolgte die Landung, wobei es den Portugiesen alsbald gelang, in die Stadt einzudringen. Wie Zurara schildert, übernahm Prinz Heinrich selbst die Leitung dieser Operation. Es entbrannte nun ein heftiger Kampf, Straßenzug um Straßenzug, Stadtviertel um Stadtviertel. Die Mauren waren zahlenmäßig weit überlegen, so daß die meisten von Heinrichs Leuten nach und nach ihr Heil in der Flucht suchten. Zuraras Bericht zufolge hielten nur 17 Ritter und Knappen bei Heinrich aus, und dieser kleine Haufen wehrte sich heroisch gegen die maurische Übermacht, wobei sich Heinrich durch außergewöhnlichen Mut hervorgetan haben soll. Erst als es ihm gelungen war, sich mit der Mannschaft seines Bruders Duarte, der inzwischen die Moschee von Ceuta erobert hatte, zu vereinigen, konnte versucht werden, die Zitadelle der Stadt zu erstürmen. Am Abend des 16. August war es dann endlich soweit: Auf der höchsten Zinne der maurischen Trutzburg wehte die portugiesische Flagge, das Banner des heiligen Vincente. Trotz heftiger Gefechte hatten die Portugiesen nach Auskunft des Chronisten insgesamt nur acht Mann verloren, »da die meisten Söldner, im Gegensatz zu den Mauren, einen Harnisch trugen«.[21]) Als Belohnung für ihren mutigen Einsatz und ihre Tapferkeit wurden die Prinzen Duarte, Pedro und Heinrich am 25. August von ihrem Vater, König Johann I., zum Ritter geschlagen, und zwar mit den Schwertern, die ihnen ihre Mutter kurz vor ihrem Tode – die Königin war unmittelbar vor dem Aufbruch der portugiesischen Flotte nach Ceuta verschieden – noch auf dem Totenbett überreicht hatte.

Nach der erfolgreichen Eroberung Ceutas ergab sich die Frage, ob man die Stadt langfristig halten oder wieder aufgeben sollte. Die Ratgeber des Königs waren hierüber verschiedener Meinung. Die Rückzugsbefürworter verwiesen vor allem darauf, daß eine dauerhafte Besetzung Ceutas mehr Kosten verursache als Gewinne einbringe. Die Gegenpartei war der Auffassung, daß bei einem Rückzug die Stadt wieder den Moslems ausgeliefert wurde und diese so wieder die Möglichkeit hätten, von hier aus die Algarve-Küste zu überfallen. Nach einigem Hin und Her wurde vom König schließlich beschlossen, Ceuta zu halten. Bevor die portugiesische Flotte am 2. September nach Portugal aufbrach, wurde der Graf von Viana, João Pedro de Menezes, als Gouverneur von Ceuta eingesetzt. Als Besatzungstruppe wurden knapp 3000 Mann mit einigen Schiffen zurückgelassen. Am 6. September 1420 wurde Ceuta – in Übereinstimmung mit einer Bulle Papst Martins V. – in den Rang einer bischöflichen Diözese erhoben.

Die Besetzung Ceutas stellte sich freilich bald als eine schwere Bürde heraus: Dauernde Überfälle der Mauren auf die Stadt machten der portugiesischen Besatzung das Leben schwer. Zwischen 1418 und 1420 wurde Ceuta von einer starken moslemischen Streitmacht belagert, so daß König Johann gezwungen war, seinen Sohn Prinz Heinrich mit einer Entsatzexpedition wieder nach Nordafrika zu schicken. Und obwohl die Mauren daraufhin nicht in der Lage waren, die Stadt zurückzuerobern, brachten Belagerung und ständige Überfälle die Portugiesen um die erhofften Vorteile. Dies galt vor allem auch in wirtschaftlicher Hinsicht, denn der moslemische Handelsschwerpunkt ging nach 1415 von Ceuta auf andere Städte in Nordafrika über, was zur Folge hatte, daß die Bemühungen der Portugiesen, von Ceuta aus den Sahara-Handel in den Griff zu bekommen, zum Scheitern verurteilt waren.[22])

Der Beginn der Atlantikerkundungen

Unter den gegebenen Umständen war es den Portugiesen verwehrt, von ihrem Stützpunkt Ceuta aus weiter nach Nordafrika vorzudringen. So führten nicht zuletzt die Enttäuschungen, die man in dieser Angelegenheit hinnehmen mußte, am portugiesischen Hof zu einem Umdenken, was die weiteren Expansionspläne betraf. Die nunmehr neu eingeleitete Politik beinhaltete eine Doppelstrategie: Festhalten an Ceuta bei gleichzeitigen Vorstößen entlang der westafrikanischen Küste. Diese Politik war abgestützt durch einen nationalen Konsens: Die portugiesische Kaufmannschaft erhoffte sich hiervon ein weiteres Aufblühen von Handel und Wirtschaft, die Seeleute, darunter viele von hohem sozialen Rang, lockte die Aussicht auf Beutegewinn, andere wiederum konnten dadurch ihre Abenteuerlust befriedigen. Der Kampf gegen die Ungläubigen war ein weiteres einigendes Motiv. Und in den Kreisen der portugiesischen Dynastie dachte man in erster Linie daran, durch eine erfolgreiche Expansionspolitik das Königtum der Aviz zu stärken. Zur Leitfigur dieses Vorgehens wurde Prinz Heinrich. Unabhängig von der Frage, ob man nun ihm allein zuschreiben soll, den Anstoß für die Ausweitung des portugiesischen Herrschaftsbereichs gegeben zu haben – eine Sicht, die mittlerweile traditionell geworden ist –, bleibt festzuhalten, daß er es war, der am konsequentesten die genannte Doppelstrategie verfolgte, nämlich die Moslems sowohl von Ceuta aus als auch von See her, durch Schiffsexpeditionen entlang der Küste von Westafrika, anzugreifen.[23])

Ein erster wichtiger Schritt in diese Richtung war die Kolonisierung von Madeira und der umliegenden Inseln in den Jahren 1418–1425. Danach richtete sich der Blick Portugals erneut auf die Kanarischen Inseln, die von Kastilien als Interessengebiet beansprucht wurden.[24]) Im Jahr 1424 oder 1425 brach eine erste Expedition unter dem Kommando von Fernando de Castro auf, um die Inselgruppe zu besetzen. Dieses Unternehmen schlug völlig fehl: De Castro mußte unverrichteterdinge wieder umkehren. Obwohl Kastilien heftig dagegen protestierte, unternahm Portugal in der Folgezeit wiederholt den Versuch, die Kanarischen Inseln in seine Hand zu bekommen.[25])

In den Jahren zwischen 1425 und 1434 sandte Prinz Heinrich auch mehrere Expeditionen – Zuraras Bericht zufolge insgesamt 15 – aus, die Befehl hatten, jenseits von Kap Bojador, der Grenze der damals bekannten Welt, Neuland zu entdecken. Aus zeitgenössischer Sicht bedeutete dies also nichts weniger, als vorzustoßen »hinaus über das Ende der Welt«.[26]) Indes gelang keinem dieser Unternehmungen die Umrundung dieses Kaps. Noch am ehesten erreichte dieses Ziel Fray Gonçalo Velho, als er im Jahr 1426 bis nach Terra Alta, kurz vor Kap Bojador gelegen, segelte. Diese Mißerfolge ließen Prinz Heinrich jedoch keineswegs resignieren. Zurara führt seine Beharrlichkeit auf folgende Motive zurück: auf Heinrichs unermeßlichen Wissensdurst und seinen Drang, unbekannte Länder zu erforschen; auf seinen Wunsch, Handelsbeziehungen mit bislang unentdeckten Regionen zu knüpfen; auf seinen religiösen Eifer, der darauf abzielte, Kontakt mit einem noch zu entdeckenden christlichen Königreich jenseits des islamisch beherrschten Nordafrika-Gürtels aufzunehmen und mit diesem ein Bündnis gegen die Moslems zu schließen; auf sein Bestreben, die Heiden zum Christentum zu bekehren; und schließlich habe Heinrich – so der Chronist – mit den Übersee-Expeditionen das Schicksal erfüllen wollen, das ihm von seinem Horoskop vorhergesagt worden sei.[27])

In den Jahren 1427–1432 wurden von den Schiffen Heinrichs die Azoren entdeckt und mit Portugiesen besiedelt. Danach machte sich Heinrich daran, die Kanarischen Inseln in portugiesischen Besitz zu bringen. Dazu ging er zunächst auf diplomatischem Wege vor, indem er an Kastilien die Forderung richtete, Portugal das Recht zur Besetzung dieser Inselgruppe einzuräumen. Als dies nichts fruchtete – Kastilien beharrte nach wie vor auf seiner Oberhoheit über die Inseln –, wandte sich der Prinz 1433 direkt an den Papst. Und dieser entsprach – offensichtlich in Unkenntnis der kastilischen Ansprüche – Heinrichs Ersuchen. Daraufhin erhielt Prinz Heinrich von seinem Bruder Duarte, der als Nachfolger des im August verstorbenen Johann I. den portugiesischen Thron bestiegen hatte, weitgehende Verfügungsrechte über die Kanarischen Inseln. Die geistliche Aufsicht über die Inselgruppe wurde dem Christus-Orden zugesprochen, dem Heinrich als *regedor e governador* vorstand. Die endgültige völkerrechtliche Klärung der Kanarischen Frage blieb allerdings weiterhin offen, weil der Papst auf kastilischen Druck hin die Entscheidung, die Inseln Portugal zu überlassen, wieder zurücknahm.[28])

Im Jahr 1434 gelang Gil Eanes endlich die seit langem angestrebte Umrundung von Kap Bojador, das bislang als unpassierbar gegolten hatte. 1435 folgte eine zweite Fahrt Eanes', zusammen mit Alfonso Gonçalves Baldaia. Damit war eine entscheidende Barriere gefallen, denn von nun an war es für die Seefahrt zumindest in psychologischer Hinsicht leichter, über dieses Kap hinaus weiter nach Süden vorzustoßen – nicht jedoch in technischer Beziehung, da die weit ins Meer hinausragenden Sandbänke und Felsriffe die Passage dieses Landvorsprungs für die damaligen Schiffe nach wie vor zu einem sehr riskanten Unterfangen machten. Prinz Heinrich zeigte sich mehr denn je ermutigt und entschlossen, seine Schiffe so weit wie nur möglich nach Süden vordringen zu lassen. Mit dementsprechenden Instruktionen versehen, segelte Baldaia 1436 bis Piedra de Galea (Porto do Galé), 120 *leagues*[29]) südlich von Kap Bojador auf 22° 3′ N gelegen. Auf dieser Reise wurde unter anderem auch der Rio d'Ouro entdeckt.[30])

Nach Baldaias Fahrt trat in der portugiesischen Entdekkungstätigkeit eine mehrjährige Pause ein, die bis 1440 währte. Die militärischen Vorbereitungen für einen Angriff auf das marokkanische Tanger, der Tod König Duartes im Jahr 1438 und die anschließend ausbrechenden Auseinandersetzungen um die Regentschaft zwischen der Königin und Prinz Pedro sogen in den Jahren 1436–1440 alle politischen Energien Portugals auf.

Am meisten ins Gewicht fiel dabei das Tanger-Unternehmen von 1437.[31]) Nachdem Pläne zu einem gemeinsamen Vorgehen von Portugal und Kastilien gegen das maurische Granada an der fortdauernden Rivalität der beiden iberischen Königreiche gescheitert waren, blieb Portugal in seinem Kampf gegen den Islam auf sich allein gestellt. Wie oben gesagt, blieb die Lage um Ceuta sehr unbefriedigend, sowohl was den Handel anbelangte als auch in bezug auf die Möglichkeit, von hier aus den Kreuzzug gegen die Ungläubigen ins Innere Marokkos voranzutreiben. In dieser Situation wollte Portugal einen neuen Anlauf nehmen zur Zerschlagung der moslemischen Bastionen in Marokko.

Entschiedener Anwalt dieser Politik, die 1436 in den Plan mündete, Tanger anzugreifen, war Prinz Heinrich. Gegen massive Widerstände innerhalb der königlichen Familie – Prinz Pedro z.B. war, sich dabei auf die negativen Erfahrungen um Ceuta stützend, ausdrücklich gegen ein solches Unternehmen[32]) – konnte sich Heinrich dabei auf eine *bula de crusada* (Kreuzzugsbulle) von Papst Eugen IV. berufen, wenn er die Überzeugung äußerte, daß ein solcher Kreuzzug »zweifellos dem Willen Gottes« entspreche und in Fortsetzung der Reconquista ein Gott wohlgefälliges Werk sei.[33]) Umstritten war zudem, ob für diesen Feldzug eine Sondersteuer erhoben werden durfte. Der portugiesischen Bevölkerung eine besondere Kreuzzugsabgabe aufzubürden war unerläßlich, weil im Staatsschatz nicht genügend Geldmittel vorhanden waren, um den Sold und die Verpflegung des Expeditionskorps zu bezahlen. Ein Gutachten von Antonius de Pratovecchio, einem italienischen Rechtsgelehrten, der sowohl den Papst als auch den Kaiser und eine Reihe von Königen juristisch beriet, kam diesbezüglich zu dem Schluß, daß der König das Volk für einen gerechten Krieg zu Steuern heranziehen dürfe: »Collectam pro bello licite subditis imponi posse, ex quo bellum est iustum.«[34]) Eine Sonderabgabe zur Finanzierung des Tanger-Feldzuges war in der Bevölkerung natürlich sehr unpopulär; nur unter Protest genehmigten die im März 1436 in Evora versammelten *cortes* die vom König verlangte zusätzliche Steuer.[35])

Für die Expeditionstruppe wurden ursprünglich 14000 Mann für notwendig erachtet, doch als die Flotte schließlich am 22. August 1437 von Restelo aus aufbrach, waren nur 7000 Mann an Bord, ein Grund, warum das Unternehmen mit einem Desaster enden sollte. Nach der Landung in Ceuta marschierte Prinz Heinrich mit 5000 Mann Richtung Tanger, während sein Bruder, Prinz Fernando, mit der Armada und den restlichen 2000 Mann direkt nach Tanger segelte. Zwischen dem 13. und 20. September wurde die Stadt von den Portugiesen mehrmals erfolglos bestürmt.[36]) Als am 25. September der Sultan von Fes mit einem riesigen Entsatzheer den Verteidigern von Tanger zu Hilfe eilte, wurden aus den Belagerern Belagerte. Abgeschnitten von ihrer Flotte und angesichts der feindlichen Übermacht, hatten die Portugiesen keine andere Wahl, als den moslemischen Heerführern gegen die Zusicherung freien Abzugs zu den Schiffen die Übergabe Ceutas anzubieten. Am 17. Oktober gingen die Moslems endlich auf diesen Vorschlag ein, allerdings mußte sich der Infant Fernando als Unterpfand für Ceuta in die Hand von Salah ben Salah, dem Verteidiger von Tanger, begeben.

Nach Rückkehr der Kriegsflotte entbrannte innerhalb der portugiesischen Führung ein schwerer Konflikt darüber, ob man den mit den Moslems ausgehandelten Vertrag einhalten und also Ceuta im Austausch gegen Fernando aufgeben sollte.[37]) Prinz Pedro, der schon immer der Ansicht gewesen war, daß Besitzungen in Afrika für Portugal eher eine Belastung als ein Aktivposten seien, drängte auf die Aufgabe Ceutas, ebenso Prinz Johann. Gegen die Auslieferung der Stadt an die Mauren votierten Prinz Heinrich, der darauf baute, Fernando durch einen neuerlichen Feldzug aus der Geiselhaft befreien zu können, und der Erzbischof von Braga, der aus kirchlichen Gründen an Ceuta festhalten wollte. Der Papst äußerte sich in derselben Richtung; und auch das Bürgertum von Lissabon und Oporto beharrte kommerzieller Interessen wegen darauf, daß Ceuta unter keinen Umständen aufgegeben werden dürfe. König Duarte befand sich in einem großen Zwiespalt. Wäre es allein nach seinem Herzen gegangen, dann hätte er, um seinen geliebten jüngeren Bruder Fernando freizubekommen, Ceuta sicherlich fallengelassen. Andererseits vermochte er sich nicht den Argumenten Heinrichs zu entziehen, der entschieden für ein Festhalten an diesem portugiesischen Brückenkopf plädierte. Als König Duarte am 9. April 1438 starb, war das Schicksal Fernandos weiterhin ungewiß. Auch unter Prinz Pedro und Duartes Witwe, die beide als Regenten eingesetzt worden waren, kam es trotz aller Bemühungen in dieser Frage zu keinem Ergebnis, so daß Prinz Fernando, der in der Gefangenschaft viele Mißhandlungen und Demütigungen über sich hatte ergehen lassen müssen, schließlich am 5. Juni 1443 in Fes an der Ruhr starb, ohne sein Vaterland jemals wiedergesehen zu haben.

Der portugiesische Historiker David Lopes nennt Fernandos Tod »ein kaltblütig von der Nation verübtes Verbrechen«, für das in erster Linie Prinz Heinrich wegen seines unbedingten Festhaltens an Ceuta verantwortlich sei.[38]) Heinrichs Biograph John Ure schreibt zu dieser Frage über den Infanten: »Er hatte wirklich viel zu verantworten. Er war es gewesen, der auf dem tollkühnen Unternehmen bestanden hatte; er war es gewesen, der seinen Instruktionen und dem gesunden Menschenverstand zum Trotz gehandelt und Verderben und Erniedrigung auf die portugiesische Armee herabbeschworen hatte; und er hatte sich zur Übergabe seines Bruders Fernando bereit gefunden und später das Herz seines Bruders Duarte so zu verhärten verstanden, daß dieser nicht in Unterhandlungen um die Freilassung Fernandos eintrat. Duarte und Fernando waren nun beide tot. Aber Katastrophen und Tragödien hatten Prinz Heinrichs Charakter nicht weicher werden lassen; er sollte auch weiterhin solche Ziele mit Hartnäckigkeit verfolgen, die seine beträchtliche Einbildungskraft reizten. Und diese Ziele sollten, seiner besonderen Natur entsprechend, zwischen mittelalterlichem Rittertum und aufgeklärter Renaissance die Mitte halten.«[39])

Die Erforschung der westafrikanischen Küste in den Jahren 1440–1448

Nach dem Fehlschlag von Tanger und dem Märtyrertod Fernandos zog sich Heinrich nach Sagres, der Halbinsel an der äußersten Südwestspitze Portugals, zurück. An diesem Ort der Provinz Algarve, über die er seit 1419 als Gouverneur regierte, wurden unter seiner Leitung in den folgenden Jahren intensive Studien auf dem Gebiet der Mathematik, der Navigation und Kartographie, also Grundlagenforschung für die weiteren portugiesischen Entdeckungsreisen entlang der westafrikanischen Küste, betrieben. Ob man in diesem Zusammenhang von einer besonderen »Schule von Sagres« sprechen kann, wie dies im 19. Jahrhundert üblich war, ist nach neuesten Forschungen nicht mehr so einfach zu beantworten.[40]) Auch findet sich in zeitgenössischen Dokumenten keine Bestätigung für die Behauptung, Heinrich selbst sei auf den genannten Forschungsgebieten ein herausragender Wissenschaftler gewesen.[41]) Fest steht John Ure zufolge aber, daß in Sagres

»gründliche und erfolgreiche Studien im Schiffsbau, in der Navigation und Kartographie durchgeführt worden sind und daß Prinz Heinrich bei ihrer Leitung jene Eigenschaften klar und deutlich unter Beweis stellte, die wir gewöhnlich einem empirisch vorgehenden Renaissance-Denker zuschreiben«.[42]) Heinrichs größter Beitrag zur theoretischen Seite der Entdeckungsreisen war, daß er entsprechend seiner Neigung zum Wissenschaftlichen verschiedene renommierte Gelehrte nach Sagres holte und diese dort in ihren Studien förderte. Einer von ihnen war der Jude Jaime Cresques, der aus der berühmten Kartographischen Schule von Mallorca stammte und in Sagres zu einem der führenden Kartographen seiner Zeit wurde.[43]) Bei der Wahl seiner Mitarbeiter verhielt sich Heinrich geradezu kosmopolitisch: Rassen- oder Glaubenszugehörigkeit spielten keine Rolle, so daß Heinrichs Hof ein buntes Bild verschiedener Nationalitäten bot. Die weltoffene Toleranz, die hierin zum Ausdruck kam, unterschied sich sehr deutlich von jenem »starren Kreuzfahrergeist«[44]), den Heinrich bei den Feldzügen gegen Ceuta und Tanger an den Tag gelegt hatte. Sein »forschender Intellekt« manifestiert sich auch in dem Titel »Beschützer der Universität von Lissabon«, den er seit 1431 in Anerkennung seiner Verdienste um diese Universität führte.[45])

Nach seiner Niederlassung in Sagres ging Prinz Heinrich tatkräftig daran, die vier Jahre lang unterbrochene Entdeckertätigkeit entlang der westafrikanischen Küste wieder aufzunehmen. Daß sich in seiner Person all die Kräfte konzentrierten, die auf Expansion drängten, verdeutlicht der Chronist Zurara, wenn im 7. Kapitel seiner *Crónica da Guiné* »fünf Gründe« angeführt werden, die den »Herrn Infanten bewogen, die Lande von Guinea suchen zu lassen«.

1441 gelangte ein Schiff unter Kapitän Antão Conçalves zum Rio d'Ouro, im selben Jahr stieß Nuno Tristão bis zum Kap Blanco vor, zum bislang südlichsten Punkt portugiesischer Entdeckungsfahrt (20° 46′ N). Tristão hatte ausdrücklichen Befehl, bei dieser Fahrt möglichst viele Eingeborene einzufangen und als Sklaven nach Portugal zu bringen. Diffie ist der Ansicht, daß der psychologische Effekt der Gefangennahme und anschließenden Verschleppung von Negersklaven – mit Tristãos Schiff kamen die ersten Farbigen nach Portugal – für die weitere Entwicklung der portugiesischen Seefahrt größer gewesen sei als die Erstumrundung von Kap Bojador.[46]) Viele Abenteurer und eher zwielichtige Figuren wurden nämlich nun von der Aussicht auf den Plan gerufen, beim Handel mit Sklaven profitable Geschäfte machen zu können. Um sich solche Konkurrenz vom Leibe zu halten, ließ sich Prinz Heinrich im Oktober 1443 von seinem Bruder Pedro, der für den noch minderjährigen König Alfonso die Regentschaft ausübte, das exklusive Recht einräumen, daß nur in seinem Auftrag die afrikanische Küste befahren werden durfte. Auch Handelsgeschäfte aller Art durften von nun an nur noch getätigt werden, wenn Heinrich hierzu eine Lizenz erteilt hatte. Dieses Recht, das ihm vom Papst ausdrücklich bestätigt wurde, verschaffte dem Infanten eine Art Monopolstellung im Westafrika-Handel, die zur finanziellen Grundlage für die künftigen, von Heinrich ausgerüsteten Entdeckungsfahrten wurde.[47])

Die zahlreichen Schiffsexpeditionen, die nun in den Jahren 1443–1446 entlang der westafrikanischen Küste unterwegs waren, dienten nicht zuletzt der Gefangennahme von Sklaven.[48]) Das Bestreben, von solchen Fahrten möglichst viele Negersklaven nach Portugal mitzubringen, war Heinrichs Kapitänen mittlerweile – so John Ure – »zur zweiten Natur geworden«.[49]) G. G. Kinzel hebt in diesem Zusammenhang hervor, daß mit dem Aufschwung des Sklavenhandels die für die portugiesische Volkswirtschaft »sich später so verhängnisvoll auswirkende Einfuhr billiger Arbeitskräfte« begann, die dann im 16. Jahrhundert zur Verachtung der Handarbeit führte – mit der Konsequenz, daß die handwerklichen Fertigkeiten der Portugiesen allmählich verkümmerten.[50]) Fragt man sich nun, warum Prinz Heinrich diese grausame Verschleppung von Menschen zuließ, dann ist dabei zunächst zu berücksichtigen, daß er die Entdeckungsfahrten entsprechend seinem religiösen Eifer und als Oberhaupt des Christus-Ordens auch als Weiterführung der christlichen Reconquista gegen die Ungläubigen verstand. Er glaubte, in einem gerechten Krieg zu stehen, woraus er das Recht ableitete, Gefangene zu machen. Und es paßte zusätzlich in das Bild vom christlich motivierten Vorgehen Heinrichs, daß fast alle der nach Portugal verschleppten Sklaven getauft wurden.[51]) Zurara berichtet auch, daß er »nie einen dieser Gefangenen in Eisen gesehen« habe.[52]) Für John Ure sind die genannten christlichen Motive nicht überzeugend. Man müsse Prinz Heinrich zwar von der Anklage freisprechen, den Sklavenhandel an sich in Gang gebracht zu haben, doch könne man ihn andererseits nicht einfach damit entlasten, daß er das in seinem Zeitalter Übliche getan habe. Vielmehr müsse man fragen, wie es dazu kommen konnte, »daß dieser engagierte christliche Kreuzfahrer, der in mancher Hinsicht ein aufgeklärter Denker war, dem ersten Sklavenmarkt in Europa vorstand«? Ure kommt zu dem Schluß, daß Heinrich in diesem Punkt »ein Opfer jener Verzerrung der Wirklichkeit« geworden sei, die man »als eine der Illusionen des Zeitalters des Rittertums« bezeichnen könne. Er habe in einer ritterlichen »Traumvision« gelebt und von daher Kämpfe mit afrikanischen Stämmen »als ritterliche Geniestreiche aufgefaßt«.[53]) Ure zufolge spielten hierbei auch handfeste materielle Gründe eine gewichtige Rolle: »Als die Entdekkungsreisen immer weiter führten, war es nicht mehr wie früher möglich, Kapitäne nur aus dem Hofstaat von Prinz Heinrich zu rekrutieren. Eine neue Schicht von Abenteuerern mußte dafür gewonnen werden, in jene entfernten Gewässer aufzubrechen. Während aber Gold auch weiterhin ein Trugbild blieb, waren Sklaven zu einer Realität geworden, die den Zustrom an solchen Abenteurern förderte. Mit jedem neu entdeckten Vorgebirge stieg Prinz Heinrichs Hunger nach Entdeckungen; mit jeder neuen Sklavenladung wurde es einfacher, Kapitäne und Mannschaften für Entdeckungsreisen aufzutreiben. Die beiden Vorgänge – Entdeckungen und Sklavenhandel – ergänzten einander nunmehr. Und der Markt für Sklaven in der unterbevölkerten Algarveregion schien unerschöpflich zu sein.«[54]) Ures kritisches Fazit zu diesem dunklen Kapitel in Heinrichs Leben lautet: »Aber die Tragödie des Sklavenmarktes in der Stadt Lagos lag darin, daß Prinz Heinrich seine christliche Nächstenliebe von seinen verzerrten ritterlichen Idealen und seinem Entdeckerehrgeiz niedertrampeln ließ. Als er auf seinem stolzen Roß das Auseinanderreißen afrikanischer Familien überwachte und sich über die Rettung ihrer Seelen freute, bemerkte er anscheinend gar nicht, wie unchristlich das war, was er tat. Er zahlte damit den Preis für die ruhmreiche Illusion, die er seit und auch schon vor Ceuta genährt hatte. Sein militärischer Ruf hatte bei Tanger gelitten (...); nun litt auch sein Ruf als Mensch in gleicher Weise.«[55])

Über der Tatsache, daß »die Sklavenjagd immer häufiger, lukrativer und schmutziger wurde«[56]), sollte nicht vergessen werden, daß die Afrikafahrten vorrangig der Entdekkung neuen Landes dienten. Von den vielen Entdeckungsreisen dieser Jahre seien hier die wichtigsten herausgegriffen[57]): 1443 erreichte Nuno Tristão die Inseln Gete und Garças in der Arguim Bai, südlich von Kap Blanco; 1444 gelangte Gonçalo de Sintra nach Arguim, und im selben Jahr stieß Dinis Dias bis zum Kap Verde vor und betrat dort als erster portugiesischer Seefahrer »das Land der Schwarzen«. Ein Jahr später, 1445, entdeckte Alvaro Fernandes 96 Kilometer südlich von Kap Verde einen weiteren Landvorsprung, dem er wegen einiger Palmen, die dort wuchsen und die durch einen Tornado ihre Wedel verloren hatten, den Namen *Cabo dos Mastos* (Kap der Masten) gab. Und ein weiteres Jahr später entdeckte Nuno Tristão die Mündung des Gambia-Flusses. Tristão war in dieser Phase der produktivste Seefahrer Heinrichs. Von allen Kapitänen, die im Auftrag des Prinzen segelten, spiegelte er »am deutlichsten die intellektuelle Neugier seines Herrn« wider.[58]) Und eben dieser Entdeckergeist und Wissensdurst sollte ihm auf dieser Fahrt zum Verhängnis werden: An der Mündung des Gambia-Flusses angekommen, beschloß Tristão, mit zwei Booten, bemannt mit rund 20 Mann, flußaufwärts zu rudern, um dort Erkundungen anzustellen. Vom dichten Uferdickicht aus wurden die Portugiesen plötzlich von Eingeborenen mit Giftpfeilen beschossen. Unter denjenigen, die der Wirkung des Gifts umgehend erlagen, war auch Tristão. Dieser dramatische Zwischenfall gab Prinz Heinrich Gelegenheit, sein ritterliches Wesen von seiner uneingeschränkt positiven Seite zu beweisen. Er setzte nämlich den Witwen und Kindern der Expeditionsteilnehmer, die bei diesem Überfall ums Leben gekommen waren, eine Rente aus.[59])

Heinrich war nun fast schon auf dem Zenit seines Ruhms angelangt. 1442 ließ ihn der englische König Heinrich VI. zum Ritter des Hosenbandordens schlagen und ihm dadurch die höchste Auszeichnung zukommen, die England zu vergeben hatte. Und im Februar 1446 gewährte ihm Regent Pedro in Anerkennung seiner Verdienste um die portugiesische Seefahrt und als Ausgleich für die Kosten der Entdeckungsfahrten ein Monopol über den südlich von Kap Bojador betriebenen Handel.[60])

Die innenpolitische Krise Portugals von 1448/49

Der Ausbruch einer politischen Krise, die 1448/49 das innere Gefüge Portugals in höchstem Maße erschütterte, sollte Heinrichs Kraft für einige Zeit voll in Anspruch nehmen, so daß er seine nautischen Ambitionen einstweilen beiseite schieben mußte.[61]) Ihren Ausgang nahm die Krise in den Machtkämpfen zwischen Prinz Pedro und Königin

Leonore, die nach dem Tode von König Duarte im Jahr 1438 als Duumvirat die Regentschaft für den noch unmündigen Thronfolger Alfonso übernommen hatten. Selbst nach dem Tod Leonores 1445 und der Thronbesteigung Alfonsos im Jahr 1446 – der neue König war zu diesem Zeitpunkt gerade 14 Jahre alt – intrigierte die Partei der verstorbenen Königin, angeführt von dem Herzog von Braganza, weiter gegen Prinz Pedro und stachelte den jungen König Alfons V. regelrecht gegen diesen auf. Ein von den Gegnern Pedros angezetteltes Komplott, das in der völlig haltlosen Beschuldigung gipfelte, Pedro habe sowohl seinen Bruder Duarte als auch seine Schwägerin Leonore vergiften lassen, führte schließlich zu kriegerischen Auseinandersetzungen zwischen König Alfons und seinem Onkel Pedro. Am 20. Mai 1449 trafen die Truppen der beiden Kontrahenten bei Alfarrobeira aufeinander, und Prinz Pedro war einer der ersten, der bei dieser Schlacht, von einem Armbrustpfeil tödlich getroffen, fiel.

Der 20. Mai 1449 war – so John Ure – »ein trauriger Tag für Portugal, für das Haus von Aviz und für die Idee von Einigkeit und Ritterlichkeit, in der Prinz Pedro und Prinz Heinrich erzogen worden waren und die sie, jeder auf seine Weise, so lange hochgehalten hatten«.[62]) Dieses dunkle Kapitel der portugiesischen Geschichte wirft auch auf Prinz Heinrich, dessen Ruf durch den fehlgeschlagenen Tanger-Feldzug und die unglücklich endende Geiselaffaire um Prinz Fernando bereits angeschlagen war, einige Schatten. Er, der bei Alfarrobeira auf der Seite von König Alfons gekämpft hatte, muß sich hier die Frage gefallen lassen, warum er seinen Einfluß am Königshof nicht stärker zugunsten seines Bruders Pedro geltend gemacht hat. Der portugiesische Historiker Oliveira Martins wirft Heinrich in diesem Zuammenhang »sein völliges Aufgehen in seinen afrikanischen Projekten und die schnöde Mißachtung der Gefahren für seinen Bruder« vor.[63]) Andere Kritiker gehen noch weiter, wenn sie Infant Heinrich anklagen, im 15. Jahrhundert, den Seeweg nach Indien um Afrika herum zu suchen? Die großen Anstrengungen, die speziell die Portugiesen im Zeitalter Heinrichs des Seefahrers[68]) mit diesem Ziel unternommen hatten, erscheinen erst dann im rechten Licht, wenn man folgendes berücksichtigt: Der Glaube, um Afrika herum auf dem Seeweg nach Indien gelangen zu können, setzte voraus, daß man das ptolemäische Weltbild über Bord geworfen hatte, wonach der Indische Ozean gänzlich von Land umgeben, also ein Binnenmeer war, das folglich mit dem Schiff nicht erreicht werden konnte. Gestützt wurde der Glaube an einen möglichen Seeweg nach Indien vor allem dadurch, daß der Landweg nach dem Orient seit der Mitte des 14. Jahrhunderts zunehmend erschwert war. Dazu beigetragen haben verschiedene historische Entwicklungen: die aufstrebende Macht der Mamelucken in Ägypten, der Aufstieg des Osmanischen Reichs und das Vordringen der Türken auf dem Balkan, der Zerfall des Mongolenreichs, insbesondere die Beendigung der Mongolenherrschaft in China durch die neue nationalchinesische Dynastie der Ming im Jahr 1368. Unter den Ming-Kaisern wurde China systematisch von der Außenwelt abgeschottet, was für den Ost-West-Handel zu schweren Einbrüchen führte. Ein weiteres Moment kam hinzu: Angeregt von dem Mythos des Priesters Johannes und der Vorstellung eines großen Christenreichs im Osten, machte sich die abendländische Christenheit, voran der Papst, auf die Suche nach einem christlichen Verbündeten jenseits des islamischen Herrschaftsbereichs, der sich bereits von Nordafrika bis nach Mittelasien erstreckte. Aus all diesen Gründen waren die Abendländer sehr darauf aus, einen möglichen Seeweg nach Indien ausfindig zu machen.[69])

Der Fall Konstantinopels 1453 und der portugiesische Kreuzzug gegen Marokko im Jahr 1458

Zwanzig Jahre hatte Prinz Heinrich warten müssen, ehe er die Schmach von Tanger wettmachen konnte.[70]) Diese Gelegenheit verdankte er einem historischen Ereignis, das für die abendländische Christenheit zum Trauma wurde. Die Rede ist von der Eroberung Konstantinopels durch die Türken im Jahr 1453. Angesichts dieser ernsten Bedrohung für die abendländische Zivilisation beschwor Papst Calixtus III. die christlichen Monarchen Europas, gemeinsam einen Kreuzzug gegen die Osmanen zu unternehmen mit dem Ziel, die Hauptstadt der Ostkirche wieder dem wahren Glauben zurückzugewinnen. Der Aufruf des Papstes stieß bei den Herrschern indes mehr oder weniger auf taube Ohren. Kaum einer von ihnen machte ernsthafte Anstrengungen, dem bedrohten byzantinischen Reich zu Hilfe zu eilen, zumal die meisten europäischen Länder mit eigenen Problemen genug beschäftigt waren: England hatte, nachdem gerade der Hundertjährige Krieg gegen Frankreich beendet worden war, durch den Ausbruch eines Bürgerkriegs, des Kriegs der Rosen[71]), alle Hände voll zu tun; der französische König mußte sich zu der Zeit ebenfalls der Machtansprüche einiger seiner Vasallen erwehren; und die italienischen Stadtstaaten waren an einem Kreuzzug gegen die Türken insofern nicht interessiert, als sie darauf hofften, mit dem aufstrebenden Osmanen-Reich besser ins Geschäft zu kommen als mit Byzanz jemals zuvor.

Als einer der wenigen folgte Portugals jugendlicher König Alfons V. dem Ruf des Papstes. Er erklärte sich bereit, dem Kreuzzug eine Armee von 12000 Mann zur Verfügung zu stellen. Daraufhin wurde er im Februar 1456 von Calixtus ermächtigt, zur Finanzierung des Türkenkriegs eine Kreuzzugssteuer zu erheben, worauf Alfons aus afrikanischem Gold eine neue Goldmünze prägen ließ, den *cruzado* mit dem Kreuzfahrerkreuz. Nach dem Tod von Papst

Calixtus im August 1458 zerschlugen sich die Kreuzzugspläne jedoch endgültig, ganz abgesehen davon, daß die übrigen Fürsten Europas ohnehin wenig Neigung hierfür gezeigt hatten.

Unterdessen hatte es Prinz Heinrich – ganz im Sinne seiner oben beschriebenen Doppelstrategie[72]) – mit großem diplomatischen Geschick verstanden, den Blick seines Neffen Alfons auf Marokko zu lenken und den König zu überzeugen, anstelle eines Feldzugs nach Konstantinopel einen Entlastungsangriff gegen die Ungläubigen in Marokko zu führen. Als Angriffsziel wurde schließlich die zwischen Ceuta und Tanger gelegene Küstenstadt Alcacer Ceguer auserkoren, damals ein Stützpunkt des maurischen Piratenunwesens und das Textilzentrum Marokkos. Ende September 1458 brach die portugiesische Kriegsarmada – 220 Schiffe mit insgesamt 25000 Soldaten – auf und landete am 21. Oktober vor besagter Stadt. Obgleich schon 64 Jahre alt, übernahm Prinz Heinrich das Kommando über dieses militärische Unternehmen. Weitaus besser gerüstet als bei der mißlungenen Eroberung Tangers, gelang es den Portugiesen innerhalb von zwei Tagen, die Stadt trotz heftiger Gegenwehr des Sultans von Fes einzunehmen.

Nach der Rückkehr aus Marokko schien Heinrich zu spüren, daß sich sein ereignisreiches Leben dem Ende zuneigte. Aber noch war sein Entdeckergeist nicht erloschen. Kurz vor seinem Tode schickte er noch eine Expedition aus, die unter dem Kommando von Pedro de Sintra bis nach Sierra Leone gelangte. Von diesem Erfolg, dem weitesten Vorstoß portugiesischer Seefahrer nach Süden bis dahin, erfuhr Prinz Heinrich allerdings nichts mehr. Er hatte bereits am 13. November 1460 für immer die Augen geschlossen. Über seinen Tod schreibt Diogo Gomes, einer von Heinrichs Kapitänen: »Im Jahre 1460 rekrankte der Infant in seiner Stadt am Kap São Vicente und starb am 13. November desselben Jahres, einem Donnerstag. Noch in der Nacht brachten wir die Leiche nach Lagos, in dessen

Afrika-Karte von Sebastian Münster, 1550

kleiner Kirche sie beigesetzt wurde. Der König und das ganze Land trauerten wegen des Todes dieses edlen Herrn, der seine gesamten Einkünfte und allen Gewinn, den er aus Guinea bezog, für Entdeckungsfahrten und – um des christlichen Glaubens willen – für die Bekämpfung der Sarazenen verwandt hatte. Ende des Jahres schickte mir König Alfons Befehl, ich solle nachsehen, ob die Leiche verwest sei, weil er sie nach dem schönen Kloster Batalha zu überführen wünsche. Doch als ich den Sarg öffnete, war sie trocken und mit Ausnahme der Nasenspitze völlig unversehrt. (...) Ja, unser Infant führte ein jungfräuliches Leben und stiftete so viel Gutes, daß man es nicht aufzählen kann. Bischöfe und Grafen geleiteten seine Leiche zu dem erwähnten Kloster, wo sie neben den Eltern und den fünf Brüdern begraben worden ist. Sein Andenken wird ewig gepriesen werden. Möge er im heiligen Frieden ruhen. Amen.«[73])

Wie wurde Heinrich von der Nachwelt eingeschätzt? Zunächst einmal war das Bild, das die nachfolgenden Generationen sich von dieser herausragenden Persönlichkeit der portugiesischen Geschichte machten, im Laufe der Zeit vielen Wandlungen unterworfen. Das 16. Jahrhundert, das Zeitalter der Renaissance und des Humanismus, sah in Heinrich in erster Linie den Humanisten, der aus den Fesseln scholastischer Dogmatik ausgebrochen war; im 19. Jahrhundert, in einer Zeit also, in der die Menschen an die Allmacht positivistischer Wissenschaft glaubten, wurde Heinrich zum Vorläufer moderner, auf Empirie beruhender Wissenschaft. Und im Zeitalter des Kolonialismus erschien er vielen als Symbol kolonialer Errungenschaften. Von manchen Historikern, wie z. B. dem Portugiesen Joaquim Bensaude[74]), wird das Schwergewicht auf Heinrichs christliches Sendungsbewußtsein gelegt. Da erscheint er als der große christliche Stratege, der versuchte, den Islam zurückzudrängen.

Die vier hier erwähnten Aspekte von Heinrichs Persönlichkeit sind sicherlich allesamt zutreffend; keinesfalls aber darf Prinz Heinrich auf einen davon reduziert werden, vielmehr sollte immer eine gewisse Widersprüchlichkeit seines Charakters herausgehoben werden. Auf der einen Seite sind da seine höfische Erziehung und sein Festhalten an altmodischen ritterlichen Idealen, die ihn in wichtigen Lebenssituationen, z. B. bei dem Komplott gegen seinen Bruder Pedro, »zu Fehleinschätzungen und falschen Beurteilungen verführten«.[75]) Seine rastlose Neugier und sein Wille, seinem und der Menschheit Wissen neue Horizonte zu erschließen, weisen ihn auf der anderen Seite als modernen, wissenschaftlich denkenden Menschen aus – wäre er anders doch gar nicht in der Lage gewesen, geographische Entdeckungen und Neuerungen auf dem Gebiet der Kartographie und Nautik systematisch zu fördern.[76]) Vermittelt wurde das Zusammenspiel der beiden Komponenten – höfische Lebenswelt und sein Enthusiasmus für Entdeckungen – von einer tiefen Religiosität. Aus dieser bezog er die Rechtfertigung für seine Feldzüge gegen Marokko, die Sklavenjagd und die von ihm gelenkten Vorstöße entlang der westafrikanischen Küste. So gesehen war Heinrich ein Kind seiner Zeit, des Umbruchs vom Mittelalter zur Neuzeit. Eben diese historische Nahtstelle spiegelte sich in seiner Persönlichkeit wider: Ein Teil seiner Existenz war noch von der mittelalterlichen Welt, von höfischer Kultur und Rittertum geprägt, der andere wies schon voraus in Bereiche, die für die Neuzeit typisch werden sollten. Oder anders formuliert: Heinrich der Seefahrer war bereits – zumindest in seinen Konturen – ein moderner Mensch, ohne gewisse mittelalterliche Wesenszüge ganz abgestreift zu haben.

Warum erhielt Prinz Heinrich von der Nachwelt den Beinamen »der Seefahrer«, obwohl er persönlich doch an keiner der Entdeckungsfahrten teilgenommen hatte, sondern lediglich an den drei Feldzügen gegen Ceuta, Tanger und Alcacer Ceguer? Und aus welchen Gründen übernahm er niemals selbst das Kommando über eins der von ihm nach Afrika ausgesandten Schiffe? Manche Historiker weisen darauf hin, daß es für Prinz Heinrich zu seiner Zeit genauso undenkbar gewesen wäre, an einer seiner Expeditionen teilzunehmen, wie heutzutage für den Präsidenten der USA, in einer Raumkapsel in den Weltraum zu fliegen.[77]) Außerdem verweist John Ure darauf, daß zu Lebzeiten des Prinzen mit Seefahrten immer noch ein gewisser »gesellschaftlicher Makel« verbunden war.[78]) Rücksichten auf die höfische Etikette und auf seinen fürstlichen Status hätten Heinrich daran gehindert, an den Expeditionsfahrten teilzunehmen: »Die natürliche Ordnung der mittelalterlichen Gesellschaft machte es undenkbar, daß Prinz Heinrich sich der Würdelosigkeit einer langen Seereise unterzog.«[79])

Wenn so der Beiname »der Seefahrer« auch nicht ganz passend zu sein scheint, trägt ihn Heinrich doch insofern zu Recht, als sein unbändiges Interesse an Entdeckungen gleichsam der springende Funke war, der – einem sich ausbreitenden Feuer gleich – genügte, »um vierhundert Jahre europäischer Entdecker- und Forschertätigkeit in Gang zu setzen«.[80]) Unabhängig von der Frage, ob die Triebfeder der portugiesischen Expansion allein in der Person Heinrichs oder eher in kollektiven Kräften (Zeitgeist, Kreuzzugsmentalität, Handelsinteressen etc.), denen Heinrich durch sein Handeln lediglich Ausdruck verlieh, zu suchen ist, bleibt festzuhalten, daß kein anderer in der Geschichte der größten Entdeckernation der Welt an die Bedeutung Heinrichs des Seefahrers heranreicht. Seinem Forscherdrang und seiner Wißbegierde war es zu danken, daß das kleine Portugal innerhalb eines knappen Jahrhunderts »zwei Drittel der Welt dem europäischen Handel (...) eröffnen und diesen Handel auch noch (...) beherrschen« konnte.[81]) Die Entdeckungsfahrten, die Heinrich von Sagres aus organisierte, hatten den Grundstein gelegt für das portugiesische Weltreich, dessen wichtigste Stationen in chronologischer Reihenfolge waren: Die Umrundung des Kaps der Guten Hoffnung durch Bartolomeu Dias im Jahr 1488, Vasco da Gamas Reise an die Ostküste Afrikas, nach Mozambique und nach Indien in den Jahren 1497–1499, die Entdeckung Brasiliens durch Pedro Álvares Cabral 1501, die Eroberung Goas und Malakkas durch Albuquerque 1510 bzw. 1511, die Einnahme der Insel Ormuz im Jahr 1515 und die Besetzung Bombays im Jahr 1534 und von Macao im Jahr 1557.

Über Heinrich den Seefahrer ist eine Vielzahl von Biographien erschienen, die diese außergewöhnliche Persönlichkeit unter den verschiedensten Aspekten beleuchteten.

Bei dem hier vorliegenden Band nun handelt es sich jedoch um keine Biographie im herkömmlichen Sinne, vielmehr soll dem Leser in Form einer historischen Dokumentation anhand zeitgenössischer und früher Berichte ermöglicht werden, sich selbst ein Urteil über Heinrich den Seefahrer und sein Zeitalter zu bilden.

Um den Charakter der Dokumentation zu wahren, wurden im übrigen an einigen Stellen die unterschiedlichen und voneinander abweichenden Schreibweisen für Namen und geographische Bezeichnungen beibehalten, so wie sie zu Zeiten der Chronisten gebräuchlich waren.

Rudolf Kroboth

Alvise da Cà da Mosto

REISE NACH WESTAFRIKA

»Newe unbekanthe landte
und ein newe weldte in kurtz verganger
zeythe erfunden«

Übertragen
von
Rudolf Kroboth
nach
der deutschen Ausgabe von 1508

INHALT

Das *erste* Kapitel gibt darüber Auskunft, wer als erster den Schiffsweg auf dem Atlantik in Richtung Süden entdeckt hat.
Seite 51

Das *zweite* Kapitel handelt von den Dingen, die Aloisius Cà da Mosto auf seiner Fahrt in das Land der Neger entdeckt hat.
Seite 55

Das *dritte* Kapitel hat die Abfahrtszeit des Schiffes sowie die Winde, unter denen es segelte, zum Inhalt.
Seite 59

Das *vierte* Kapitel beschreibt die Insel Porto Santo, ihre Beschaffenheit und die Dinge, die dort hergestellt werden. Besonderes Interesse gilt dabei dem »Drachenblut«, der Art seiner Herstellung sowie einem allerbesten Honig.
Seite 60

Das *fünfte* Kapitel handelt von einem Hafen auf der Insel Madeira, der Moncricho genannt wird.
Seite 61

Mit der Bedeutung des Namens Madeira und der ersten Besiedlung dieser Insel wie ihrer Fruchtbarkeit befaßt sich das *sechste* Kapitel. Ferner berichtet es von wilden Tauben, die vor den Menschen nicht fliehen, zudem von weißen Pfauen und vom Zucker. Und schließlich von Weintrauben, die in der Karwoche reif werden.
Seite 61

Das *siebte* Kapitel befaßt sich mit den Kanarischen Inseln, zehn an der Zahl, und ihren Namen.
Seite 66

Das *achte* Kapitel handelt von den Pflanzen, die auf den Kanarischen Inseln wachsen, von einem Kraut namens Oricello, aus dem man eine sehr schöne braune Farbe herstellt. Und von einem guten Leder, genannt Corduan. Weiter von den Ungläubigen, die auf den drei Inseln wohnen; und von einer Insel, die wegen ihrer

hohen Gebirge wohl einzigartig auf der Welt ist. Außerdem von den dortigen Fürsten und der seltsamen Sitte der Eingeborenen, keine Frau zu heiraten, die noch Jungfrau ist und die vorher noch nicht mit dem Fürsten geschlafen hat, und schließlich von der Fruchtbarkeit der genannten Inseln.
Seite 67

Das *neunte* Kapitel beschreibt das Kap Blanco und die ihm nahe gelegenen Inseln, die da sind: Argim, Bianca, Garza und Cori. Außerdem ist hier die Rede von Wüstengegenden sowie von einem Ort namens Hoden, der von Leuten aus Barbaria aufgesucht wird.
Seite 71

Das *zehnte* Kapitel handelt vom Reich Senega und den Sitten der dortigen Eingeborenen.
Seite 75

Das *elfte* Kapitel berichtet, daß die Weiber, welche die größten Brüste haben, hochgeachtet werden; es besagt auch, warum die Azanaghi, als sie zum erstenmal Schiffe zu Gesicht bekamen, meinten, es handle sich hierbei um Vögel oder Tiere von Tagaza, einem Ort, wo man in großen Mengen Salz abbaut. Und schließlich ist die Rede vom Reich Melli, den Reiseentfernungen, die hier zurückzulegen sind, und den Menschen, die unterhalb des »Circkel Equinoctiali« wohnen und mit Salz Handel treiben.
Seite 77

Im *zwölften* Kapitel erfahren wir, wie der Kaiser von Melli einen der Händler, die sich beim Tauschgeschäft nicht sehen lassen wollen, gefangennehmen wollte, ferner von Menschen, denen die Unterlippe bis auf die Brust herunterhängt. Weiter ist hier die Rede von Orten, aus denen besagtes Gold stammt und wo man kleine weiße Muscheln als Geldmünzen benutzt.
Seite 82

Im *dreizehnten* Kapitel wird erzählt, wie die Reichen in dieser Gegend verehrt werden und welche Kleider ihre Frauen tragen. Außerdem erfahren wir hier einiges über die Waffen, die in diesem Land benutzt werden; auch ist die Rede davon, daß es hier nur drei Monate im Jahr regnet, zuweilen große Heuschreckenschwärme über das Land herfallen und es mit einem weißen Nebel überziehen.
Seite 85

Das *vierzehnte* Kapitel beschreibt den Rio de Senega, der die Wüste vom fruchtbaren Land und die Menschen hellbrauner Hautfarbe von denen mit schwarzer Haut trennt.
Seite 87

Das *fünfzehnte* Kapitel handelt von den Menschen, die am Rio de Senega wohnen, von Kap Verde und davon, wie hier die Fürsten erwählt werden, und schließlich noch von ihren Sitten und davon, wie sie mit ihren Frauen umgehen.
Seite 88

Das *sechzehnte* Kapitel schildert den Glauben der Mohren und ihre Bekleidung.
Seite 91

Im *siebzehnten* Kapitel ist die Rede von sehr geschwätzigen Leuten, die zudem große Lügner und Betrüger, Fremden gegenüber aber stets sehr freundschaftlich gesinnt sind.
Seite 93

Das *achtzehnte* Kapitel schildert, wie die Fürsten aus dem Königreich Senega sich gegenseitig bekriegen und welche Waffen sie dabei tragen.
Seite 96

Im *neunzehnten* Kapitel wird berichtet vom Königreich Senega und den umliegenden Orten; ferner lernen wir hier großartige Schwimmer kennen.
Seite 97

Das *zwanzigste* Kapitel erzählt von Fürst Budomel und seinen Handelsgeschäften.
Seite 98

Das *einundzwanzigste* Kapitel handelt von der Reise, die ich mit besagtem Negerfürsten unternahm, und von den kühnen Schwimmkünsten der dortigen Eingeborenen.
Seite 100

Im *zweiundzwanzigsten* Kapitel ist die Rede von den Dörfern und Häusern Budomels und von seinen vielen Weibern.
Seite 102

Im *dreiundzwanzigsten* Kapitel hören wir von dem Hofgesinde Budomels, das er ständig um sich hat, und von der Beschaffenheit seines Hauses.
Seite 103

Das *vierundzwanzigste* Kapitel handelt von den Sitten Budomels und seiner Untertanen wie auch davon, auf welche Art und Weise diese ihn grüßen und verehren.
Seite 104

Das *fünfundzwanzigste* Kapitel beschreibt die Moschee Budomels, wie die Menschen darin Gottesdienst feiern, ferner die Art und Weise, wie sie leben und essen.
Seite 105

Das *sechsundzwanzigste* Kapitel handelt von dem Gemüse und dem Getreide, das im Königreich Senega wächst, ferner von einem guten Wein, den man aus dem Ölbaum gewinnt.
Seite 107

Im *siebenundzwanzigsten* Kapitel lesen wir von mancherlei Früchten und einem Öl, das drei besondere Eigenschaften hat.
Seite 111

Im *achtundzwanzigsten* Kapitel ist die Rede von großen Ottern und Schlangen, die eine Ziege verschlingen können, und von Schlangenbeschwörern.
Seite 112

Im *neunundzwanzigsten* Kapitel hören wir von vielerei wilden Tieren, die dort in großer Zahl leben, vor allem von Elefanten, Giraffen und Löwen.
Seite 114

Das *dreißigste* Kapitel schildert Papageien und andere Vögel der verschiedensten Arten.
Seite 116

Im *einunddreißigsten* Kapitel wird ein Jahrmarkt beschrieben, wie er von den hiesigen Mohren üblicherweise abgehalten wird.
Seite 120

Von den Pferden, welche von den hiesigen Mohren gekauft wer-

den, handelt das *zweiunddreißigste* Kapitel, auch davon, daß diese Tiere oft an Seuchen eingehen und deshalb einem besonderen Zauber unterworfen werden.
Seite 121

Im *dreiunddreißigsten* Kapitel ist die Rede von fröhlichen Weibern, die bei Nacht singen und tanzen.
Seite 122

Im *vierunddreißigsten* Kapitel ist die Rede vom Reich Gambia und von Kap Verde, wohin ich und Antoniotto von Genua gesegelt waren.
Seite 124

Das *fünfunddreißigste* Kapitel beschreibt Kap Verde und die Sitten seiner Bewohner.
Seite 125

Das *sechsunddreißigste* Kapitel schildert einen großen Fluß, auf dem die Mohren mit ihren Kanus herumfahren.
Seite 131

Im *siebenunddreißigsten* Kapitel wird erzählt, wie unsere Schiffe auf diesem Fluß von den Mohren angegriffen wurden.
Seite 135

Das *achtunddreißigste* Kapitel berichtet von den Verhandlungen, die wir auf dem Fluß Gambia mit den Mohren führten.
Seite 137

Im *neununddreißigsten* Kapitel wird beschrieben, wie es in diesem Land im Winter aussieht.
Seite 139

Das *vierzigste* Kapitel handelt von der zweiten Reise, die ich zusammen mit Antoniotto von Genua nach Gambia unternahm; unter anderem ist hier die Rede von den Inseln, die wir auf dieser Reise entdeckten.
Seite 140

Das *einundvierzigste* Kapitel beschreibt die Insel Do Palme, das Reich Gambia und die Insel St. Andreas; ferner wird hier berichtet, welche Fürsten über dieses Gebiet herrschen.
Seite 144

Im *zweiundvierzigsten* Kapitel ist die Rede von den Geschenken, die wir Fürst Batimaussa machten, und wie wir dadurch seine Zuneigung gewannen.
Seite 146

Das *dreiundvierzigste* Kapitel handelt von den Sitten und Kleidern dieser Völker, von sehr großen Bäumen, von Elefanten und der Art und Weise, wie man diese jagt.
Seite 149

Das *vierundvierzigste* Kapitel beschreibt die Füße und die Beine des Elefanten; außerdem ist hier die Rede von einem Flußpferd.
Seite 154

Das *fünfundvierzigste* Kapitel handelt von dem Fluß und Reich Casamanssa und von dem Kap Rosso.
Seite 155

Das *sechsundvierzigste* Kapitel beschreibt weitere große Flüsse, die wir an dieser Küste entdeckten, und die hier lebenden Menschen.
Seite 157

Das *siebenundvierzigste* Kapitel berichtet von unserer Heimreise nach Spanien.
Seite 160

Einleitend handelt dieses Buch von der ersten Schiffsfahrt über den Atlantischen Ozean, die bis in das in Niederäthiopien[1]) gelegene Land der Neger führte und die auf Geheiß des Erlauchten Fürsten und Herrn, Prinz Heinrich, des Bruders des portugiesischen Königs Eduard[2]), unternommen wurde.

Das *erste* Kapitel gibt darüber Auskunft, wer als erster den Schiffsweg auf dem Atlantik in Richtung Süden entdeckt hat.

Ich, Aloisius Cà da Mosto, geboren in der bezaubernden Stadt Venedig, war der erste Mensch, der auf dem Atlantik über die Straße von Gibraltar hinaus in das südlich gelegene Negerland in Niederäthiopien segelte.

Auf dieser Reise sah ich viele neue Dinge, die es wert sind, beschrieben zu werden. Damit die Nachwelt versteht, was mich bewogen hat, ein vorher unbekanntes Land aufzusuchen und dort nach allerlei seltsamen Dingen Ausschau zu halten, also in ein Land zu fahren, das, vergleicht man die Bräuche und Gewohnheiten, die in unseren Städten, Dörfern und Landschaften herrschen, mit denen, die ich dort zu Gesicht bekam, wahrlich als eine völlig andere Welt bezeichnet werden muß, kam ich zu der Einsicht, daß es nützlich wäre, von dieser Reise Aufzeichnungen zu machen. Sofern mich mein Gedächtnis hie und da nicht im Stich läßt, will ich getreulich meiner Erinnerung all das beschreiben, was ich gesehen und erlebt habe. Sollten meine Beschreibungen zugegebenermaßen der Wirklichkeit der Dinge, über die ich berichten möchte, auch nicht immer in allen Einzelheiten gerecht werden, so will ich dennoch möglichst weit bei der Wahrheit bleiben und in Zweifelsfällen – statt Dinge zu behaupten, die die Wirklichkeit überzeichnen – lieber etwas untertreiben.

Da es bis auf die Zeit unseres Stammvaters Adam zurückblickend bis zum heutigen Tag keinerlei Aufzeichnungen gibt, aus denen hervorgehen könnte, daß in das besagte Gebiet schon früher vorgedrungen wurde, ist davon auszugehen, daß der erste, der eine Schiffsexpedition in das Land der Neger in Niederäthiopien veranlaßt hat, Prinz Heinrich von Portugal, der Sohn des Erlauchten Königs Johann I., war.

Über Prinz Heinrichs herausragende Tugenden wäre viel zu sagen. Hier will ich mich aber darauf beschränken zu betonen, daß Heinrich mit all den Kriegen, die in seinem Namen gegen die verschiedenen wilden Völker Afrikas geführt wurden, einzig und allein unserem Herrn Jesu Christu und der Sache des christlichen Glaubens dienen wollte. Bemerkt werden muß auch, daß er niemals eine Frau begehrte und seine Jugend in völliger Keuschheit und Enthaltsamkeit verbrachte. Ferner ist daran zu erinnern, daß er viele ehrenhafte und ritterliche Taten vollbrachte, und zwar durch seine List und – vor allem in den Kämpfen gegen die Neger – durch seinen überragenden Verstand.

Als sein Vater, König Johann I., todkrank daniederlag, ließ er Prinz Heinrich zu sich rufen und vertraute ihm die Führung über die gesamte portugiesische Ritterschaft an. Vor allen Dingen ermahnte er seinen Sohn aber, sich dem ihm bis zuletzt heiligen Anliegen, alle Feinde des Christentums erbarmungslos zu verfolgen, mit aller Kraft zu widmen, worauf ihm der Prinz in kurzen Worten versprach, diesem Wunsch nachzukommen.

Nach dem Tode des Vaters führte Heinrich, und zwar mit Unterstützung König Eduards, seines älteren Bruders, der dem Vater auf den Thron gefolgt war, viele mehrere Jahre dauernde Kriege gegen das am Atlantischen Ozean gelegene marokkanische Reich von Fes, wobei er mit allen Mitteln versuchte, dieses Königreich zu zerschlagen und ihm an möglichst vielen Orten Schaden und Zerstörung zuzufügen. Jahr für Jahr sandte der Prinz seine Flotte gen Sü-

Karavelle im Zeichen des Christus-Ordens

den aus, wobei jedesmal gewinnträchtige Beutezüge gegen die dortige Negerbevölkerung unternommen wurden. Genau dies stachelte Heinrich an, jedes Jahr weiter nach Süden vorzustoßen. Auf einer dieser Unternehmungen wurde schließlich ein in das Meer hineinragendes Gebirge erreicht, das auf italienisch »Capo Non« genannt wird, auf deutsch also »Kap Nichts«, und so heißt es bis zum heutigen Tage. Dieser Ort galt – deshalb sein Name – als das Ende der Welt. Bislang war nämlich davon ausgegangen worden, daß jeder, der dieses Kap zu umsegeln versuchte, niemals wieder zurückkehrte. Ein Sprichwort besagte: »Wer wagt, diesen Ort zu passieren, kommt nimmer heim.«

Die besagten Karavellen Prinz Heinrichs landeten schließlich an diesem Ort, über den hinaus aus dem oben genannten Grund eigentlich nicht gefahren werden durfte. In seinem unbändigen Wissensdurst und im Vertrauen auf Gott entschloß sich Heinrich allen Bedenken zum Trotz, im folgenden Jahr ein Schiff über dieses Kap hinaus vorstoßen zu lassen. Da die portugiesischen Karavellen als die besten Schiffe der Welt galten, bestens ausgerüstet mit allen Erfordernissen, glaubte der Prinz, mit ihnen überall, wohin er auch wollte, hinsegeln zu können. Sein Verlangen, neue Dinge über die Bewohner dieser Länder in Erfahrung zu bringen, und auch sein Wunsch, den dortigen Völkern Schaden zuzufügen, ließen ihn denn auch für die geplante Expedition drei Schiffe, bestückt mit allen erforderlichen Waffen, Munition und Lebensmitteln, ausrüsten und mit mutigen Seeleuten bemannen.

So gerüstet fuhr man schließlich los und passierte nach einiger Zeit das besagte Kap, wobei tagsüber an der Küste entlang weiter nach Süden gesegelt und nachts geankert wurde. Auf diese Weise gelang es den Schiffen Heinrichs, ungefähr 100 Meilen über das »Kap Nichts« hinaus vorzustoßen, um dann wieder, da weder Völker noch Siedlungen, sondern nur sandiges und ausgetrocknetes Land vorgefunden wurde, umzukehren.

Da die Ausbeute dieser Expedition nicht sehr ergiebig gewesen war, schickte Heinrich im folgenden Jahr erneut Schiffe aus – mit dem Befehl, dieses Mal 150 Meilen, und wenn möglich, noch weiter, über den bislang erreichten

Punkt hinauszusegeln. Die neue Expedition erfüllte diesen Auftrag befehlsgemäß, wobei man allerdings erneut nichts anderes als ein menschenleeres, sandiges und trockenes Land zu Gesicht bekam.

Nichtsdestoweniger sandte der Prinz Jahr für Jahr neue Schiffe aus, bis schließlich einige Wüstensiedlungen entdeckt wurden, die von Arabern bewohnt waren. Noch weiter südlich trafen die portugiesischen Schiffe auf einen Volksstamm, der Azanaghi genannt wird. Es handelt sich dabei um eine dunkelhäutige Menschenrasse, über die später Näheres berichtet werden soll. Auf diese Weise war schließlich und endlich das Land der Neger entdeckt worden. Und auf weiteren Vorstößen dieser Art lernte man noch andere Negervölker verschiedener Sprache, Bräuche und Religion kennen. Aber darüber soll an anderer Stelle ausführlicher geschrieben werden[3]).

Das *zweite* Kapitel handelt von den Dingen, die Aloisius Cà da Mosto auf seiner Fahrt in das Land der Neger entdeckt hat.

Im Jahre unseres Herrn 1454 weilte ich, Aloisius Cà da Mosto, damals 22 Jahre alt, in meiner Geburtsstadt Venedig. Nachdem ich unter venezianischer Flagge schon verschiedene Teile des Mittelmeeres befahren hatte, beschloß ich nun – in der Hoffnung, dort einträgliche Geschäfte tätigen zu können –, nach Flandern zu gehen, wo ich bereits zuvor einmal gewesen war. Mein Sinnen und Streben war zu jener Zeit einzig und allein darauf ausgerichtet, mich auf allen möglichen Wegen auf der Welt umzusehen, nicht nur um Reichtümer zu erwerben, sondern auch um Erfahrungen und Wissen zu sammeln, was mir in späteren Jahren einen guten Ruf und viel Ehre einbringen konnte. Als ich mich hierzu durchrang, besaß ich nur noch sehr wenig Geld. Ich ging an Bord einer flandrischen Galeere, die unter dem Kommando eines Ritters namens Marco Zen stand. Am 8. August des genannten Jahres legten wir zusammen mit zwei anderen flandrischen Schiffen in Venedig ab und segelten im Vertrauen auf Gott in südlicher Richtung, bis schließlich Spanien erreicht war.

Wegen verschiedener Ungewitter waren wir gezwungen, einige Tage am Kap St. Vinzenz zu ankern. Damit befand ich mich ganz zufällig in der Nähe von Prinz Heinrich, der hier auf seinem Landgut Reposera[4]) lebte. Als Heinrich unsere Anwesenheit in Erfahrung gebracht hatte, schickte er sofort seinen Sekretär Antonio Conzales zu uns. Dieser war begleitet von Patrizio di Conti, einem Venezianer, der damals Konsul meines Heimatlandes im Königreich Portugal war, wie er mir gegenüber mit einem Schreiben, das mit dem Siegel der venezianischen Regierung versehen war, zu erkennen gab. Patrizio stand außerdem im Dienste von Prinz Heinrich.[5]) Auf dessen Befehl kamen die beiden nun zu uns an Bord und brachten einige Proben des auf Madeira hergestellten Zuckers, von Drachenblut[6]) sowie anderer Produkte mit, die auf seinen Domänen und Inseln hergestellt wurden. Diese Dinge wurden in meiner Gegenwart vielen Leuten auf unserer Galeere gezeigt, und die beiden stellten uns viele Fragen. Sie berichteten uns, daß Prinz Heinrich in der jüngsten Vergangenheit einige Inseln erobert und besiedelt hatte, die vordem unbewohnt gewesen waren und von denen der Zucker, das Drachenblut und all die anderen nützlichen Dinge, die sie mit sich führten, stammten. Und sie gaben uns zu verstehen, daß die uns gezeigten Dinge nur einen Ausschnitt dessen darstellten, was auf diesen Inseln alles hergestellt und gehandelt würde. Ferner sagten sie uns, daß genannter Fürst seit geraumer Zeit Schiffsexpeditionen veranlasse, die in Gebiete vorstießen, die bislang kein Mensch zu Gesicht bekommen habe. Dabei seien neue Länder, bevölkert von seltsamen Menschen, entdeckt und dabei sonderbare Dinge gesehen worden. Ausdrücklich wurde uns auch berichtet, daß diejeni-

gen, die an solchen Reisen teilgenommen hätten, mit den Waren, die sie den Eingeborenen dort abgekauft hätten, in der Heimat großen Gewinn machten, und zwar im Verhältnis 1:6 oder gar 1:10.

Derartige Erzählungen stießen bei mir und den anderen auf viel Bewunderung und Erstaunen. In mir regte sich daraufhin wachsende Begierde, die Orte, von denen die Rede gewesen war, selbst aufzusuchen. Ich fragte deshalb Heinrichs Abgesandte, ob der Prinz einem solchen Wunsch stattgeben würde. Ihre Antwort war »Ja«. Allerdings müßte von mir eine von zwei genannten Bedingungen erfüllt werden: Wenn man das Schiff – so lautete die eine Bedingung – auf eigene Kosten ausrüste und mit Handelsware belade, sei man bei der Rückkehr gesetzlich verpflichtet, ein Viertel der Waren, die man auf der Reise erstanden habe, besagtem Fürst abzutreten. Alles übrige könne man selbst behalten. Wenn aber umgekehrt der Fürst die Ausrüstung des Schiffes übernehme – die mitgeführte Handelsware werde allerdings auch in diesem Fall nicht von ihm bezahlt –, müsse bei der Heimkehr die Hälfte der mitgebrachten Handelsgüter dem Prinz überlassen werden. Und falls von einer solchen Reise überhaupt nichts zurückgebracht werde, sei der Fürst bereit, die gesamten Kosten der Expedition zu tragen, so daß also in einem solchen Fall allein er Schaden und Verlust erleiden würde. Freilich wurde mir gegenüber ausdrücklich beteuert, daß von einer solchen Reise normalerweise niemand zurückkehre, ohne großen Gewinn gemacht zu haben. Und wenn immer einer unserer Landsleute – sagte man mir weiter – eine solche Fahrt unternehmen wolle, würde dies von dem Fürsten ausdrücklich begrüßt und auch tatkräftig unterstützt werden, da er glaube, daß in den betreffenden Gegenden vielerlei Spezereien und andere wertvolle Produkte eingehandelt werden könnten und außerdem die Venezianer für solche Unternehmungen geeigneter seien als andere Völker.

Nachdem ich dies vernommen hatte, entschloß ich mich – mit dem festen Vorsatz, eine solche Reise zu unternehmen –, mit den beiden Gesandten Prinz Heinrich persönlich aufzusuchen, was ich denn auch tat. Dieser bestätigte mir, daß all das, was die beiden mir erzählt hatten, voll und ganz der Wahrheit entsprach. Darüber hinaus sagte er mir Anerkennung und Hilfe zu, falls ich tatsächlich reisen wollte.

Daraufhin war ich endgültig entschlossen, die Reise anzutreten, zumal ich noch jung und bei sehr guter Gesundheit war, so daß ich all die Mühen und Strapazen, die ein solches Unterfangen mit sich brachte, ohne weiteres auf mich nehmen zu können glaubte. Außerdem war ich begierig darauf, die Welt und allerlei sonderbare Dinge kennenzulernen, die vor mir noch keiner meiner Landsleute gesehen hatte. Und nicht zuletzt hoffte ich auch, mit einer solchen Reise zu Ruhm und Reichtum zu kommen.

Nachdem ich mich mit der notwendigen Ausrüstung und Handelsware versehen hatte, kehrte ich auf die Galeere zurück, um dort alle meine Habseligkeiten, die ich bei mir hatte, einem meiner Freunde anzuvertrauen. Gegen Sonnuntergang ging ich schließlich wieder an Land, während die Galeeren kurz darauf ihre Fahrt nach Flandern fortsetzten.

Das *dritte* Kapitel hat die Abfahrtszeit des Schiffes sowie die Winde, unter denen es segelte, zum Inhalt.

Daß ich in Kap St. Vinzenz zurückblieb, stieß bei Fürst Heinrich auf großes Wohlgefallen. Er erwies mir auf vielerlei Art seine Freundschaft, und nach einer gewissen Zeit hatte er für mich ein Schiff, eine Karavelle, ausgesucht. Dieses Schiff konnte mit 90 Buthen[7]) beladen werden, was etwa 40 Fuder Wein entspricht, und es stand unter der Gönnerschaft eines gewissen Vinzente Diaz[8]) aus Lagos, einem 16 Meilen von Kap St. Vinzenz entfernten Hafen.

Nachdem die Karavelle mit allem Erforderlichen ausgerüstet war, stachen wir am 22. März 1455 – in Gottes Namen und mit großen Hoffnungen – von Kap St. Vinzenz aus in See. Mit Nordwind im Rücken segelten wir geradewegs westwärts auf die Insel Madeira zu und erreichten so am 25. des Monats gegen Mittag die Insel Porto Santo, die 600 Meilen von Kap St. Vinzenz entfernt liegt.

Das *vierte* Kapitel beschreibt die Insel Porto Santo, ihre Beschaffenheit und die Dinge, die dort hergestellt werden. Besonderes Interesse gilt dabei dem »Drachenblut«, der Art seiner Herstellung sowie einem allerbesten Honig.

Die Insel Porto Santo ist sehr klein; sie hat lediglich einen Umfang von 25 Meilen. Sie war vor 27 Jahren [richtig: 37 Jahren] von Seefahrern Fürst Heinrichs entdeckt worden. Bis dahin unbewohnt, wurde sie daraufhin auf Geheiß Heinrichs mit portugiesischem Volk besiedelt. Regiert wurde sie von Bartholomäus Pollastrella, einem Lehensmann des Fürsten.

Auf dieser Insel gibt es reichlich Korn und Hafer sowie im Überfluß Rindfleisch, Wildschweine und unzählige Kaninchen. Ferner findet man hier das sogenannte »Drachenblut«, das aus bestimmten Bäumen gewonnen wird. Es handelt sich hierbei um eine Art Gummi oder Harz, das zu einer bestimmten Jahreszeit aus den betreffenden Bäumen herausrinnt. Man sammelt es auf folgende Weise: In den untersten Teil des Stammes werden mit einer Axt oder einem Beil einige Kerben gehauen, woraus dann im folgenden Jahr zu einer bestimmten Zeit Gummi oder Harz fließt, das gekocht und gereinigt schließlich »Drachenblut« ergibt. Diese Baumart trägt auch eine Frucht, die sehr gut schmeckt. Sie sieht aus wie eine Kirsche, ist aber gelb.

Außerdem liegen um diese Insel herum ausgedehnte Fischgründe, voll von *Dentali* und *Orade*[9]) und anderen guten Fischen. Einen Hafen findet man hier nicht, dafür aber einen ausgezeichneten Ankerplatz, der gegen alle Winde gut geschützt ist, außer gegen die Winde aus östlicher und südlicher Richtung, gegen die er kaum Schutz zu bieten vermag.

Diese Insel heißt Porto Santo, und man stellt hier den besten Honig der Welt her, außerdem Wachs in großen Mengen.

Das *fünfte* Kapitel handelt von einem Hafen auf der Insel Madeira, der Moncricho[10]) genannt wird.

Am 27. März verließen wir Porto Santo und erreichten am gleichen Tag noch Moncricho, einen der Häfen der Insel Madeira. Dieser liegt ungefähr 40 Meilen von Porto Santo entfernt, wobei bei klarem Wetter der eine Ort vom jeweils anderen zu sehen ist.

Mit der Bedeutung des Namens Madeira und der ersten Besiedlung dieser Insel wie ihrer Fruchtbarkeit befaßt sich das *sechste* Kapitel. Ferner berichtet es von wilden Tauben, die vor den Menschen nicht fliehen, zudem von weißen Pfauen und vom Zucker. Und schließlich von Weintrauben, die in der Karwoche reif werden.

Die Insel Madeira, vordem völlig unbewohnt, war vor 24 Jahren [richtig: 30 Jahren] von besagtem Fürst mit Portugiesen besiedelt worden. Zur ihrer Verwaltung hatte er zwei seiner Ritter zu Gouverneuren bestellt. Der eine namens Trista Tessera [Tristão Vaz Teixeira] erhielt als Hoheitsgebiet die Inselhälfte um Moncricho, der andere, mit Namen Joao Conzales [João Gonçalves Zarco], die Gebietshälfte um Fonzal [Funchal]. Diese Insel erhielt die Bezeichnung *Madeira*, das heißt soviel wie »Insel des Holzes«, so benannt, weil auf ihr, als sie von Leuten des erwähnten Fürsten zum ersten Mal entdeckt wurde, kein Fleckchen Erde zu finden war, das nicht mit großen Bäumen bewachsen war. Wollte man diese Insel besiedeln, so war es zunächst notwendig, diese Bäume niederzubrennen, was denn auch geschah, so daß eine geraume Zeit ein wildes Feuer über diese Insel fegte. Die erste Feuersbrunst war gar so groß, daß besagter Joao Conzales, der sich damals gerade dort befand, gezwungen war, zusammen mit allen Männern, Frauen und Kindern vor der Gewalt und der

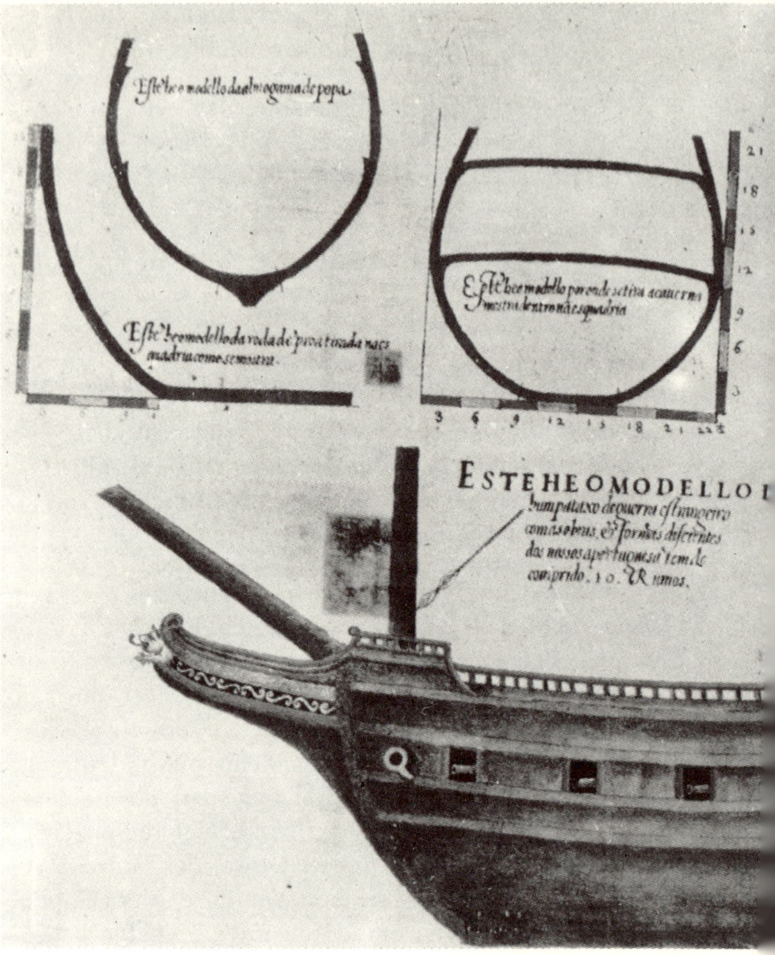

Konstruktionszeichnung eines portugiesischen Schiffes, 16./17. Jahrhundert

Hitze des Feuers aufs Meer zu fliehen. Um dem Tod zu entgehen, mußten sie dort, bis zu den Hälsen im Wasser und ohne etwas zu essen und zu trinken zu haben, zwei Tage und zwei Nächte lang ausharren. Auf diese Weise räumten sie einen großen Teil des Baumbestandes weg, wodurch Grund und Boden für die Kultivierung frei wurden.

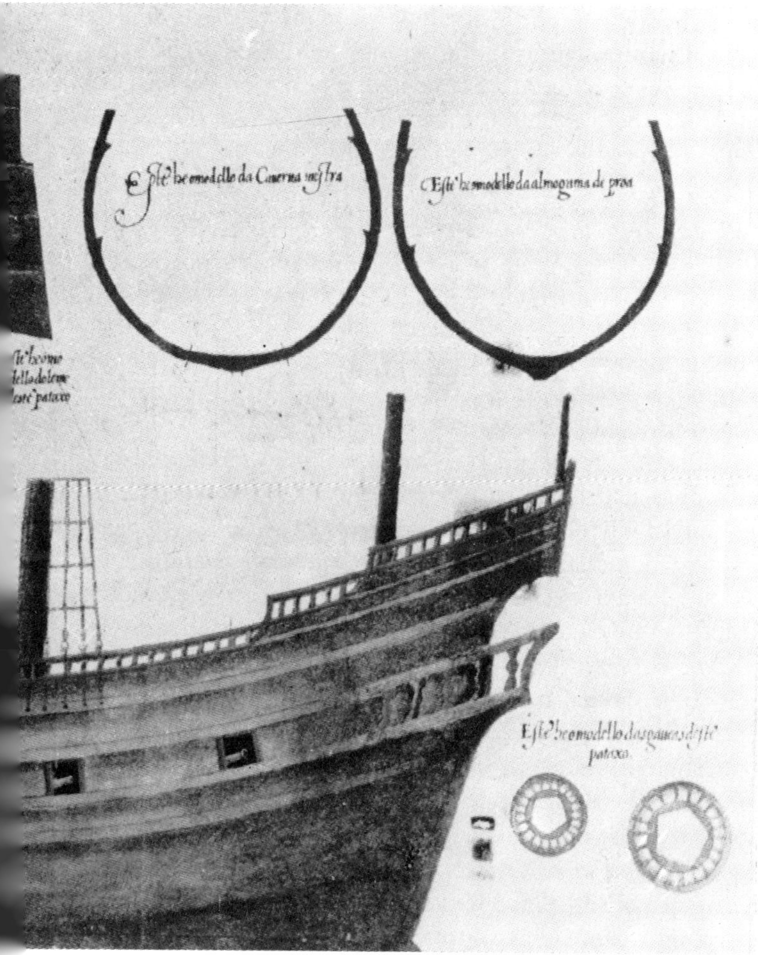

Die Insel hat vier Ansiedlungen, erstens Moncricho, zweitens Zum Heiligen Kreuz (Santa Croce)[11]), drittens Fonzal und schließlich viertens Camera de Loui, was »Kammer der Wölfe« bedeutet[12]). Obwohl es noch einige andere Siedlungen gibt, so sind doch diese vier die wichtigsten. In ihnen leben ungefähr 800 Männer, davon allein ungefähr

100 Reitersleute. Der Umfang der Insel beträgt 140 Meilen. Auf ihr gibt es keine landumschlossenen Häfen, dafür aber einige ausgezeichnete Ankerplätze. Der Boden der Insel ist sehr fruchtbar, so daß ihre Bewohner mit allem Notwendigen versorgt werden können.

Obwohl diese Insel so gebirgig wie Sizilien ist, erntet man auf ihr jährlich 300 000 venezianische Stara[13]) Getreide, manchmal mehr, manchmal etwas weniger. Anfangs stand der Ertrag der Aussaat in einem Verhältnis 60 oder 70:1. Dieses hat sich aber mittlerweile auf 30 oder 40:1 verringert, weil die Anbaufläche – wegen Überbeanspruchung des Bodens – Tag für Tag kleiner wird. An Wasser besteht in diesem Land kein Mangel, denn es gibt hier zahlreiche Quellen, aus denen gutes Wasser in Fülle hervorsprudelt, außerdem acht Flüsse von beträchtlicher Größe, die die Insel durchfließen. An diesen Flüssen befinden sich Sägemühlen, in denen ununterbrochen Holz zu Brettern und Holztafeln der verschiedensten Art verarbeitet wird, um damit das portugiesische Königreich wie auch andere Gegenden zu versorgen. Zwei Holzsorten werden besonders geschätzt: einmal das Zedernholz, das einen sehr starken Geruch hat und dem Zypressenholz ähnelt; aus ihm fertigt man wunderschöne Tische, breit und lang, Schränke und andere Möbelstücke. Bei der anderen Holzart handelt es sich um Eibe, ebenfalls sehr schön und rot wie eine rote Rose. Wegen des Wasserreichtums der Insel hat Prinz Heinrich entlang den Flüssen viel Zuckerrohr anpflanzen lassen und damit einen großen Gewinn gemacht. Ein einmaliges Sieden des ungereinigten Rohstoffes erbrachte nicht weniger als 400 Zentner[14]) Zucker, woraus ich schließe, daß auf absehbare Zeit hier Zucker in großen Mengen hergestellt wird, denn das warme Klima auf dieser Insel ist für den Zuckeranbau sehr geeignet. Es ist hier niemals so kalt wie auf Zypern oder Sizilien. Aus diesem Zukker machen sie mancherlei Mixturen und Gewürze von bester Qualität.

Wachs und Honig werden ebenfalls hergestellt, allerdings nicht in großen Mengen. Dafür, daß die Insel erst vor kurzem besiedelt worden ist, ist der hier produzierte Wein sehr gut und so reichlich vorhanden, daß damit nicht nur der Bedarf der Inselbewohner gedeckt, sondern auch ein Teil des Weines ausgeführt werden kann. Unter den Weinsorten, die besagter Prinz anpflanzen ließ, ist auch der Malmasier-Wein[15]), der auf seinen Befehl hin von Candia hierher gebracht wurde. Dieser Wein gedeiht wegen des fruchtbaren Bodens der Insel so ausgezeichnet, daß die Weinstöcke mehr Reben als Blätter tragen. Die Reben sind etwa vier Ellen lang und bieten einen wunderbaren Anblick, einen schöneren mag man auf der ganzen Welt nicht finden. Es wachsen hier auch – und zwar an Stangen – Trauben von schwarzer Farbe, die innen keine Kerne haben und sehr gut schmecken.

Ferner werden hier aus dem roten Holz der Eibe herrliche und sehr feine Pfeile und Armbrustgestänge hergestellt, die nach Westen ausgeführt werden. Man findet auf dieser Insel auch wilde Pfauen, von denen einige weiß sind, und Rebhühner. Ansonsten gibt es hier kein Wild, außer Wachteln und einer Vielzahl von wilden Schweinen in den Bergen. Von Inselbewohnern, die durchaus glaubhaft waren, wurde mir erzählt, daß hier zu Beginn der Besiedlung riesige Mengen von Tauben gelebt hätten und man diese immer noch finden könne. Gefangen werden diese Vögel auf folgende Weise: An Stangen werden Schlingen angebracht, um damit die Tauben an ihren Hälsen erfassen und so von den Bäumen herunterziehen zu können. Und die Tauben sollen dabei nicht einmal Furcht zeigen, weil sie die Absichten des Vogelfängers nicht zu durchschauen vermögen. Ich will das durchaus glauben, denn mir war zu Ohren gekommen, daß auf einer anderen Insel, die neulich entdeckt wurde, dies auf eine ähnliche Weise geschieht. Rindfleisch ist auf dieser Insel im Überfluß vorhanden. Und da sie ein einziger großer Garten ist, begegnet man hier – gemessen an den hier gültigen Maßstäben – sehr vielen reichen Leuten, deren gesamter Besitz aus Gold besteht. Es gibt hier auch einige Klöster vom Orden der »Minderen Brüder«[16]), in denen Mönche leben, die ein geheiligtes Leben führen. Und schließlich wurde mir glaubhaft versichert, daß hier Weintrauben wachsen würden, die schon in der Osterwoche reif seien.

Das *siebte* Kapitel befaßt sich mit den Kanarischen Inseln, zehn an der Zahl, und ihren Namen.

Nach Verlassen der Insel Madeira setzten wir unsere Reise in Richtung Süden fort, bis wir die Kanarischen Inseln erreichten, die ungefähr 320 Meilen von Madeira entfernt liegen. Diese Inselgruppe besteht aus zehn Inseln, von denen sieben bewohnt und drei öde und menschenleer sind. Folgende sind bewohnt: Lanzaroto, Forteventura, Gran Canaria, Teneriffa, Giemera, La Palma und Ferro. Von diesen sieben Inseln werden vier von Christen bewohnt, und zwar Lanzaroto, Forteventura, Giemera und Ferro. Auf den anderen drei leben nur Heiden. Der Herrscher über die vier christlichen Inseln heißt Ferrera, ein aus Sevilla stammender Edelmann und Ritter, der dem spanischen König untersteht. Die Nahrung dieser Christen besteht, soweit sie von den Inseln selbst stammt, in der Hauptsache aus Gerstenbrot und in ausreichendem Maße aus Fleisch und Milch, und zwar vor allem von Ziegen, von denen sie hier viel besitzen. Auf Wein und Korn können sie dagegen nicht zurückgreifen, es sei denn, daß solches von anderswoher beschafft wird. Früchte haben sie ebenfalls nicht viel. Und überhaupt verfügen sie über nur sehr wenige Dinge von Wert.

Die einzelnen Inseln liegen 40 bis 50 Meilen auseinander, wobei sie alle auf einer Linie aufgereiht sind, und zwar in Ost-West-Richtung.

Das *achte* Kapitel handelt von den Pflanzen, die auf den Kanarischen Inseln wachsen, von einem Kraut namens Oricello, aus dem man eine sehr schöne braune Farbe herstellt. Und von einem guten Leder, genannt Corduan. Weiter von den Ungläubigen, die auf den drei Inseln wohnen; und von einer Insel, die wegen ihrer hohen Gebirge wohl einzigartig auf der Welt ist. Außerdem von den dortigen Fürsten und der seltsamen Sitte der Eingeborenen, keine Frau zu heiraten, die noch Jungfrau ist und die vorher noch nicht mit dem Fürsten geschlafen hat, und schließlich von der Fruchtbarkeit der genannten Inseln.

Auf den erwähnten Inseln wächst in großen Mengen ein Kraut namens *Oricello*[17]), mit dem man wollene Tücher färbt. Dieses Gewächs wird in großem Umfang nach Cades[18]) im Reich Sibilia[19]) ausgeführt, von wo aus es an die verschiedensten Orte in Ost und West weiterbefördert wird.

Ebenfalls in großen Mengen wird auf diesen Inseln ein Leder hergestellt, das *corduan*[20]) genannt wird; es ist von hoher Qualität und Festigkeit und wird in großen Stücken angeboten. Außerdem handelt man hier noch mit Talg und wohlschmeckendem Käse.

Die Bewohner dieser vier Inseln heißen Kanarier. Sie sprechen so unterschiedliche Sprachen, daß sie sich untereinander kaum verständigen können. Auf diesen Inseln gibt es keine von Mauern umgebene Städte, sondern lediglich kleinere Dörfer. Diese liegen aber in den Bergen, die hier sehr hoch sind. Die Ortschaften sind zudem mit stark befestigten Brücken und Zugängen versehen, damit sie von niemanden überfallen oder gar erobert werden können. Letzteres droht ihnen nur von einer Belagerung und dem damit einhergehenden Mangel an Nahrungsmitteln.

Die kleinste der vier Inseln hat einen Umfang von ungefähr 50 Meilen. Die anderen drei Inseln, auf welchen die Ungläubigen wohnen, sind weit größer und viel dichter besiedelt, besonders zwei: Gran Canaria mit rund 8 000 und Teneriffa, die größte der drei Inseln, mit ungefähr 15 000 Einwohnern. Palma hingegen ist fast unbewohnt, dafür aber sehr schön.

Auf diesen Inseln stehen, um sie notfalls gegen Übergriffe verteidigen zu können, viele Männer unter Waffen. Da die Inseln außerdem noch sehr gebirgig und mit vielen befestigten Orten versehen sind, konnte man sie bislang nicht erobern und so niemals dem Christentum zuführen.

Eine der Inseln [gemeint ist hier Teneriffa] gilt als eine der höchstgelegenen der ganzen Welt. Sie ist bei klarem Wetter bereits aus einer Entfernung von 60 bis 70 spanischen Meilen, das entspricht 250 italienischen Meilen, zu sehen, denn in ihrer Mitte befindet sich ein Berg,[21]) der sehr hoch ist und wie ein Diamant dauernd leuchtet. Christen, die hier in Gefangenschaft geraten sind, versichern, daß dieser Berg von seinem Fuß bis zur Spitze 15 portugiesische, also 60 italienische Meilen mißt. Diese Insel wird von neun Fürsten beherrscht, die Duchi, d.h. Herzöge, genannt werden. Diese üben ihre Macht nicht aufgrund des natürlichen Gesetzes, wonach der Sohn seinem Vater nachfolgt, sondern nach dem Recht des Stärkeren aus. Sie führen deshalb auch von Zeit zu Zeit Kriege gegeneinander, wobei sie sich wie Vieh abschlachten. Als Waffen besitzen sie nur Steine und speerförmige Knüppel, welche an der Spitze – anstelle von Eisen – mit einem scharfen Hornstück versehen sind; und mit diesen schlagen sie aufeinander ein. Abgesehen von den Waffen, die sie mit sich tragen, gehen sie in der Regel völlig nackt – außer einigen, die vorne und hinten mit einem Ziegenfell bekleidet sind. Ihre Körper schmieren sie sich mit Geißbockfett ein, das mit dem Saft eines Krauts vermischt wird. Davon bekommen sie eine grobe und dicke Haut, die sie vor der Kälte, die in dieser südlichen Gegend freilich nicht schlimm ist, schützen soll.

Sie besitzen weder gemauerte Häuser noch Strohhütten,

sondern wohnen ausschließlich in Berghöhlen. Hauptsächlich leben sie von Gerste, Fleisch und Ziegenmilch; außerdem essen sie in großen Mengen allerlei Früchte, insbesondere Feigen. Wegen des warmen Klimas wird das Getreide in den Monaten März und April geerntet.

Sie haben weder einen Glauben noch einen Gott. Einige von ihnen beten indes auf absonderliche und abgöttische Weise die Sonne an, andere den Mond und die Planeten.

Ihre Frauen sind zwar kein Gemeingut, aber jeder kann sich so viele nehmen, wie er will. Sie heiraten keine Frauen, die noch Jungfrau sind, sondern nur solche, die bereits eine Nacht mit dem Fürsten verbracht haben, was hier als eine große Ehre gilt.

Die Bewohner der vier christlichen Inseln überfallen auf ihren Schiffen bei Nacht von Zeit zu Zeit die Inseln der Ungläubigen, um heidnische Kanarier, Männer wie Frauen, einzufangen, die sie dann nach Spanien bringen, um sie dort als Sklaven zu verkaufen. Manchmal kommt es vor, daß bei diesen Überfällen einige der Christen in Gefangenschaft geraten. Diese werden von den Eingeborenen allerdings nicht getötet, sondern lediglich gezwungen, Ziegen zu schlachten und zu Fleisch zu verarbeiten. Dies hat folgenden Grund: Das Metzgerhandwerk gilt den Ungläubigen nämlich als die unwürdigste und verachtenswerteste Tätigkeit. Um ihnen Schmach anzutun, lassen sie ihre Gefangenen diese Arbeit so lange ausführen, bis diese auf irgendeine Art losgekauft werden. Und eben von solchen in Gefangenschaft geratenen Christen habe ich diese Tatsache in Erfahrung gebracht.

Die Eingeborenen haben noch einen anderen sonderbaren Brauch: Wenn einer ihrer Fürsten neu eingesetzt wird, bietet einer von ihnen freiwillig an, zu Ehren der neuen Herrschaft und zum Lob des neuen Fürsten zu sterben. Daraufhin begibt sich alles zu einer tiefen Schlucht, in die sich der Betreffende, nachdem er eine bestimmte Zeremonie vollzogen und einige Worte gesprochen hat, hinabstürzt und so in Stücke zerschlagen wird. Der Fürst ist dann verpflichtet, die Verwandten des Toten in Ehren zu halten und mit großen Pfründen auszustatten. Dieser viehische und unvernünftige Brauch ist von den Christen, die auf oben beschriebene Weise auf diesen Inseln in Gefangenschaft geraten und gegen Lösegeld wieder frei gelassen worden waren, beobachtet und als wahr überliefert worden.

Die Kanarier sind zart gebaut und außergewöhnlich gute Läufer und Springer, denn aufgrund des felsigen und hügeligen Geländes, das auf ihren Inseln vorherrscht, sind sie es gewohnt, mit dem Geschick und der Leichtigkeit einer Gemse barfuß von Stein zu Stein zu springen, wobei sie Sprünge von unglaublicher Weite vollführen. Auch vermögen sie Steine äußerst zielgenau und mit großer Kraft sehr weit zu werfen. Sie haben so kräftige Arme, daß sie ein Schild mit wenigen Hieben in Stücke schlagen können. Auf Medera [Madeira] konnte ich einen christlichen Kanarier beobachten, der wettete, daß er, wenn er und drei andere Männer je zwölf Pomeranzen[22]) in die Hand nähmen, er die drei Männer auf acht oder zehn Schritt Entfernung mit jeder seiner zwölf Pomeranzen treffen würde, ohne daß diese umgekehrt in der Lage wären, ihn ihrerseits mit ihren Pomeranzen zu treffen – außer an seinen Händen, mit denen er ihre Würfe abzuwehren versuchen würde. Niemand ging jedoch auf diese Wette ein, denn alle wußten, daß der Kanarier dies mit Leichtigkeit, ja sogar noch besser, als er angegeben hatte, tun konnte. Aus dieser Geschichte mag man entnehmen, daß diese Menschen die geschickteste und flinkeste Rasse sind, die man auf der Welt zu Gesicht bekommt.

Ferner bemalen sich die Kanarier ihre Körper mit einer grünen, roten und gelben Paste, die aus Kräutern gewonnen wird. Sie halten diese Bemalung für eine wunderbare Sache und schätzen sie mehr als wir das Weiß unserer schönsten Kleider.

Ich, Aloisius Cà da Mosto, war auf zwei der Kanarischen

Inseln, auf Gomera und Ferro, die beide christianisiert sind. Ich legte auch in Palma an, ging dort aber nicht an Land, weil ich meine Reise fortzusetzen wünschte.

Das *neunte* Kapitel beschreibt das Kap Blanco und die ihm nahe gelegenen Inseln, die da sind: Argim, Bianca, Garza und Cori. Außerdem ist hier die Rede von Wüstengegenden sowie von einem Ort namens Hoden, der von Leuten aus Barbaria aufgesucht wird.

Südwärts Richtung Mohrenland segelnd, verließen wir diese Insel und erreichten nach einigen Tagen das Kap Blanco, das ungefähr 770 Meilen [in Wirklichkeit sind es nur 570 Meilen] von den Kanarischen Inseln entfernt liegt. Bei diesem Kap zieht sich die Küste landeinwärts zurück und formt so einen Golf, der *Forna Dargin* [Golf von Arguim] heißt – nach einer kleinen Insel, die in diesem Golf gelegen ist und von den Eingeborenen *Argim* genannt wird. Nach weiteren 50 Meilen gelangt man zu drei weiteren Inseln, welchen die Portugiesen folgenden Namen gegeben haben: *Bianca* – wegen des dortigen weißen Sandbodens; *Garza* [Herons-Insel] – nach einem Meeresvogel gleichen Namens, von dem die Portugiesen, als sie diese Insel zum erstenmal entdeckten, so viele Eier fanden, daß sie damit zwei Boote beladen konnten; und schließlich *Cori* [Insel Cuori]. Alle drei Inseln sind sehr klein, sandig und völlig unbewohnt. Nur auf *Argim* findet man ausreichend Süßwasser, nicht jedoch auf den anderen Inseln.

Entlang der Küste – vom Kap Cantin bis zum Kap Blanco – erstreckt sich eine große Wüstengegend, die im Norden von den Bergen [Atlas-Gebirge] begrenzt wird, die unsere *Barbarei* [Marokko] von Tunis und den anderen Küstenstädten an der Mittelmeerküste abschneiden. Von den Berbern wird diese Wüste *Sarra* [Sahara] genannt. Im Süden stößt sie an das Land der Neger in Niederäthiopien.

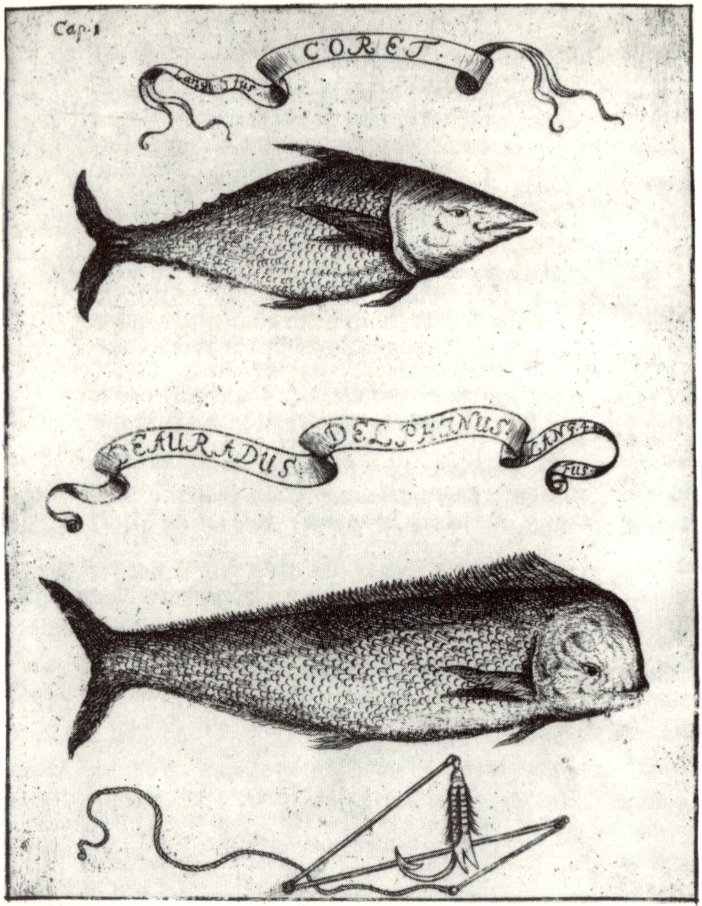

Es handelt sich hierbei um eine sehr große Wüste, die zu durchqueren gut berittene Männer 50 bis 60 Tage in Anspruch genommen werden – an manchen Stellen etwas mehr, an anderen etwas weniger. Die Grenze zu dieser Wüste bildet die Atlantikküste, die hier überall weißsandig, vollkommen ausgetrocknet und eben ist bis hin zu besagter Insel Bianca, die so heißt, weil die Portugiesen, die sie entdeckten, hier nur weißen Sand ohne jedes Anzeichen von

Kräutern und Bäumen vorfanden. Diese Insel ist ein sehr schöner Ort, der die Form eines Dreieckes hat, wobei die drei Eckpunkte jeweils eine Meile auseinanderliegen.

Entlang der ganzen Küste hier befinden sich ausgedehnte Fischgründe, in denen es von großen und ausgezeichneten Fischen der verschiedensten Arten nur so wimmelt. Das Wasser ist im Golf von *Forna Dargin* überall nicht sehr tief und voll von Sand- und Felsbänken. Außerdem stößt man hier auf äußerst starke Meeresströmungen, so daß man hier nur bei Tage segeln kann, immer das Lot zur Hand, um so die Wassertiefe stets messen zu können. Zwei Schiffe sind auf solchen Bänken bereits zerschellt.

Der Leser sollte ferner wissen, daß auf der Höhe der Insel Bianca 60 Tagesreisen auf dem Kamel landeinwärts ein Ort liegt namens Hoden[23]). Dieser Ort ist von keiner Mauer umgeben. Er wird von Arabern häufig besucht, denn hier befindet sich ein Markt, bei dem die Karawanen, die von Tanbutu [Timbuktu] kommen, zu rasten pflegen. Auch von anderen Orten des Mohrenlandes kommen Leute auf dem Weg in unsere *Barbarei* hier durch. Die Bewohner von Hoden ernähren sich vor allem von Datteln und Gerste, wovon sie eine Menge haben. Beides wächst auch an anderen Orten dieser Gegend, freilich nicht im Überfluß. Zum Trinken haben diese Leute nur Milch von Kamelen und anderen Tieren; Wein gibt es hier keinen. In ihrem Besitz sind auch Kühe und Ziegen, freilich nicht sehr viele, weil das Land hier sehr trocken ist. Deshalb sind diese Tiere, gemessen an den unsrigen, auch sehr klein.

Als Mohammedaner sind die Bewohner dieser Gegend den Christen sehr feindlich gesinnt. Sie lassen sich an keinem Ort auf Dauer nieder, sondern ziehen unablässig von Ort zu Ort durch die Wüste, unter anderem auch in das Land der Mohren und in unsere *Barbarei.* Auf den vielen Kamelen, die sie besitzen, befördern sie Kupfer und Gold, das sie in der *Barbarei* erworben haben, nach Tanbutu und in das Mohrenland. Von dort bringen sie dann Gold und

Pfeffer in die *Barbarei.* Die Hautfarbe dieser Menschen ist braun. Bekleidet sind sie mit einem weißen Mantel, den sie auf der nackten Haut tragen; er reicht bis zum Nabel und ist mit einem roten Streifen umsäumt. Auf die gleiche Art sind ihre Frauen bekleidet – ohne jede Eleganz. Die Männer tragen, wie es im Land der Mohren Sitte ist, zudem noch einen Turban auf dem Kopf. Und sie gehen immer barfuß. In diesen sandigen Gebieten leben viele Löwen, Leoparden und Strauße, deren Eier ich oft gegessen habe und die mir gut geschmeckt haben.

Man muß auch wissen, daß besagter Prinz Heinrich die Insel Argim für zehn Jahre christlichen Kaufleuten überlassen hat, so daß außer denen, die hierfür eine ausdrückliche Erlaubnis haben, niemand hierherkommen kann, um mit den Arabern Handel zu treiben. Diese Kaufleute haben hier Wohnhäuser und Manufakturen aufgebaut, in denen sie mit den Arabern Handelsgeschäfte tätigen. Die Araber kommen hierher an die Küste, um Handelsgüter der verschiedensten Art zu erwerben, z.B. wollene Kleider, Baumwolle, Silber, *alchezeli*[24]), Mäntel, Teppiche und manches andere mehr, vor allem aber Getreide, denn sie leiden dauernd unter Nahrungsmangel. Im Tausch dafür verkaufen sie Sklaven, die sie sich aus dem Land der Mohren besorgen[25]) und Goldstaub.

Um diese Handelsgeschäfte auf Dauer wirksam schützen zu können, hat Prinz Heinrich auf dieser Insel ein Schloß bauen lassen [gebaut im Jahr 1448]. Aus demselben Grund wird diese Insel seitdem Jahr für Jahr von portugiesischen Karavellen angelaufen.

Die Araber besitzen auch viele Berberpferde, die sie in das Mohrenland bringen, um sie den dortigen Fürsten im Tausch gegen Sklaven zu verkaufen. Je nach seiner Qualität erbringt eins dieser Pferde 10 bis 15 Sklaven. Um Sklaven sowie Gold in die Hand zu bekommen, schlagen sie im Mohrenland neben Silber und anderen Gütern auch Seidenstoffe um, die dem Geschmack der Mohren entsprechen und die in Granada und Tunis in der *Barbarei* hergestellt werden.

Die dafür eingehandelten Sklaven bringen die Araber zunächst auf den Markt von Hoden, wo diese dann aufgeteilt werden: Ein Teil kommt in die Berge von *Barcha* [Barca in Cyrenaica] und dann weiter nach Sizilien oder an andere Orte an der Mittelmeerküste; der andere Teil wird auf die Insel Argim gebracht, um dort an die portugiesischen Kaufleute verkauft zu werden. Auf diese Weise werden von hier aus jährlich bis zu 1000 Sklaven nach Portugal befördert.

Bemerkenswert ist, daß zuvor, als der Sklavenhandel noch nicht so vonstatten ging, bewaffnete portugiesische Karavellen, manchmal vier, manchmal aber auch mehr, in den Golf von Argim fuhren, deren Besatzungen bei Nacht an Land gingen, um dort die Fischerdörfer zu überfallen und das Land anschließend verwüstet zurückzulassen. Auf diese Weise brachten sie Männer wie Frauen der hier lebenden arabischen Bevölkerung in ihre Gewalt, die sie dann als Handelsware nach Portugal verschleppten. Derartige Überfälle verübten die Portugiesen entlang eines Küstenabschnitts, der vom Kap Blanco bis zum Reich Senega [Senegal] reicht.

Das *zehnte* Kapitel handelt vom Reich Senega und den Sitten der dortigen Eingeborenen.

Durch das Reich von Senega fließt ein großer Fluß, der das Stammesgebiet der Azanaghi[26]) gegen das nördliche Königreich der Mohren abgrenzt. Die Azanaghi haben eine bräunliche Hautfarbe, eher dunkel- als hellbraun, und sie leben in Orten entlang der Küste unterhalb von Kap Blanco, viele auch zerstreut über die hier beginnende Wüste. Sie sind Nachbarn der oben erwähnten Araber von Hoden.

Die Azanaghi ernähren sich hauptsächlich von Datteln,

Gerste und Kamelmilch, außerdem noch von Hirse und anderen Gemüsen, wie z. B. Bohnen, die sie sich im nahe gelegenen Mohrenland einhandeln. Überhaupt sind sie Menschen, die mit sehr wenig Essen auszukommen vermögen und Hunger gut aushalten können: Ihnen reicht den ganzen Tag über eine Schüssel Gerstenbrei. Sie haben auch gar keine andere Wahl wegen des hier allenthalben herrschenden Nahrungsmittelmangels.

Von den Portugiesen werden die Azanaghi auf die oben beschriebene Art ebenfalls als Sklaven gehandelt, zumal sie hierfür besser geeignet sind als die Mohren. Seit einiger Zeit aber herrscht zwischen ihnen und den Portugiesen Friede und ein reger Handelsaustausch. Prinz Heinrich duldet nämlich keine derartigen Überfälle auf die Azanaghi mehr, weil er hofft, daß diese im friedlichen Zusammenleben mit den Christen eines Tages zu unserem Glauben bekehrt werden können – und dies ohne größere Schwierigkeiten, weil dieses Volk von den Lehren Mohammeds bislang noch weitgehend unberührt ist, mit Ausnahme dessen, was es darüber vom Hörensagen weiß.

Die Azanaghi haben auch einen seltsamen Brauch: Auf ihrem Kopf tragen sie eine Art Taschentuch[27]), das sie nach vorne über ihr Gesicht ziehen, um so den unteren Teil der Nase und den Mund zu bedecken. Sie sagen nämlich, daß der Mund ein mißgestalteter Körperteil sei, aus dem nur schlechte Gerüche strömten. Deshalb gehöre er bedeckt und nicht zur Schau gestellt, vor allem dann, wenn man sich anderen Leuten zuwende. Es ist wahr – schließlich habe ich viele von ihnen gesehen –, daß sie diesen Körperteil stets bedeckt halten, es sei denn, daß sie essen.

Es gibt bei ihnen keine richtigen Fürsten, wohl aber wird den Wohlhabenderen unter ihnen von den übrigen Stammesmitgliedern bis zu einem gewissen Grade Gehorsam entgegengebracht. Der Großteil dieser Menschen lebt in großer Armut. Und obendrein sind sie große Lügner und die schlimmsten Diebe, die man auf der Welt findet. Es sind Menschen von durchschnittlicher Größe, außerdem sind sie sehr mager. Sie haben krauses Haar, das ihnen bis zur Schulter reicht. In dieser Beziehung ähneln sie übrigens sehr den Deutschen, freilich ist ihr Haar im Unterschied zu diesen schwarz. Ferner schmieren sie es jeden Tag mit Fischfett ein, weshalb sie übel stinken, was sie jedoch für ein Zeichen großen Wohlstands halten.

Das *elfte* Kapitel berichtet, daß die Weiber, welche die größten Brüste haben, hochgeachtet werden; es besagt auch, warum die Azanaghi, als sie zum erstenmal Schiffe zu Gesicht bekamen, meinten, es handle sich hierbei um Vögel oder Tiere von Tagaza[28]), einem Ort, wo man in großen Mengen Salz abbaut. Und schließlich ist die Rede vom Reich Melli, den Reiseentfernungen, die hier zurückzulegen sind, und den Menschen, die unterhalb des »Circkel Equinoctiali«[29]) wohnen und mit Salz Handel treiben.

In der oben genannten Gegend ist es Sitte und Brauch, daß dicke Frauen, vor allem dann, wenn sie große Brüste haben, am meisten geschätzt werden. Das hat zur Folge, daß jede Frau im Alter von 17 oder 18 Jahren, wenn die Brüste voll ausgebildet sind, diese mit einem Strick einschnürt, und zwar möglichst eng und fest. Auf diese Weise werden die Brüste in die Länge gezogen, wobei tägliches Ziehen daran sie zum Teil so sehr in die Länge wachsen läßt, daß sie schließlich bis zum Nabel hinunterhängen. Die Frau mit den größten Brüsten erachtet dieses Volk für eine seltene und sehr wertvolle Sache.

Man sollte wissen, daß diese Menschen keine Christen – mit Ausnahme der Portugiesen – kennen. 14 Jahre lang haben sie mit den Portugiesen Krieg geführt, wobei viele von ihnen in Gefangenschaft geraten und danach – wie bereits erwähnt – als Sklaven verkauft worden sind.

Und es entspricht ebenso der Wahrheit, daß diese Menschen, als sie zum erstenmal unsere Segelschiffe auf See erblickten, meinten – weder sie noch ihre Vorfahren hatten solche jemals zuvor zu Gesicht bekommen –, daß es sich dabei um große Meeresvögel mit weißen Flügeln handle, die von einem unbekannten Ort hierher geflogen kämen. Und als nach dem Ankern in den Küstengestaden die Segel eingezogen waren, glaubten einige von ihnen sogar, dieses aus der Ferne beobachtend, die Schiffe seien in Wirklichkeit große Fische. Andere wiederum behaupteten, es seien Gespenster, die bei Nacht herumspukten und vor denen sie sich zutiefst fürchteten. Derlei Vermutungen waren allesamt auf die Tatsache zurückzuführen, daß die portugiesischen Schiffe in letzter Zeit jeweils innerhalb einer kurzen Zeitspanne an verschiedenen Orten der hiesigen Küste aufgetaucht waren, wobei deren Besatzungen jedesmal – vor allem im Schutze der Nacht – an Land gingen, um Raubzüge zu unternehmen. Es konnte durchaus geschehen, daß ein Ort, auf den ein solcher Überfall verübt wurde, von dem nächsten, dem binnen kurzem gleiches widerfuhr, 100 oder gar noch mehr Meilen entfernt war, was ganz davon abhing, welche Absichten die Seefahrer diesbezüglich verfolgten und wie stark der Wind blies, mit dem die betreffenden portugiesischen Schiffe segelten. Dies beobachtend, fragten sich die hiesigen Eingeborenen mit Erstaunen: »Wenn es sich hierbei um menschliche Wesen handelt, wie kann es dann sein, daß sie in einer Nacht solch große Entfernungen zurücklegen können, Entfernungen, die wir nicht einmal in drei Tagen hinter uns zu bringen vermögen?« Und da ihnen, wie gesagt, derartige Schiffe völlig unbekannt waren, blieb ihnen angesichts dessen nur die Vermutung, daß es sich hierbei um Gespenster handle. Diese Geschichte kann von vielen Portugiesen, die sich zur besagten Zeit mit ihren Handelsschiffen in diesem Küstenabschnitt aufhielten, bezeugt werden, ebenso von den Eingeborenen, die bei den geschilderten Raubzügen in portugiesische Gefangenschaft geraten sind. Daraus mag man ermessen, wie sonderbar den Eingeborenen dort viele unserer Gewohnheiten und Verhaltensweisen vorgekommen sein müssen, wenn solch irrige Meinungen aufkommen konnten.

Von dem oben erwähnten Marktplatz namens *Hoden* aus, sechs Tagesreisen weiter landeinwärts, gelangt man zu einem anderen wundersamen Ort, der *Tagaza* genannt wird. Dort wird in großen Mengen grobes Salz abgebaut. Jedes Jahr ziehen deshalb große Kamelkarawanen, die besagten Arabern und Azanaghi gehören, hierher, um Salz zu laden und dieses dann über *Tanbutu* [Timbuktu] in das Mohrenreich *Melli* [Mali] zu befördern. Dort wird es dann sehr rasch verkauft; acht Tage nach Ankunft einer solchen Salzkarawane ist bereits das gesamte Salz an den Mann gebracht, und zwar zu einem Preis von 200 bis 300 *mitigalli*[30]), je nach Menge pro Ladung. Mit dem dafür eingetauschten Gold kehren die Karawanen anschließend wieder in ihre Heimat zurück.

Im Reich *Melli* herrscht eine furchtbare Hitze, weshalb die Möglichkeiten zur Fütterung der Tiere dort derart beschränkt sind, daß von den Karawanenkamelen, die in dieses Gebiet kommen, die meisten hier verenden; von 100 Stück kehren kaum 25 wieder zurück. Aus eben diesem Grund leben in dieser Gegend selbst überhaupt keine vierfüßigen Tiere; sie würden an der großen Hitze hier allesamt eingehen. Auch viele der Araber und Azanaghi, die in dieses Reich ziehen, werden hier krank. Einige davon sterben sogar der ungeheuren Hitze wegen. Man erzählte uns, daß es zu Pferde ungefähr 40 Tagesreisen von *Tagaza* nach *Tanbutu* und weitere 30 von dort ins Reich *Melli* seien.

Ich habe mich auch danach erkundigt, was die Händler in *Melli* mit dem erstandenen Salz anfangen, worauf mir gesagt wurde, daß nur ein geringer Teil davon dortselbst verbraucht werde. Da man sich hier ganz in der Nähe der Tagundnachtgleiche befindet, ist es hier zu gewissen Jahreszeiten ungewöhnlich heiß. Das bringt es mit sich, daß das Blut verfault, wenn man dagegen kein Salz einnimmt. Man bereitet sich zu diesem Zweck folgende Medizin zu: Ein kleines Salzstück wird in einer Schüssel mit etwas Wasser vermischt; dieses Gebräu wird dann täglich getrunken. Sie behaupten, daß allein dies sie am Leben erhalte. Das restliche Salz zertrümmern sie in so große Stücke, daß sie ein Mann mit einer gewissen Geschicklichkeit bequem auf dem Kopf tragen und sie so auf langen Reisen mitnehmen kann. Dazu muß man wissen, daß die Karawanen das Salz in großen Einzelstücken nach *Melli* bringen, wobei jedes Kamel zwei solche Salzbrocken aufgeladen bekommt. In *Melli* werden diese dann, wie gesagt, zerkleinert, so daß die Salzladung, nunmehr aus kleinen Stücken bestehend, von den Eingeborenen auf dem Kopf weiterbefördert werden kann. Derart das Salz tragend, bilden sie ein großes Heer, welches das Salz zu Fuß über große Entfernungen transportiert. Die Salzträger führen dabei auf ihrem Marsch zwei Gabelstöcke mit, einen in jeder Hand, um diese, wenn sie ermüdet sind, in den Boden zu stecken, darauf die Last abzulegen und sich so ausruhen zu können. Auf diese Weise geht der Salztransport vor sich, wobei marschiert wird, bis sie zu bestimmten Wasserstellen kommen. Ich konnte diesbezüglich leider nicht in Erfahrung bringen, ob es sich dabei um Süß- oder salziges Meerwasser handelt. Ich weiß also nicht, ob hier die Rede von einem Fluß oder dem Meer ist. Ich vermute aber, daß sich dies auf einen Fluß bezieht, denn wenn es sich um das Meer handeln würde, dann bestünde in einem derart heißen Land keinerlei Mangel an Salz.[31]) Die betreffenden Mohren haben keine andere Wahl, als das Salz auf die beschriebene Art und Weise zu befördern, denn sie verfügen, da solche Tiere hier überhaupt nicht überleben könnten, weder über Kamele noch über andere Lasttiere. Daraus mag man ermessen, wie viele Männer gebraucht werden, um das Salz zu Fuß zu transportieren, und wie viele Leute es sind, die das Salz jahraus, jahrein benötigen. Wenn sie besagte Wasserstelle erreicht haben, geschieht folgendes: Die Träger legen die Salzbrocken dort in einer Reihe nieder, wobei jeder den seinigen mit einem bestimmten Zeichen versieht. Sobald diese Arbeit verrichtet ist, ziehen sie eine halbe Tagesreise von diesem Ort weg. Denn in ihrer Abwesenheit kommen in großen Booten Neger von einem anderen Stamm hierher, die nicht gesehen werden und auch nicht sprechen wollen. Diese steigen an der Stelle, wo das Salz lagert, an Land. (Es scheint, daß sie von einer Insel kommen.) An Land geklettert, legen sie neben jeden Salzbrocken eine bestimmte Menge Gold, um dann wieder – Gold wie Salz zurücklassend – abzuziehen. Sobald sie außer Sichtweite sind, kehren die Neger, die das Salz an diesen Ort transportiert haben, zurück. Falls sie mit der jeweils bei den einzelnen Salzbrocken liegenden Goldmenge zufrieden sind, lassen sie das betreffende Salzstück liegen und ziehen sich abermals zurück, das entsprechende Gold dabei mit sich führend. Die Salzbrocken indes, für die ihrer Meinung nach zuwenig Gold angeboten wird, lassen sie ebenso liegen wie das dazugehörige Gold. Nun treten die Neger des anderen Stammes wieder in Erscheinung, um das Salz, bei denen kein Gold mehr liegt, fortzuschaffen. Und falls sie an deren Kauf interessiert sind, legen sie bei den restlichen Salzstücken – je nach Gutdünken – noch etwas mehr Gold nieder; anderenfalls lassen sie das Salz unberührt liegen. Das bedeutet dann, daß sie das betreffende Salz nicht kaufen wollen. Auf diese Weise wird in diesem Land, und zwar aufgrund eines alten Brauchs, das Salzgeschäft abgewickelt, ohne daß sich dabei die Handelspartner je zu Gesicht bekommen und ohne je miteinander zu reden. Dies alles scheint nicht recht glaubhaft zu sein. Ich kann aber beschwören, daß mir dies von vielen Händlern berichtet worden ist, von Arabern wie von Azanaghi, ebenso von anderen Leuten, denen man ohne weiteres Glauben schenken kann.

Im *zwölften* Kapitel erfahren wir, wie der Kaiser von Melli einen der Händler, die sich beim Tauschgeschäft nicht sehen lassen wollen, gefangennehmen wollte, ferner von Menschen, denen die Unterlippe bis auf die Brust herunterhängt. Weiter ist hier die Rede von Orten, aus denen besagtes Gold stammt und wo man kleine weiße Muscheln als Geldmünzen benutzt.

Über die eben geschilderte Geschichte nachdenkend, fragte ich einige arabische Kaufleute, wie es sein könne, daß der Kaiser von *Melli*, über den gesagt werde, er gelte bei den Mohren als ein mächtiger Fürst, bislang noch nicht versucht habe, mit Freundschaftsbeweisen oder mit anderen Mitteln, einen dieser Leute, die sich nicht sehen lassen und auch nicht sprechen wollen, zu Gesicht zu bekommen. Die Araber gaben mir daraufhin zur Antwort, daß vor einigen Jahren der damalige Kaiser von *Melli* sich vorgenommen habe, gleichgültig was es koste, einen von diesen Menschen in seine Gewalt zu bringen. Nachdem er darüber einen Rat abgehalten habe, seien von ihm einige Leute, mit ein paar Tagen Vorsprung vor der Salzkarawane, zu dem Ort ausgeschickt worden, an dem das Salz umgeschlagen wird. Und genau dort, wo die Salzbrocken üblicherweise in einer Reihe niedergelegt werden, sollten sie dann Gräben ausheben, um sich darin verstecken zu können und aus diesem Versteck heraus die Kaufleute von besagtem Negerstamm, sobald sich diese dem Salzumschlageplatz näherten, anzugreifen. Zwei oder drei von ihnen sollten dabei eingefangen und unter strengster Bewachung nach *Melli* gebracht werden. So sei es denn schließlich auch geschehen: Vier der betreffenden Neger seien gefaßt, die anderen in die Flucht geschlagen worden. Etwas später seien drei der vier Gefangenen ebenfalls freigelassen worden, da man davon ausgegangen sei, daß mit einem Gefangenen dem Wunsche des Melli-Fürsten Genüge getan werden könne, ohne deswegen den Zorn des besagten Negerstammes auf sich zu ziehen. Versuche in verschiedenen Negersprachen, mit diesem Mann ins Gespräch zu kommen, seien indes erfolglos geblieben, denn dieser habe sich strikt geweigert, Antwort zu geben und zu reden. Auch habe er sich dagegen gesträubt, etwas zu essen, so daß er bereits nach vier Tagen verstorben sei. Seitdem, mit dieser Erfahrung im Rücken, sei man im Reich *Melli* der Überzeugung, daß die Neger, die nicht sprechen wollten, stumm seien, während einige andere meinten, der Mann habe sich nur deshalb geweigert zu reden, weil er wegen seiner Gefangennahme auf die Leute von *Melli* wütend gewesen sei. Jedenfalls habe der Tod des Mannes die Abgesandten des Kaisers von *Melli* sehr verärgert, denn schließlich hätten sie nunmehr den Willen ihres Fürsten nicht mehr erfüllen können. Nach ihrer Heimkehr hätten sie dem Fürsten über das Vorgefallene wahrheitsgetreu Bericht erstattet. Diesem habe der Fehlschlag des Unternehmens natürlich sehr mißfallen. Der Fürst habe dann seine Leute gefragt, wie der von ihnen eingefangene Neger ausgesehen habe. Daraufhin habe er zur Antwort erhalten, daß die Hautfarbe dieses Mannes tiefschwarz und sein Körper wohlgeformt gewesen sei. Er sei eine Spanne größer gewesen als sie selbst; außerdem sei seine Unterlippe eine Spanne breit gewesen und habe, groß und blutrot, bis auf seine Brust heruntergehangen, wodurch die Innenseite der Lippe, die dadurch sichtbar gewesen sei, wie Blut glänzte. Die Oberlippe sei dagegen so klein gewesen wie die der Leute von *Melli*. Aufgrund dieser Verformung der Unterlippe hätte man das Zahnfleisch und die Zähne sehen können, die bei diesen Negern größer seien als ihre eigenen. Sie hätten zwei lange Zähne auf jeder Seite und große schwarze Augen. Ihr Aussehen sei insgesamt sehr furchterregend, vor allem deshalb, weil aus ihrem Zahnfleisch, ebenso wie aus ihren Lippen, Blut fließe.

Wegen dieses Vorkommnisses wollte keiner der Männer des Fürsten von *Melli* mehr in eine derartige Sache verwikkelt werden, zumal es aufgrund der Gefangennahme und des anschließenden Todes des einen Mannes ganze drei Jahre dauerte, bis besagter Negerstamm den altgewohnten Salzhandel, Salz gegen Gold, wieder aufnahm. Dies wurde in *Melli* damit erklärt, daß die Lippen der Menschen dieses sonderbaren Negerstammes in den Jahren, in denen der Salzhandel unterbrochen gewesen war, wegen der mörderischen Hitze, die in diesem Land herrscht, faulig geworden seien. Deshalb hätten diese, nachdem viele von ihnen Krankheit und Tod erlitten hätten, schließlich sich nicht mehr anderes zu helfen gewußt, als sich wieder Salz, das in ihren Augen das einzige Heilmittel gegen Krankheiten war, nach alter Gewohnheit zu besorgen. Und eingedenk der Tatsache, daß diese Menschen ohne Salz nicht zu überleben vermochten, ließ der Fürst von *Melli* sie künftig in Frieden, wobei es ihm nun völlig gleichgültig war, ob diese Neger redeten oder auch nicht; die Hauptsache war, er konnte bei diesem Geschäft weiterhin Gold gewinnen. Das ist es, was ich von dieser Geschichte mitbekommen habe. Und man kann sie mir durchaus glauben, weil sie mir von vielen vertrauenswürdigen Menschen erzählt worden ist. Zumal ich von der Welt schon viel gesehen und dabei mannigfache Erfahrungen gemacht habe, finde ich, daß derartige Geschichten ohne weiteres für wahr erachtet werden können.

Das Gold, das im Austausch gegen Salz nach *Melli* gelangt, wird in drei Teile aufgeteilt: Ein Teil wird mit einer Karawane von *Melli* zu einem Ort namens *Cochia* [Gao am Niger] gebracht, der Rest nach *Tanbutu*, von wo aus ein Teil nach *Atoet*[32]) und dann weiter nach Tunis in die *Barbarei* befördert wird. Der andere Teil kommt nach dem oben erwähnten *Hoden*, und von da aus wird es weitergeleitet nach *Oran* und nach *Afezes, Amarochos, Arzib, Azafi* und *Amessa*[33]), alles Städte in der *Barbarei* unterhalb der Straße von Gibraltar. Dort wird den Negern von uns Italienern und von anderen christlichen Kaufleuten das Gold abgekauft, im Tausch gegen die verschiedenartigsten Handelsgüter.

Um auf unseren Ausgangspunkt zurückzukommen: Gold ist das wertvollste und wichtigste Handelsgut, das aus dem Land der *Azanaghi* hierher gelangt. Von dem Gold, das jedes Jahr nach *Hoden* geschafft wird, wird einiges weiter an die Küste transportiert und dort an die »Spanier«[34]) verkauft, die auf geschilderter Insel *Argim* wohnen, um von hier aus die verschiedensten Handelsgeschäfte tätigen zu können.

Im Land der *Azanaghi* gibt es keine Geldmünzen. Die dort lebenden Neger haben solche niemals im Gebrauch gehabt, denn bei Handelsgeschäften wird einzig und allein Ware gegen Ware eingetauscht. Auch habe ich gehört, daß in diesem Land und ebenso in einigen Gebieten Arabiens kleine weiße Muscheln als Zahlungsmittel verwendet werden. (Diese Muscheln ähneln sehr denen, die über den Levante-Handel nach Venedig gelangen.) Die Anzahl der Muscheln, die man beim Tauschgeschäft erhält, richtet sich nach dem Wert der Waren, die umgeschlagen werden. Zum Schluß sollte ich noch erwähnen, daß das Gold, das hier verkauft wird, nach der Maßeinheit eines *mitigallo* berechnet wird. Ein *mitigallo* hat in der *Barbarei* den Gegenwert ungefähr eines Dukaten.

Im *dreizehnten* Kapitel wird erzählt, wie die Reichen in dieser Gegend verehrt werden und welche Kleider ihre Frauen tragen. Außerdem erfahren wir hier einiges über die Waffen, die in diesem Land benutzt werden; auch ist die Rede davon, daß es hier nur drei Monate im Jahr regnet, zuweilen große Heuschreckenschwärme über das Land herfallen und es mit einem weißen Nebel überziehen.

Die Bewohner der Wüste haben weder eine Religion noch einen Fürsten von Geburt. Zwar wird bestimmten Leuten mehr Ehre erwiesen als anderen; und vor allem die Reichen haben einen größeren Anhang von Gefolgsleuten als in vielen anderen Gegenden. Dennoch stehen diese Leute nicht im Rang eines Fürsten.

Die Frauen in diesem Land haben eine hellbraune Haut. Die Vornehmeren unter ihnen pflegen Kleider aus grobem Baumwollstoff zu tragen, die sie aus dem Mohrenland beziehen. Einige von ihnen haben auch eine Kopfbedeckung, die sie *alchezeli* nennen. Hemden tragen sie nicht.

Wenn die Männer in den Krieg ziehen, legen sie dazu keine Rüstung an. Als Bewaffnung besitzen sie nur kleinere Schilde, die aus einem sehr harten Leder, *Auta* genannt, gefertigt sind, sowie lange dünne Lanzen und zwei oder drei kleine Pfeile. Ihre Pferde reiten sie nach Art der Mohren. Freilich haben sie nicht sehr viele Pferde, da das Land hier einfach zu unfruchtbar ist, als daß die Tiere ausreichend ernährt werden könnten. Und obendrein ist da die furchtbare Hitze, welche die Pferde nicht lange überleben läßt.

In dieser Wüstengegend ist es schrecklich heiß, und man findet hier kaum Wasser, weshalb das Land hier auch so ausgetrocknet und unfruchtbar ist. Es regnet hier mit Ausnahme der Monate August, September und Oktober niemals.

Ich habe auch in Erfahrung gebracht, daß in gewissen Jahren dieses Gebiet von riesigen Heuschreckenschwärmen überfallen wird. Diese Heuschrecken sind rot und fliegen zu bestimmten Jahreszeiten durch die Luft in so gewaltiger Zahl, daß sie, solange sie sich in der Luft befinden, den Schein der Sonne verdecken. Soweit das menschliche Auge reicht, ist alles, im Umkreis von zwölf oder mehr Meilen, mit diesen Tieren bedeckt, Luft wie Erde, was anzusehen eine wunderliche Sache ist. Und wo immer sie sich niederlassen, bleibt nichts auf dem Boden übrig, denn sie fressen alles auf. Wenn sie regelmäßig alle Jahre diese Gegend auf diese Weise heimsuchen würden, dann wäre für Menschen völlig ausgeschlossen, hier zu leben und zu wohnen. Zum

Glück wird aber das Land nur alle drei oder vier Jahre von dieser Plage überzogen. Ich selbst bekam die Heuschrecken in Küstennähe zu Gesicht, als ich einmal durch diese Gegend reiste. Es waren so viele, daß es völlig unmöglich war, ihre Zahl abzuschätzen.

Das *vierzehnte* Kapitel beschreibt den Rio de Senega[35]), der die Wüste vom fruchtbaren Land und die Menschen hellbrauner Hautfarbe von denen mit schwarzer Haut trennt.

Vom *Kap Blanco* aus setzten wir unsere Fahrt fort, bis wir einen Fluß erreichten, der *Rio de Senega* genannt wird. Es ist dies der erste Fluß im Land der Mohren. Er mündet in den Atlantischen Ozean und trennt die Mohren vom Stamm der *Azanaghi* und gleichzeitig das trockene und dürre Land, also die Wüste, von der fruchtbaren Gegend, in der die Mohren leben. Es handelt sich hierbei um einen sehr großen Strom; an seiner Mündung ist er mehr als eine Meile breit. Außerdem ist er recht tief. Er hat – in einiger Entfernung – auch noch eine zweite Mündung, in der sich eine Insel befindet. Dieser Fluß hat also zwei Mündungsarme, die sich beide ins Meer ergießen. Vor jeder Mündung erstrecken sich – bis zu einer Meile ins Meer hinaus – Untiefen und breite Sandbänke. An dieser Stelle steigt und fällt der Wasserstand alle sechs Stunden, entsprechend den Gezeiten, wobei die Flut mehr als 60 Meilen in besagten Fluß hineinströmt. Dies weiß ich von portugiesischen Christen, die mit ihren Karavellen diesen Strom befahren haben. Von *Kap Blanco* sind es bis zu diesem Fluß 380 Meilen.

Sehr sonderbar kommt es mir vor, daß jenseits dieses Flusses alle Menschen eine tiefschwarze Haut haben, schlank, groß und von gutem Körperbau sind. Ebenso erstaunt es mich, daß die gesamte Landschaft hier grün ist, voll von Bäumen und sehr fruchtbar, während doch auf der anderen Flußseite die Menschen hellbraun, klein und mager, schlecht ernährt und von kümmerlicher Gestalt sind und das Land trocken und dürr ist. Man sagt, daß dieser Fluß ein Seitenarm des *Nil* sei, der einer der vier Hauptströme in Afrika ist und das gesamte Mohrenland wie auch Ägypten mit Wasser versorgt. Der *Nil* fließt durch *Kairo* und hat – neben dem *Rio de Senega* – noch viele andere große Seitenflüsse, von denen später die Rede sein wird.

Das *fünfzehnte* Kapitel handelt von den Menschen, die am Rio de Senega wohnen, von Kap Verde und davon, wie hier die Fürsten erwählt werden, und schließlich noch von ihren Sitten und davon, wie sie mit ihren Frauen umgehen.

Das Königreich *Senega*, das nördlichste Land des äthiopischen Reiches, ist sehr tief gelegen. An den Ufern des *Rio de Senega* leben sehr viele Menschen, die man *Zilofi*[36]) nennt. Mit Ausnahme von *Kap Verde*, dem höchsten Punkt hier, ist die Küste und auch die Gegend landeinwärts sehr niedrig gelegen und sehr flach, und zwar – auf einer Länge von 400 Meilen – vom *Rio de Senega* bis zu besagtem Kap und auch noch darüber hinaus, so daß sich die flache Küste hier auf insgesamt 900 Meilen erstreckt.

Als ich mich dort aufhielt, hieß der senegalesische König *Zuchalin*. Es gibt in diesem Land neben dem König auch noch verschiedene kleinere Fürsten, von denen sich einige, jeder eifersüchtig auf die anderen, von Zeit zu Zeit zusammenfinden, um nach ihrer Wahl einen Mann, der adliger Abstammung sein muß, zum König zu küren. Der so erwählte König regiert dann so lange, wie es diesen Fürsten gefällt. Des öfteren gelingt es dem König, im Laufe seiner Regentschaft zu solcher Machtfülle zu kommen, daß er sich auf Dauer gegen jene behaupten kann. Dennoch ist seine Machtstellung niemals so fest und stark wie die des Sultans von *Babylonia*[37]), vielmehr muß er ständig mit der Furcht leben, abgesetzt zu werden.

Araber und Mohren auf dem Weg zum Senega

Wissen muß man auch, daß dieser König über ein sehr armes Volk gebietet und es in diesem Land keine Städte, sondern nur Dörfer, bestehend aus Strohhütten, gibt. Denn die Menschen sind hier außerstande, Häuser zu mauern, weil weder Mörtel noch ausreichend Steine vorhanden sind.

Das Königreich *Senega* ist sehr klein; es erstreckt sich nur über ungefähr 200 Meilen entlang der Küste. Auch landeinwärts soll es, wie ich gehört habe, kaum größer sein.

Das Leben des Königs gestaltet sich folgendermaßen: Er verfügt über kein festes Einkommen, sondern nur über das, was ihm die besagten Fürsten zukommen lassen, um sich so mit ihm gutzustellen. Auf diese Weise bekommt der König jährlich einige Pferde geschenkt, die, da es in diesem Land hiervon nicht sehr viele gibt, einen hohen Wert darstellen. Außerdem erhält er Pferdegeschirre sowie andere Tiere, zum Beispiel Kühe und Ziegen, dazu noch allerlei Gemüse, Hirse und ähnliches. Darüber hinaus behilft sich der König selbst mit Raubzügen im Umkreis seines Herrschaftsbereichs. Bei solchen Raubzügen geraten jedesmal viele Sklaven in seine Gewalt, die dann für ihn arbeiten und die Felder, die ihm gehören, bebauen müssen. Viele dieser Sklaven verkauft er auch an die Kaufleute vom Stamm der *Azanaghi*, um dafür Pferde und andere Güter einzuhandeln. Aber auch mit Christen tätigt er solche Geschäfte, seit diese ebenfalls mit Negersklaven Handel treiben.

Dem König ist es gestattet, so viele Frauen zu haben, wie er will. Auch die anderen Fürsten, ja sogar die normalen Männer, besitzen hier so viele Frauen, wie sie ernähren können. Der König nennt in der Regel mehr als 30 Frauen sein eigen, wobei von ihm immer einige dieser Frauen je nach ihrer Abstammung bevorzugt werden. Er lebt mit seinen Frauen wie folgt zusammen: er besitzt verschiedene Dörfer, in denen er sich jeweils acht bis zehn Frauen hält. Jede von ihnen hat ein eigenes Haus, in dem sie von Dienerinnen umsorgt wird. Des Königs Frauen verfügen auch über eigene Sklaven, welche die Felder bearbeiten müssen, die ihnen vom König überlassen worden sind. Ferner halten sich diese Frauen zum eigenen Gebrauch einige Tiere wie zum Beispiel Kühe und Geißen. Auf diese Weise wird von seinen Frauen das Land des Königs bestellt und das

Vieh gehütet. Wenn der König eins seiner Dörfer besucht, bezieht er eine der Hütten, in denen eine seiner Frauen wohnt, wobei diese verpflichtet ist, ihn zu umsorgen und ihm Gesellschaft zu leisten. Morgens, bei Sonnenaufgang, bereitet jede der königlichen Frauen nach der Art des Mohrenlandes drei oder vier verschiedene Gerichte aus Fleisch, Fisch oder anderen Nahrungsmitteln zu. Diese Speisen werden dann von einem Sklaven zur Herberge des Königs gebracht, so daß innerhalb einer Stunde dort 40 oder 50 verschiedene Gerichte zusammenkommen. Wenn nun die Stunde gekommen ist, zu der der König essen will, pickt er aus den mannigfachen Speisen nur das heraus, was ihm schmeckt. Den Rest läßt er denjenigen reichen, die ihn auf seiner Reise begleitet haben. Freilich achtet er dabei immer darauf, daß seine Leute nicht zuviel zu essen bekommen, so daß diese ständig hungrig sind. Auf diese Weise zieht der König von Ort zu Ort, ohne je Vorräte mit sich zu führen. Da er dabei jedesmal bei einer anderen Frau wohnt, hat er eine Vielzahl von Kindern. Sobald aber eine seiner Frauen schwanger ist, wird sie von ihm sofort verlassen. Auch alle anderen Fürsten dieses Landes leben auf diese Art und Weise.

Das *sechzehnte* Kapitel schildert den Glauben der Mohren und ihre Bekleidung.

Die Bewohner des nördlichen Mohrenlandes bekennen sich zum Islam. Allerdings sind sie, ähnlich den erwähnten hellbraunen Mohren[38)], noch nicht recht gefestigt. Dies gilt besonders für das gemeine Volk. Die Fürsten hingegen stehen fest zu den bösen Lehren Mohammeds. Sie haben sich mit Priestern vom Stamme der *Azanaghi* und aus Arabien umgeben, die sie in den Gesetzen Mohammeds unterweisen und sie glauben machen, daß es eine große Schande sei, wenn sie als Fürsten nicht an einen einzigen Gott glaubten.

In diesem Fall seien sie nicht besser als das gemeine Volk, das ohne jedes göttliche Gesetz lebe. Da diese Fürsten früher mit niemand anderem als mit den erwähnten Priestern verkehrten, wurden sie schließlich zum islamischen Glauben bekehrt.

Seit sie freilich mit Christen zusammenkommen, ist ihre Glaubensfestigkeit merklich schwächer geworden, nicht zuletzt deshalb, weil ihnen unsere Sitten sehr gefallen. Auch sind sie von unserem Reichtum, unserem Scharfsinn und unserer Geschicklichkeit tief beeindruckt. Aus all dem schließen sie, daß der Gott, der uns offenbar so viele Wohltaten zukommen läßt, uns sehr lieben und deshalb auch sein Gesetz ein sehr gutes sein müsse. Nichtsdestoweniger bestehen sie darauf, daß auch ihr Gesetz göttlichen Ursprungs sei und sie mit ihrem Glauben auch selig werden können, wie wir mit dem unsrigen.

Die Bekleidung dieses Volkes ist äußerst spärlich. Sie gehen ständig fast bloß und nackt, mit Ausnahme einer Ziegenhaut in Form einer Unterhose, mit der sie ihre Scham bedecken. Die Fürsten und Reichen hingegen tragen ein baumwollenes Hemd. Es wächst nämlich in diesem Land eine Menge Baumwolle, die von ihren Frauen gesponnen und zu Tüchern von zwei Spannen Breite verarbeitet wird. Breitere Stücke können sie nicht herstellen, weil sie vom Weben nichts verstehen. Statt dessen nähen sie vier oder fünf von diesen Stoffstreifen zusammen, um damit dann ein Hemd anzufertigen. Diese Hemden reichen nicht einmal bis zum Knie, sondern nur gerade bis zum Hintern; die Hemdsärmel sind sehr weit und gehen bis zum Ellenbogen. Außerdem sind die Fürsten und die reicheren Leute mit Beinkleidern bekleidet, die ebenfalls aus Baumwolle sind und bis zu den Knöcheln reichen. Ihre obere Weite beträgt 30 bis 35 oder gar 40 Spannen. Wenn sie mit diesem Kleidungsstück ihre Hüften umgürten, hängt es, wegen der großen Oberweite, in vielen Falten nach unten, was von vorne betrachtet wie ein Sack aussieht. Hinten hängt dieses Beinkleid bis auf die Erde herunter, wobei es sich beim Gehen wie ein Schwanz windet, was sehr komisch aussieht. Mit diesen Beinkleidern vor uns tretend, fragten sie uns, ob wir jemals zuvor eine so schöne Bekleidung gesehen hätten. Sie sind nämlich davon überzeugt, daß dies die schönste Tracht sei, die man auf der Welt zu sehen bekommt.

Ihre Weiber sind oberhalb der Hüften völlig nackt, wobei es gleichgültig ist, ob sie verheiratet oder ledig sind. Unterhalb der Hüfte tragen die Frauen hier die beschriebenen Baumwollstreifen, die sie, bis zu den Waden hinab, um sich herumwickeln.

Alle, Männer wie Frauen, gehen hier barfuß. Sie haben keinerlei Kopfbedeckung, allerdings flechten sie, und zwar beide Geschlechter, aus ihren Haaren zierliche Zöpfe, die sie dann auf unterschiedliche Weise um den Kopf herumbinden.

Zu erwähnen ist auch noch, daß die Männer in diesem Land mancherlei Frauenarbeiten wie Spinnen, Wäschewaschen und ähnliches verrichten. Es ist hier immer sehr heiß, und je weiter man landeinwärts geht, desto schlimmer wird die Hitze. Um einen Vergleich zu haben: Es ist hier im Januar niemals kälter als bei uns in Italien im Monat April.

Im *siebzehnten* Kapitel ist die Rede von sehr geschwätzigen Leuten, die zudem große Lügner und Betrüger, Fremden gegenüber aber stets sehr freundschaftlich gesinnt sind.

Die Männer und Frauen dieses Landes sind, was ihre Körperpflege anbelangt, sehr reinlich; sie waschen sich täglich vier- bis fünfmal am ganzen Körper. Hinsichtlich ihrer Essensgewohnheiten und beim Kochen sind sie dagegen ausgesprochen schmutzig und unflätig. In Dingen, in denen sie keine Übung und Erfahrung haben, sind sie einfältig und ungeschickt. Dagegen sind sie unseren Hand-

Bewaffnung und Kämpfe der Krieger

Aene
C. Consokom

werkern durchaus gleichwertig bei Arbeiten, die sie gewohnt sind.

Vor allem aber sind sie sehr geschwätzige Menschen, die niemals zu reden aufhören wollen. Auch sind sie im allgemeinen große Lügner und Betrüger, wenn sie auch sonst sehr freundlich und liebenswert sind. Besonders Fremden gegenüber haben sie ein offenes Herz: Eine Herberge zum Übernachten und ein oder zwei Mahlzeiten geben sie dem Fremdling sehr gern, ohne dafür etwas zu verlangen.

Das *achtzehnte* Kapitel schildert, wie die Fürsten aus dem Königreich Senega sich gegenseitig bekriegen und welche Waffen sie dabei tragen.

Die Negerfürsten dieses Reichs befinden sich untereinander ständig im Krieg, ebenso häufig bekriegen sie auch ihre Nachbarn. Die Kriege werden dabei zu Fuß ausgetragen, denn sie besitzen nur sehr wenige Pferde. (Pferde können hier, wie oben bereits erklärt wurde, wegen der mörderischen Hitze, die hier herrscht, in der Regel nicht überleben.) Rüstungen werden im Kampf nicht getragen. Solche besitzen sie nämlich nicht, sondern nur breite Rundschilde, die sie aus der Haut eines Tieres, genannt *danta*, herstellen, die nur sehr schwer zu durchbohren ist. Als Angriffswaffen benutzen sie eine Vielzahl von Speeren, die sie, weil sie im Speerwerfen große Meister sind, sehr schnell und weit zu schleudern verstehen. Diese Speere haben eine eiserne Spitze von einer Spanne Länge, die mit verschiedenen Widerhaken versehen ist. Wenn sie also jemanden mit einem solchen Speer treffen, wird diesem, wenn der Speer wieder herausgezogen wird, das Fleisch zerfetzt.

Außerdem tragen sie Waffen arabischer Machart, zum Beispiel türkische Krummsäbel. Diese sind aus Eisen, das sie aus dem südlich gelegenen Königreich *Gambia* einführen. Waffen aus Stahl besitzen sie indes nicht, weil sie diesen nicht herzustellen vermögen. Falls es Eisenerz in diesem Land geben sollte, so wissen sie das entweder nicht oder sind unfähig, dieses zu bearbeiten. Als zusätzliche Waffe benutzen sie eine Art Lanze, ähnlich den bei uns üblichen Wurfspießen. Andere Waffen besitzen sie nicht.

Da ihre Körper ungeschützt sind und deshalb viele der Kämpfer in der Schlacht erschlagen werden, sind die Kriege, die sie ausfechten, immer sehr verlustreich. Hinzukommt, daß diese Menschen im Kampf sehr mannhaft und mutig, ja geradezu viehisch sind. Denn in Gefahr lassen sie sich lieber erwürgen, als daß sie fliehen, selbst wenn sie dazu Gelegenheit haben. Zusehen zu müssen, wie ihre Kampfgefährten niedergemetzelt werden, jagt ihnen keinerlei Schrecken ein. Da sie solches gewohnt sind und den Tod überhaupt nicht fürchten, bereitet ihnen das keinen Kummer.

Im *neunzehnten* Kapitel wird berichtet vom Königreich Senega und den umliegenden Orten; ferner lernen wir hier großartige Schwimmer kennen.

Die Menschen dieses Landes verfügen über keine richtigen Schiffe; sie haben solche auch seit Anbeginn der Welt noch niemals zu Gesicht bekommen, bis zu dem Zeitpunkt, als sie mit portugiesischen Seefahrern in Berührung gekommen sind. Die Leute, die am Ufer dieses Flusses [Senegal-Fluß] oder an der Meeresküste wohnen, besitzen lediglich kleine Kanus, in ihrer Sprache *almadie* genannt, die aus Baumstämmen gefertigt werden. Größere Boote dieser Art vermögen drei oder vier Mann aufzunehmen. Mit diesen Kanus gehen sie auf Fischfang aus und befahren den Fluß von einem Ende zum anderen.

Aufgrund der Erfahrungen, die ich in vielen Ländern dieser Welt sammeln konnte, bin ich fest davon überzeugt, daß die Mohren, von denen hier die Rede ist, die besten Schwimmer auf Erden sind.

Wie mir von den hiesigen Eingeborenen gesagt wurde, stößt das Königreich *Senega* im Osten an das Land, das als *Tuchuror*[39]) bekannt ist, im Süden an das Königreich *Gambia*, im Westen an den Atlantischen Ozean und im Norden schließlich an den bereits erwähnten Strom, der die Gebiete der hellbraunen Mohren von denen der schwarzhäutigen trennt.

Ungefähr fünf Jahre, bevor ich diese Reise unternahm, war dieser Fluß von drei Karavellen Prinz Heinrichs entdeckt worden.[40]) Die Besatzung dieser Schiffe war dort an Land gegangen und hatte mit den am Flußufer ansässigen Mohren Frieden geschlossen, so daß seitdem mit diesen ein reger Handel betrieben wird.

Das *zwanzigste* Kapitel erzählt von Fürst Budomel und seinen Handelsgeschäften.

Am Fluß *Senega* mit meinen Karavellen vorbeisegelnd, fuhr ich weiter in das Land des *Budomel*[41]), das etwa 50 Meilen [richtig: 80 Meilen] von besagtem Fluß entfernt direkt an der Küste liegt. Die Küste ist hier sehr niedrig gelegen, sehr flach; kein Berg ist hier zu sehen. Der Name *Budomel* ist der Titel des Herrschers über dieses Gebiet, das dementsprechend *Terra de Budomel* genannt wird, das heißt *Land des Fürsten Budomel.*

Ich wäre niemals auf die Idee gekommen, in diese Gegend zu fahren, nur um mit diesem Fürsten ins Gespräch zu kommen. Aber einige Portugiesen, die zuvor schon mit ihm zu tun gehabt hatten, erzählten mir, daß dieser ein ehrenwerter und aufrichtiger Herrscher sei, dem man durchaus trauen könne und der königlich für das bezahle, was er einem abkaufe. Da ich einige spanische Pferde, die im Land der Mohren sehr begehrt sind, bei mir hatte, ganz zu schweigen von vielen anderen Waren wie wollene Kleider, Seide und ähnliches mehr, entschloß ich mich, diesen Fürst aufzusuchen und bei ihm mein Glück zu versuchen.

Also segelte ich dorthin und ankerte vor der Küste in der Nähe eines Ortes, der *Palme des Budomel* genannt wird. Es gibt hier keinen Hafen, sondern lediglich eine Reede. Dort angekommen, beauftragte ich meinen Mohren-Dolmetscher, dem Fürsten meine Ankunft zu melden und ihm mitzuteilen, daß ich ihm die mitgeführten Pferde und Waren verkaufen wolle, wenn ihm daran gelegen sei.

Um es kurz zu machen: Nachdem der Fürst von meinen Absichten in Kenntnis gesetzt worden war, bestieg er sorfort ein Pferd und kam sehr schnell zu der Reede heruntergeritten, begleitet von 15 Reitern und 150 Fußknechten. Durch einen von diesen ließ er mir ausrichten, daß er mich ehrenhaft und mit großer Wertschätzung behandeln würde, wenn ich an Land käme und ihn aufsuchte. Da ich um seinen guten Ruf wußte, ging ich zu ihm, worauf er mir große Ehren erwies und mich mit einem prächtigen Festschmaus erfreute. Nach längeren Gesprächen, die ich mit ihm führte, übergab ich ihm schließlich meine Pferde und all das, was er sich gewünscht hatte. Daraufhin bat er mich, mit ihm landeinwärts zu seinem Haus, etwa 250 Meilen von der Küste entfernt, zu ziehen, wo er mich reichlich entlohnen würde. An diesem Ort sollte ich dann mehrere Tage verweilen; er wollte mir dann die 100 Sklaven übergeben, die er mir für das, was ich ihm verkauft hatte, versprochen hatte.

Die Pferde einschließlich des dazugehörigen Geschirrs sowie all die anderen Waren, die ich ihm überlassen hatte, hatten mich ursprünglich ungefähr 300 Dukaten gekostet. Deshalb beschloß ich auch, mit ihm zu ziehen. Vor unserem Aufbruch schenkte der Fürst mir noch ein sehr hübsches Mohrenmädchen, das ungefähr zwölf Jahre alt war und mir künftig in meiner Kajüte als Dienstmagd dienen sollte. Ich nahm dieses Geschenk an und schickte das Mädchen auf mein Schiff.

Ausdrücklich möchte ich hier betonen, daß ich mit meiner Reise ins Inland mehr darauf aus war, Sehenswürdigkeiten zu Gesicht zu bekommen und neue Dinge in Erfahrung zu bringen, als die mir zustehende Bezahlung einzutreiben.

Das *einundzwanzigste* Kapitel handelt von der Reise, die ich mit besagtem Negerfürsten unternahm, und von den kühnen Schwimmkünsten der dortigen Eingeborenen.

Ich begleitete nun *Budomel* ins Landesinnere, wozu mir dieser ein Pferd und all das, was ich zu dieser Reise benötigte, zur Verfügung stellte. Als wir bis auf vier Meilen an seine Residenz herangekommen waren, überantwortete er mich der Aufsicht eines seiner Neffen namens Bisboror, der Herr war über das kleine Dorf, in das wir gekommen waren.

Dieser führte mich in sein Haus, wo er mir allzeit Ehre und gute Gesellschaft erwies. Dort blieb ich – es war November – ungefähr 28 Tage; während dieser Zeit besuchte ich oft Fürst *Budomel*, dabei immer in Begleitung seines Neffen. Während meines Aufenthalts dort lernte ich viel von der Lebensart in diesem Land kennen, wovon ich später noch berichten will. Gelegenheiten, neue Dinge zu sehen, hatte ich umsomehr, als es notwendig wurde, auf dem Landweg zum Fluß *Senega* zurückzukehren. Denn das Wetter war an der Küste so schlecht, daß ich, um mich wieder einzuschiffen, genötigt war, mein Schiff in diesen Fluß bringen zu lassen und mich selbst auf dem Landwege dorthin zu begeben.

Meine Absicht, meinen Leuten an Bord einen Brief zu schicken, in dem ihnen mitgeteilt wurde, daß sie zu diesem Fluß segeln sollten, um mich dort wieder an Bord zu nehmen, ließ mich Zeuge eines eindrucksvollen Geschehens werden: Ich fragte nämlich die Eingeborenen, ob es unter ihnen jemand gebe, der gut schwimmen könne und mutig genug sei, diesen Brief zu meinem Schiff zu bringen, das drei Meilen vor der Küste ankerte. Sofort antworteten viele von ihnen, daß sie dazu durchaus in der Lage seien. Da auf dem Meer ein hoher Wellengang herrschte und ein kräftiger Wind blies, sagte ich ihnen, daß es mir fast unmöglich erscheine, daß irgendein Mann dies zu schaffen vermöge. Ich hielt dies vor allem deswegen für kaum machbar, weil einen Bogenschuß von der Küste entfernt Sandbänke und einen weiteren Bogenschuß weiter draußen noch mehr Sandbänke waren, zwischen denen die Meeresströmung, hoch- und abflutend, so stark war, daß es für jeden Schwimmer äußerst schwierig sein mußte, von den Wellen nicht hinweggerissen zu werden. Die See brach über diesen Sandbänken so gewaltig zusammen, daß es völlig unmöglich zu sein schien, zwischen ihnen schwimmend durchzukommen.

Diesen Bedenken zum Trotz erklärten sich zwei dieser Mohren bereit, zu meinem Schiff zu schwimmen. Daraufhin fragte ich sie, was ich ihnen dafür als Entlohnung geben sollte, worauf sie antworteten: »Zwei *maiulie* aus Zinn für jeden.« (Eine *maiulie* hat den Wert eines Groschen.) Damit einverstanden, überreichte ich ihnen den Brief, und sie stiegen ins Wasser. Ich vermag kaum zu erzählen, welche Schwierigkeiten die beiden durchzustehen hatten, als sie versuchten, zwischen den Sandbänken hindurchzuschwimmen. Immer wenn sie für einen Augenblick meinem Blick entschwanden, dachte ich bereits, daß sie nun ertrunken seien. Schließlich konnte der eine von ihnen der Gewalt der Meereswellen, die über ihm zusammenbrachen, nicht mehr länger widerstehen und kehrte um. Der andere aber blieb standhaft, mehr als eine Stunde mit dem Meeresgewalten bei den Sandbänken kämpfend, worauf es ihm endlich gelang, diese zu passieren, den Brief auf das Schiff zu bringen und mit einer Antwort wieder heil zurückzukommen. Aufgrund der hervorragenden Leistung dieses Mohren kam ich zu der Überzeugung, daß die Menschen dieser Gegend wohl die besten Schwimmer der Welt sein mögen.

Im folgenden werde ich berichten, was ich über Fürst *Budomel*, über seine Gewohnheiten und seine Häuser in Erfahrung gebracht habe: Das erste, was ich klar erkannt habe, ist, daß man nicht davon ausgehen darf, daß die Herrscher über dieses Land, obwohl sie Fürsten genannt werden, Paläste und Städte besitzen. Der König dieses Reiches gebietet nur über Dörfer, die aus Strohhütten bestehen. Hinzu kommt, daß besagter *Budomel* nur über einen Teil dieses Landes, das zudem noch sehr klein ist, herrschte. Auch sind diese Männer nicht aufgrund von Reichtümern, Schätzen oder Geld Fürsten, denn sie besitzen weder Geldstücke, noch geben sie solche aus. Vielmehr stehen sie in fürstlichem Range ganz allein aufgrund ihres Ansehens, das sie im Volk genießen, und aufgrund der Gefolgschaft, die ihnen von ihren Untertanen geleistet wird. In der Tat bringt ihnen ihr Volk mehr Gehorsam entgegen als das unsere den italienischen Fürsten.

Im *zweiundzwanzigsten* Kapitel ist die Rede von den Dörfern und Häusern Budomels und von seinen vielen Weibern.

Wissen muß man auch, daß ein solcher König nicht immer an einem bestimmten Ort wohnt, sondern über mehrere Dörfer verfügt, in denen er seine Weiber und sein Gesinde unterhält. In dem Ort, wo ich mich aufhielt und der *Haus des Budomel* genannt wurde, standen in kreisförmiger Anordnung etwa 40 bis 50 Strohhütten, umzäunt von Hecken und einem Hain großer Bäume. In diesem Zaun waren eine oder zwei Lücken gelassen worden, durch die man das Dorf betreten konnte. Jede dieser Hütten hat einen mit

Zäunen abesperrten Hof, und so geht man von Hof zu Hof und von Hütte zu Hütte.

An diesem Ort hielt sich *Budomel* neun Weiber; ähnlich verhält es sich diesbezüglich in seinen anderen Dörfern, je nach seinem Willen und Gefallen. Jedes Weib von ihm gebietet über fünf oder sechs junge Negermädchen, die ihnen zu dienen haben. Und es ist rechtens, daß der Fürst sowohl mit diesen Dienstmägden als auch mit seinen Frauen schläft. Letztere fühlen sich dadurch nicht beleidigt, denn es ist hier einfach so Brauch. Auf diese Weise wechselt der Fürst oftmals seine Schlafstatt.

Die Mohren dieses Landes, Männer wie Frauen, sind außerordentlich lüstern und unkeusch. Da er erfahren hatte, daß wir Christen über vielerlei Dinge sehr gut Bescheid wußten, bestürmte mich *Budomel* geradezu, ihn zu lehren, mit welchen unkeuschen Mitteln er möglichst viele Frauen befriedigen könne. Und er unterbreitete mir für die Erteilung eines solchen Ratschlags großzügige Angebote. Auch sind die Fürsten hier sehr eifersüchtig und um ihre Weiber sehr besorgt. Sie erlauben niemandem, die Hütten zu betreten, in denen ihre Weiber wohnen. In dieser Beziehung trauen sie nicht einmal ihren eigenen Söhnen.

Im *dreiundzwanzigsten* Kapitel hören wir von dem Hofgesinde Budomels, das er ständig um sich hat, und von der Beschaffenheit seines Hauses.

Budomel hat in seinem Haus immer wenigstens 200 Mohren um sich, die ihm dienen und ihm stets folgen, so daß hier ein ständiges Kommen und Gehen herrscht. Zudem mangelt es ihm nie an Leuten, die ihn, von den verschiedensten Orten herkommend, besuchen.

Bei dem Eingang seines Hauses, bevor man in den Wohn- und Schlafraum tritt, befinden sich sieben große umzäunte Höfe, die man nacheinander durchschreitet. In der Mitte jedes Hofes steht ein großer Baum, worunter seine Diener im Schatten ausruhen können. Sein Hofgesinde ist auf die einzelnen Höfe verteilt, je nach dem Rang des einzelnen Bediensteten: Im ersten Hof hält sich die niederste Dienerschaft auf, und je näher man der Wohnung des *Budomel* kommt, desto höher ist der Rang und Stand derjenigen, die in diesen Höfen wohnen. So ist das Leben auf den Vorhöfen geordnet, bis hin zur Tür von *Budomels* Haus. Dabei dürfen nur sehr wenige bis an diese Tür herantreten, mit Ausnahme der Christen, die sich hier frei bewegen können, und der Priester vom Stamm der *Azanaghi*, die den Fürsten im islamischen Glauben unterweisen. Diesen zwei Gruppen gewährt der Fürst also mehr Freiheiten als seinem eigenen Volk.

Das *vierundzwanzigste* Kapitel handelt von den Sitten Budomels und seiner Untertanen wie auch davon, auf welche Art und Weise diese ihn grüßen und verehren.

Budomel zeigt seinen großen Stolz, indem er sich nur eine Stunde am Morgen und eine kleine Weile am Abend sehen läßt. Zu diesen Zeiten begibt er sich auf den Hof, der unmittelbar vor der Tür seiner ersten Wohnung liegt und bei der sich niemand aufhalten darf außer den zwei Gruppen, die ich erwähnt habe.

Wenn jemand bei ihm eine Audienz gewährt bekommt, veranstaltet ein Fürst vom Range *Budomels* eine Feierlichkeit von großer Pracht und Herrlichkeit. Diejenigen, die bei ihm um eine Audienz nachsuchen, fallen – unabhängig von ihrem Stand – am Eingang zu dem Hof, in dem sich *Budomel* aufhält, auf die Knie nieder, dabei das Haupt bis auf die Erde niederneigend und dann mit beiden Händen Sand über ihre nackten Schultern und ihren Kopf werfend. Auf diese Art und Weise begrüßen sie ihren Fürsten. Niemand, der zu ihm kommt, um mit ihm zu sprechen, würde es wagen, vor ihn hinzutreten, wenn er nicht ganz nackt und entblößt wäre bis auf einen kleinen ledernen Gürtel, mit dem die Scham bedeckt wird. In der beschriebenen Haltung verweilen die Besucher dann eine gute Weile und werfen sich dabei ständig Sand auf den Rücken. Schließlich nähern sie sich dem Fürsten; allerdings stehen sie dazu nicht auf, sondern kriechen auf Händen und Knien auf den Fürst zu. Wenn sie dann bis auf zwei Schritt an diesen herangekommen sind, heben sie an zu reden und unterbreiten ihr jeweiliges Anliegen. Auch jetzt noch werfen sie ohne Unterlaß Sand auf ihren Rücken, wobei sie zusätzlich – als Zeichen ihrer Unterwürfigkeit – den Kopf zur Erde hin geneigt halten. Der Fürst, davon kaum Notiz nehmend, fährt indes fort, mit anderen Leuten zu reden, um dann, wenn der Besucher aufhört zu sprechen, diesem mit ein paar wenigen Worten und einem hochmütigen Blick zu antworten. So zeigt der Fürst seinen Stolz. Wenn Gott selbst auf die Erde kommen würde, dann könnte man ihm, denke ich, keine größere Ehre und Ehrfurcht erweisen, als es hier *Budomel* gegenüber geschieht.

Aus all dem schließe ich, daß dieses Volk vor seinem Fürsten in Angst und Schrecken lebt, vor allem auch deshalb, weil dieser für die geringste Untat, die von seinen Untertanen begangen wird, ihnen ihre Frauen und Kinder raubt und diese dann als Sklaven verkauft. Es scheint also so zu sein, daß die Ehrfurcht und der Gehorsam, die diesem Fürsten entgegengebracht werden, in erster Linie darauf beruhen, daß er ihre Frauen und Kinder zum Verkauf anbietet, falls sie sich irgendwelcher Verfehlungen schuldig machen.

Das *fünfundzwanzigste* Kapitel beschreibt die Moschee Budomels, wie die Menschen darin Gottesdienst feiern, ferner die Art und Weise, wie sie leben und essen.

Aufgrund des Vertrauens, das *Budomel* mir entgegenbrachte, erhielt ich von ihm die Erlaubnis, ihre heidnische Kirche zu besuchen, in der die Menschen dieses Landes ihre Gebete verrichten. Eines Abends, nachdem er die *Azanaghi*, die als Priester in der Moschee Dienst tun und ihn in den Lehren Mohammeds unterweisen, zusammengerufen hatte, begab sich *Budomel* in Begleitung einiger vornehmen Männer zur Moschee. Dort beteten sie auf folgende Weise: Zunächst standen sie aufrecht, dabei hin und wieder zum Himmel aufblickend. Danach machten sie zwei Schritte vorwärts, wobei sie mit leiser Stimme einige Worte aufsagten, um dann mehrmals niederzuknien und die Erde zu küssen. Alles, was die Priester taten, machten der Fürst und seine Begleiter nach. Das Ganze dauerte ungefähr eine halbe Stunde.

Nachdem der Gottesdienst zum Abschluß gebracht worden war, fragte mich *Budomel*, was ich darüber denke. Da er sehr darauf aus war, unsere Glaubenssätze aufgesagt zu bekommen, bat er mich, ihm einiges davon vorzutragen. Das tat ich denn auch, um ihm schließlich unverblümt zu sagen, daß sein Glaube falsch sei und diejenigen, die ihn darin unterrichteten, Betrüger seien. Ich bewies ihm also mit vielen Argumenten, daß Mohammeds Lehre ein Irrglaube sei, der christliche dagegen recht und heilig, womit ich seine Glaubensgelehrten zornig machte. Darüber mußte der Fürst sehr lachen und sagte, daß ihm unser Glaube sehr gut gefalle.

Es könne – so meinte er – letztendlich nur Gott selbst sein, der uns mit so großem Reichtum, so viel Geschick und so großen Kenntnissen ausgestattet habe. Nichtsdestoweniger beharrte er darauf, daß auch er einen rechten Glauben hätte. Auch war er der Meinung, daß sie eher als wir Christen Seligkeit und Erlösung erlangen könnten. Denn da Gott ein gerechter Herr sei, der uns zwar auf dieser Welt mit vielen Gaben und großem irdischen Nutzen bedacht, den Mohren dagegen fast nichts gegeben habe, werde er ihnen dafür, daß er ihnen hier auf Erden kein Paradies beschert habe, dieses im Jenseits gewähren. Mit solchen Reden bewies er, daß er einen regen Verstand und eine gute Menschenkenntnis hatte. Das Wesen und das Verhalten der Christen sagten ihm durchaus zu, so daß ich überzeugt bin, daß es sehr einfach gewesen wäre, ihn zum christlichen Glauben zu bekehren. Wie mir sein Neffe, in dessen Hütte ich wohnte, mehrmals sagte, wäre dies möglich gewesen, wenn *Budomel* nicht befürchtet hätte, deshalb seine Macht zu verlieren. Und auch *Budomels* Neffe selbst fand großen Wohlgefallen an unserem Glauben, als ich ihm unsere Lehren erklärte und ihm sagte, daß es gut sei, den Worten Gottes zuzuhören.

Was die Lebens- und Essensgewohnheiten, die hier herrschen, betrifft, so verhält sich *Budomel* wie der König von *Senega*, über den ich oben bereits berichtet habe. Jedes seiner Weiber läßt ihm Tag für Tag mehrere verschiedene Mahlzeiten überbringen. Überhaupt ist es hier Sitte, daß sich die Fürsten und vornehmen Herren ihr Essen von den Frauen bringen lassen. Gegessen wird auf der Erde, wie die Tiere und ohne Anstand und Sitte. Es gibt niemanden, der mit den hiesigen Fürsten zusammen speisen darf, mit Ausnahme ihrer Priester und ein oder zwei besonders vornehmen Männern. Des Fürsten Gesinde ißt dagegen zusammen in einer Gruppe von zehn bis zwölf Personen, alle aus demselben Napf, der in ihrer Mitte steht. Sie essen sehr wenig pro Mahlzeit, dafür aber öfter, einige sogar vier- oder fünfmal am Tag.

Das *sechsundzwanzigste* Kapitel handelt von dem Gemüse und dem Getreide, das im Königreich Senega wächst, ferner von einem guten Wein, den man aus dem Ölbaum gewinnt.

Im Königreich *Senega* und auch in den anderen Mohrenländern wächst weder Getreide noch Korn, Gerste, Dinkel[42])

Getreidepflanzen:

A. Zuckerrohr.
B. Mais.
C. Reis.
D. Hirse.

E. Auf dieser Pflanze wachsen kleine rote und schwarze Erbsen.
F. Meer-Petersilie.
G. Ingwer.
H. Ein großer Baum mit Früchten (?)
I. Maniguettapfeffer.

oder Wein. Es ist hier nämlich viel zu heiß; und außerdem regnet es in dieser Gegend neun Monate im Jahr überhaupt nicht, nämlich von Oktober bis Ende Juni. Die Eingeborenen haben zwar versucht, Getreide, das sie von den Christen erhalten haben, auszusäen, aber der großen Hitze wegen wollte dies nicht wachsen. Allerdings wachsen hier zwei Sorten Hirse sowie Bohnen und *Fasoli*, eine besondere Bohnenart. Diese *Fasolen* werden so groß wie Haselnüsse und haben verschiedenfarbige Punkte, als seien sie bemalt. Sie sind deshalb sehr schön anzusehen. Die Bohnen sind groß und breit, aber sehr dünn und von einer leuchtend roten Farbe. Einige sind auch weiß und ebenfalls sehr schön. Sie werden im Juli ausgesät, um dann im September abgeerntet zu werden. In diesen Monaten regnet es, und dies ist die Zeit, in der das Land beackert, ausgesät und geerntet wird – alles in diesen drei Monaten von Juli bis September.

Die Eingeborenen hier sind sehr schlechte Arbeiter, nicht willens, mehr anzubauen, als was das Jahr über geradeso gebraucht wird. Es kommt ihnen überhaupt nicht in den Sinn, größere Ernten zu erzielen, damit sie dann das überschüssige Getreide auf dem Markt verkaufen können.

Ihre Art, den Acker zu bestellen, ist diese: Vier oder fünf von ihnen gehen aufs Feld, ausgerüstet mit kleinen Spaten, mit denen sie das Erdreich aufwerfen; dabei schaufeln sie die Erde nach vorn – also genau umgekehrt wie die Landarbeiter bei uns, die dabei die aufgeworfene Erde mit der Hacke zu sich her ziehen. Auch graben sie nicht tiefer als zwei Handbreit. Das ist ihre Art zu ackern. Und da der Boden hier sehr fruchtbar ist, bringt er dennoch die oben beschriebenen Gewächse hervor.

Sie trinken Wasser, Wein und Palmwein. Bei diesem Wein handelt es sich um eine Flüssigkeit, die aus einem Baum fließt, der dem Dattelbaum ähnelt. Von diesen Bäumen gibt es sehr viele hier. Die Flüssigkeit, die sie fast das ganze Jahr über abgeben, nennen die Mohren *mignol.* Um diese zu gewinnen, gehen die Eingeborenen folgendermaßen vor: Sie schlagen drei oder vier Kerben in den Stamm, aus denen dann eine gräuliche Flüssigkeit tröpfelt, die aussieht wie Molke. Darunter werden dann Kürbisse gehalten, um darin die Flüssigkeit zu sammeln. Ein einziger Baum gibt davon allerdings nur sehr wenig ab, so daß es einen Tag und eine Nacht dauert, bis zwei Kürbisse in etwa gefüllt sind. Diese Flüssigkeit kann man sehr gut trinken. Und sie macht einen trunken wie Wein, wenn man kein Wasser beimischt. Am ersten Tag schmeckt sie wie der süßeste Wein der Welt, aber Tag für Tag verliert sie etwas an Süße und wird allmählich sauer. Am dritten oder vierten Tag, nachdem sie eingesammelt worden ist, schmeckt sie besser als am ersten. Ich selbst habe sie während meines Aufenthalts in diesem Land oftmals getrunken, und sie hat mir besser gemundet als unser Wein. Von dem *mignol* gibt es hier zwar nicht so viel, daß jeder davon im Überfluß hätte, aber genug, um jeden damit ausreichend zu versorgen, wobei die vornehmen Männer davon am meisten abbekommen.

Die Bäume, die dieses Getränk abgeben, sind Gemeinbesitz, das heißt, sie sind nicht im Besitz einer einzelnen Person. Die Menschen hier haben nämlich keine besonderen Weingärten oder sonstige Gärten, in denen diese Bäume stehen. Diese wachsen vielmehr verstreut im Wald und können von jedermann, der sich diesen Wein besorgen will, angezapft werden.

Im *siebenundzwanzigsten* Kapitel lesen wir von mancherlei Früchten und einem Öl, das drei besondere Eigenschaften hat.

Man findet in dieser Gegend auch verschiedene Früchte, die sehr gut schmecken und von den Menschen hier deshalb gern gegessen werden. Bei allen handelt es sich um wilde Waldfrüchte. Und wenn sie ihre Bäume und Pflanzen ebenso gut pflegen würden wie wir, dann würden sie noch köstlichere Früchte ernten können.

Das Land ist hier sehr fruchtbar, mit sehr guten Weiden und zahllosen großen und äußerst schönen Bäumen, die man bei uns nicht kennt. Auch gibt es zahlreiche Süßwasserweiher und -teiche, die zwar nicht groß, dafür aber recht tief sind. In diesen lebt eine Vielzahl von Fischarten, die bei uns nicht vorkommen, und viele Wasserschlangen, die von den Eingeborenen hier *calchatrices* genannt werden.

Die Bewohner dieses Landes benutzen zum Kochen ein bestimmtes Öl, das drei besondere Eigenschaften aufweist: Es riecht nach Veilchen, schmeckt wie unser Olivenöl und verleiht den damit zubereiteten Speisen eine Farbe wie Safran, ja, die Farbe ist sogar noch schöner als Safran [Erdnußöl].

Und schließlich gedeiht in dieser Gegend eine Baumart, die in großen Mengen kleine, rotgefärbte und mit schwarzen Punkten versehene *Fasoli* trägt. Dies ist ein Gemüse, das den Bohnen, die man in den welschen Landen sehr gerne ißt, sehr ähnlich ist.[43])

Im *achtundzwanzigsten* Kapitel ist die Rede von großen Ottern und Schlangen, die eine Ziege verschlingen können, und von Schlangenbeschwörern.

In diesem Land gibt es mancherlei Tierarten, vor allem viele Schlangen, große wie kleine. Manche sind giftig, andere nicht. Unter anderem bekommt man hier große Ottern zu sehen, die zwei Schritt lang sind, vielleicht sogar noch länger. Diese Ottern haben freilich – im Unterschied zu anderen Schlangen – weder Flügel noch Füße. Sie sind so riesig, daß sie eine ganze Ziege verschlingen können, ohne diese zuvor in Stücke zu zerreißen. Erzählt wird, daß diese

Tiere an bestimmten Orten in großer Anzahl auftreten, an Orten nämlich, wo es riesige Mengen weißer Ameisen gibt, die aus Erde, die sie in ihrem Maul befördern, Häuser für die Ottern bauen. Diese Häuser ähneln, wenn sie fertig sind, Backöfen, wobei an einer Stelle 100 bis 150 von ihnen, gleich einem hübschen Dorf, zusammenstehen.

Die hier lebenden Mohren sind ausgezeichnete Zauberer, vor allem im Umgang mit diesen Ottern. Ein Genueser, ein durchaus glaubwürdiger Mann, der ein Jahr vor mir im Land des *Budomel* gewesen war, erzählte mir hierüber folgende Geschichte:

Als er eines Nachts im Hause *Bisborors*, des Neffen von *Budomel*, in dem auch ich beherbergt wurde, schlief, wachte er mitten in der Nacht an einem lauten Gezische auf. Er stieg aus seinem Bett und sah, daß besagter *Bisboror* sich ebenfalls erhob, zwei seiner schwarzen Diener zu sich rief und sich anschickte, ein Kamel zu besteigen und damit fortzureiten. Der Genueser wollte nun von ihm wissen, wohin er um diese nächtliche Stunde reiten wolle, worauf ihm *Bisboror* nur antwortete, daß dies zu seinen Pflichten gehöre, und entschwand. Nach einiger Zeit kehrte er wieder zu seinem Haus zurück. Auf erneutes Fragen des Genuesers sagte er schließlich: »Hast du nicht das Gezische ums Haus herum gehört?« – »Ja, doch«, gab ihm der Genueser zur Antwort, worauf ihm *Bisboror* erzählte, daß dieses Zischen von den Ottern herrührte. Wäre er nicht hinausgegangen, sagte er weiter, und hätte diese Tiere nicht mit einer in diesem Lande üblichen Zauberformel beschworen, dann hätten die Ottern nämlich in dieser Nacht viele Tiere seines Viehbestandes getötet und verschlungen. Als der Genueser über diese Geschichte sein Erstaunen zum Ausdruck brachte und sagte, daß dies kein Christ zu glauben vermöge, gab ihm *Bisboror* zur Antwort, daß daran überhaupt nichts Verwunderliches sei. Sein Onkel *Budomel* könne mit solchen Zaubersprüchen sogar noch größere Macht ausüben. Wenn dieser zum Beispiel Schlangengift benötige, um damit seine Waffen giftig zu machen, zeichne er in den Staub der Erde einen großen Kreis, in die er alle Schlangen der näheren Umgebung mit Zaubersprüchen hineinlocke. Die giftigste von diesen töte er dann mit seinen eigenen Händen, sie anderen lasse er wieder frei. Daraufhin presse er aus der getöteten Schlange das Blut heraus, vermische dieses mit dem Saft eines bestimmten Baumes und bereite daraus eine Mixtur, mit der er dann seine Waffen giftig mache. Wenn jemand von einer solchen Waffe getroffen und verwundet werde, und sei es auch nur eine geringfügige Verletzung, so müsse derjenige innerhalb einer Viertelstunde sterben. Besagter Genueser erzählte mir auch, daß *Bisboror* ihm die Wirksamkeit solcher Beschwörungsformeln praktisch vor Augen führen wollte, er jedoch keine Lust verspürt habe, darüber noch mehr in Erfahrung zu bringen.

Aus all dem schließe ich, daß die Mohren dieses Landes allesamt große Zauberer sind.

Im *neunundzwanzigsten* Kapitel hören wir von vielerlei wilden Tieren, die dort in großer Zahl leben, vor allem von Elefanten, Giraffen und Löwen.

Im Mohrenreich von *Senega* werden keine Haustiere gehalten außer Rindern und Ziegen. Schafe züchtet man hier nicht, weil sie angesichts der großen Hitze, die in diesem Land herrscht, nicht überleben könnten. Die Ochsen und Kühe, die man zu sehen bekommt, sind viel kleiner als die unseren. Selten findet man hier auch Kühe mit einem roten Fell; die meisten sind schwarz oder weiß oder schwarzweiß gefleckt.

Wilde Raubtiere leben in diesem Land in großen Mengen, vor allem Löwen und Leoparden, außerdem Wölfe [Schakale], Rehe und Hasen. Auch gibt es Elefanten, und zwar wilde, denn diese Tiere werden in dieser Gegend

nicht wie anderswo gezähmt. Die Elefanten wandern in Herden, wie die Wildschweine in unserer Heimat. Auf jeder Seite ihres Maules ragen lange Stoßzähne heraus, ähnlich denen der bei uns lebenden Eber – mit einem Unterschied: Die Elefantenzähne sitzen am Unterkiefer [das ist natürlich inkorrekt]. Diese Stoßzähne bleiben den Elefanten bis zu ihrem Tode erhalten. Wenn man sie nicht angreift, lassen diese Tiere den Menschen in Ruhe; wenn sich ein Elefant aber gegen einen Menschen verteidigen muß, dann umfaßt er den Angreifer mit seinem langen Rüssel, der wie eine Trompete geformt ist, wirbelt ihn dann hin und her durch die Luft, um ihn schließlich in die Höhe zu schleudern, so hoch wie einen Armbrustschuß. Kein Mensch ist so geschwind, um im offenen Feld einem solchen Angriff ausweichen zu können. Zwar haben die Elefanten einen behäbigen Gang, bedingt durch ihre Körpergröße machen sie dabei aber sehr große Schritte und kommen so schnell voran. Wenn sie Junge haben – eine Elefantenkuh wirft nicht mehr als drei oder vier Junge auf einmal –, sind diese Tiere gefährlicher als sonst. Sie ernähren sich von Blättern und Früchten, die sie mit ihrem langen und starken Rüssel von den Bäumen herunterreißen. Der Rüssel sitzt am Unterkiefer, und er kann von ihnen – je nach Belieben – ausgestreckt oder eingezogen werden. Mit ihm nehmen diese Tiere alles Fressen und auch das Trinkwasser auf, um es dann ins Maul zu tun, das sich auf der Brust befindet. Sie halten sich vor allem in dichten Wäldern auf und suhlen sich wie unsere Wildschweine sehr gern im Morast.

Ferner habe ich vernommen, daß man in diesem Land Giraffen findet und noch viele andere Tiere, die sehr wild sind.

Das *dreißigste* Kapitel schildert Papageien und andere Vögel der verschiedensten Arten.

In diesen Ländern bekommt man sehr viele verschiedene Vogelarten zu sehen, insbesondere Papageien, die überall herumfliegen und von denen es hier eine Vielzahl gibt.

Die Mohren hassen diese Vögel sehr, weil sie ihnen auf ihren Feldern große Schäden zufügen, namentlich in Hirse- und Gemüsepflanzungen. Die Papageien sind von unterschiedlichem Aussehen. Ich selbst habe nur zwei Arten dieser Vögel zu Gesicht bekommen, nämlich große und kleine und von unterschiedlicher Färbung: grün, bräunlich und gelb. Auch gelang es mir, mehrere dieser Papageien in ihren Nestern einzufangen; obwohl viele von ihnen auf der Heimfahrt verendeten, brachte ich ungefähr 150 dieser Vögel heil nach Spanien, wo ich sie dann für einen Dukaten pro Tier verkaufte.

Die Papageien erweisen sich als äußerst geschickte Nestbauer; ihre Nester bauen sie aus Binsen in Form einer Kugel, und zwar auf folgende Art:

Auf einer Palme oder einem anderen Baum, auf möglichst dünnen und zerbrechlichen Ästen, umwickeln sie die Spitzen eben dieser Äste mit einer Binse, so daß diese am einen Ende noch zwei Handbreit nach unten hängt. Um diesen Binsenfaden herum bauen sie dann ihr Nest, wunderbar verwoben, bis schließlich ein Ball aus Binsengeflecht, versehen mit einer kleinen Eingangsöffnung, am entsprechenden Ast hängt. Diese Bauweise hat ihren Grund darin, daß Schlangen, welche die Jungvögel naturgemäß auffressen würden, außerstande sind, auf den Ästen, an denen die Nester hängen, entlangzukriechen. Denn diese sind nicht stark genug, das Gewicht der Schlangen zu tragen. Auf diese Weise sichern die Papageien ihre Nester und ihren Nachwuchs.

Es leben hier noch andere große Vögel, die bei uns *Guinea-Hennen* heißen und über den Levante-Handel zu uns gelangen. Diese Hennen sind sehr zahlreich, ebenso Gänse, die sich freilich aufgrund eines völlig anderen Gefieders sehr deutlich von denen unterscheiden, die bei uns gehalten werden. Ferner bekommt man hier noch vielerlei andere wunderschöne Vögel zu sehen, große wie kleine, Vogelarten, die bei uns völlig unbekannt sind.

A. Ein Sklave mit einem Beil in der rechten Hand. Er geht aufs Feld oder in den Wald, um dort Holz zu schlagen.
B. Ein junger Bauer trägt Zuckerrohr und Früchte zum Markt.
C. Ein Fischer oder Lotse mit einem Stühlchen und einem Ruder.
D. Zwei Eingeborene tragen ein Kanu ans Meer.
E. Bauern bringen Palmwein zum Markt.

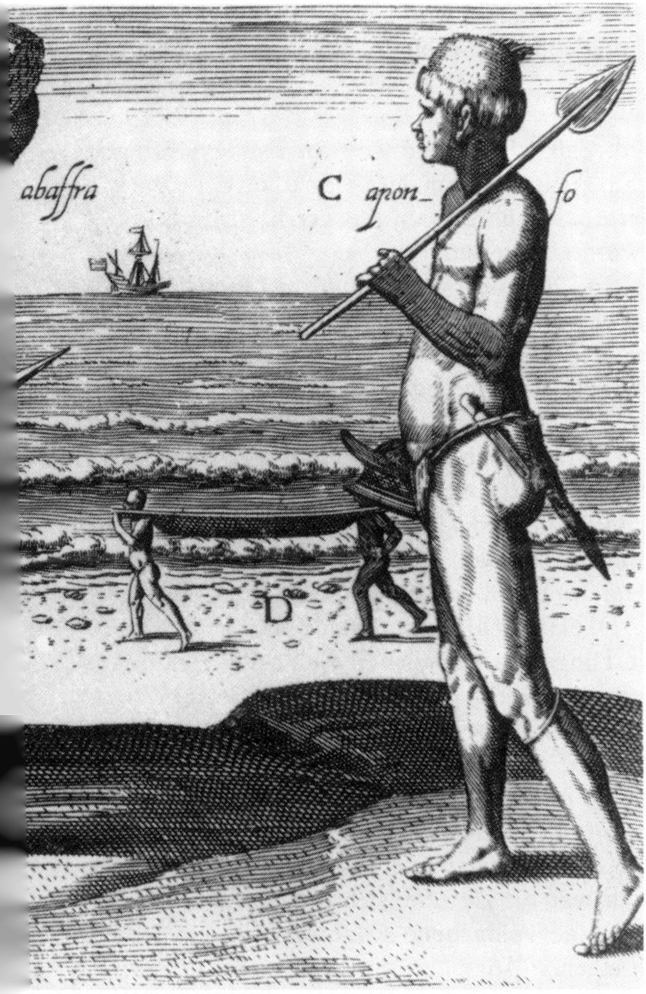
abaffra
C apon- fo
D

Im *einunddreißigsten* Kapitel wird ein Jahrmarkt beschrieben, wie er von den hiesigen Mohren üblicherweise abgehalten wird.

Seit feststand, daß ich längere Zeit an Land verbringen mußte, beschloß ich, zu einem der Jahrmärkte, der nicht allzuweit entfernt war und der auf Art der hiesigen Mohren abgehalten wurde, zu reisen.

Markttage sind hier der Montag und der Freitag. Zwei- oder dreimal besuchte ich einen solchen Markt. Zu diesen Märkten kommen die einheimischen Männer und Frauen aus dem Umkreis von vier oder fünf Meilen; diejenigen, die weiter weg wohnen, ziehen zu anderen Märkten. Der Besuch solcher Märkte führte mir deutlich vor Augen, daß dieses Volk sehr arm ist, wenn man das Warenangebot bedenkt, das hier zum Verkauf ansteht. Umgeschlagen werden vor allem Baumwolle, freilich nicht sehr viel, Baumwollfäden und baumwollene Tücher, ferner Gemüse wie Hirse, dann Öl, Holzschüsseln, Matten aus Palmblättern und sonstige Dinge des alltäglichen Gebrauchs. Die Männer verkaufen hier zudem ihre Waffen, manchmal auch etwas Gold. Abgewickelt werden die Geschäfte ausschließlich auf Tauschbasis, Ware gegen Ware. Geld ist in dieser Gegend nämlich nicht in Gebrauch.

Sobald ich auf einem dieser Märkte auftauchte, liefen die Eingeborenen, Männer wie Frauen, zusammen, um mich zu bestaunen. Ich war für sie offensichtlich ein Wunder. Es schien für sie eine völlig neue Erfahrung zu sein, einen Christen mit eigenen Augen zu sehen. Offenbar hatten sie einen derartigen Menschen vorher noch niemals zu Gesicht bekommen. Dabei waren sie über meine Kleider nicht weniger verwundert als über meine weiße Hautfarbe. Ich trug damals Kleider im spanischen Stil, einen Wanst aus schwarzem Damast und darüber einen kurzen graufarbenen Wollmantel, den die zusammengeströmten Mohren mit großem Erstaunen besahen und prüften. Einige von ihnen berührten sogar meine Hände und Arme und bestrichen sie mit Speichel, um herauszufinden, ob ich von Natur aus weiß oder nur mit weißer Farbe übermalt war. Als sie nun auf diese Weise feststellten, daß ich von Natur aus weiß war, waren sie darüber sehr verwundert.

Der Grund, warum ich derartige Märkte aufsuchte, war mein Bestreben, fremde Dinge kennenzulernen. Unter anderem wollte ich dadurch auch herausfinden, ob die Einheimischen hier mit Gold handelten. Aber alles in allem war diesbezüglich, wie schon gesagt, nicht viel zu sehen.

Von den Pferden, welche von den hiesigen Mohren gekauft werden, handelt das *zweiunddreißigste* Kapitel, auch davon, daß diese Tiere oft an Seuchen eingehen und deshalb einem besonderen Zauber unterworfen werden.

Pferde sind in diesem Land der Mohren ein sehr wertvolles Gut und deshalb sehr teuer. Schließlich sind solche Tiere hier nur unter großen Schwierigkeiten zu bekommen und zu halten. Zum einen werden die Pferde von Arabern und *Azanaghi* aus unserer *Barbarei*, also von sehr weit her, in dieses Land geschafft, zum zweiten herrscht hier eine solch mörderische Hitze, daß die Tiere kaum zu überleben vermögen. Hinzukommt, daß sie infolge einer geheimnisvollen Seuche oftmals sehr dick werden, worauf sie dann nicht mehr in der Lage sind, Wasser zu lassen, und schließlich an dieser Krankheit eingehen. Ihr Futter besteht in diesem Gebiet in der Hauptsache aus Bohnenblättern, die nach der Ernte auf dem Feld liegenbleiben. Diese Blätter werden von den Mohren sehr klein zerhackt, dann wie Heu getrocknet und den Pferden anstelle von Hafer zum Fressen gegeben. Außerdem bekommen die Pferde hier Hirse, und davon werden sie unheimlich dick.

Ein Pferd, einschließlich des Geschirrs, hat hier den Gegenwert von neun bis 14 Negersklaven, je nach körperlicher Verfassung und Rasse. Wenn ein Häuptling sich ein Pferd kauft, dann läßt er seine Pferdebeschwörer zu sich kommen. Diese machen aus bestimmten Hölzern und Kräutern ein großes Feuer, das einen starken Rauch entwikkelt. Das Pferd wird dann am Zügel durch die Rauchschwaden geführt, wobei der Pferdebeschwörer Zauberformeln vor sich hin murmelt. Daraufhin wird das Tier am ganzen Leib mit einer bestimmten Salbe eingeschmiert, um dann zwischen 15 und 20 Tagen fernab von allen Menschen in völliger Abgeschiedenheit gehalten zu werden. In dieser Zeit bekommt es niemand zu sehen. Schließlich und endlich werden dem Pferd viereckige Zettel, auf denen Zaubersprüche stehen, um den Hals gehängt. Die Mohren glauben nämlich, daß Pferde, die mit solchen Zaubersprüchen ausgestattet sind, auf ihren Kriegszügen sicherer vor Verletzung oder Tod sind.

Im *dreiunddreißigsten* Kapitel ist die Rede von fröhlichen Weibern, die bei Nacht singen und tanzen.

Die Weiber dieses Landes sind sehr schön und frohgemut; sie singen und tanzen gern, besonders die jungen Mädchen. Sie tanzen jedoch nur bei Nacht, wenn der Mond scheint. Ihre Tänze unterscheiden sich sehr von den bei uns gebräuchlichen.

Viele unserer Besitztümer wurden von den Mohren hier sehr bestaunt, vor allem unsere Armbrüste und noch viel mehr unsere Schiffsmörser. Einige von ihnen kamen sogar auf unser Schiff, wo ich ihnen dann das Abfeuern eines Mörsers vorführen mußte. Über das Krachen des Schusses waren sie zutiefst erschrocken. Und ich erzählte ihnen, daß ein Mörserschuß auf einmal mehr als 100 Menschen niederstrecken würde, worüber sie äußerst verwundert waren und sagten, diese Waffe müsse eine Erfindung des Teufels sein.

Das Spiel auf einer unserer Sackpfeifen, wozu ich einen der Seeleute veranlaßt hatte, erregte ebenfalls großes Erstaunen. Als sie sahen, daß das Instrument mit einem bunten Tuch bedeckt und mit allerlei Fransen und Zotteln behängt war, meinten sie zunächst, es handle sich hierbei um ein lebendiges Tier, das in verschiedenen Stimmen singe. Jedenfalls hatten sie großen Gefallen daran. Ihren Irrtum bemerkend, sagte ich ihnen, daß dies ein Musikinstrument sei, und gab ihnen die Pfeife, unaufgeblasen, in die Hand. Als die Mohren nunmehr begriffen, daß es sich hierbei um ein von Menschenhand gefertigtes Ding handelte, meinten sie, daß dies ein göttliches Instrument sein müsse, von Gott selbst gemacht, weil es so süß und in so verschiedenen Stimmen erklinge. Sie sagten uns auch, daß sie niemals zuvor einen lieblicheren Klang vernommen hätten.

Mit großer Verwunderung besahen sie auch die Bauform unseres Schiffes und die Schiffsausrüstung, den Mast, die Segel und die Anker. Die runden Schiffsfenster hielten sie allen Ernstes für wirkliche Augen, mit welchen das Schiff sehen könne, wohin es auf dem Meer zu fahren habe. Und aus all dem schlossen sie, daß wir große Zauberer, dem Teufel gleich, sein müßten. Denn während Menschen, die auf dem Landwege eine Reise unternähmen, große Schwierigkeiten hätten, ihren Weg von Ort zu Ort ausfindig zu machen, seien wir, die wir auf hoher See außer Sichtweite des Landes dahinsegelten, uns offenbar immer darüber im klaren, welche Richtung wir einzuschlagen hätten. So was könne uns nur möglich sein aufgrund teuflischer Kräfte, über die wir verfügten. Zu dieser Überzeugung waren sie gekommen, weil sie von der Kunst der Navigation keinerlei Vorstellung hatten und Dinge wie Kompaß und Karten überhaupt nicht kannten.

Erstaunen äußerten sie auch über eine brennende Kerze, die auf einem Kerzenhalter stand, denn diese Mohren hier vermögen kein Licht zu machen außer dem des Feuers. Für sie war der Anblick einer brennenden Kerze, von etwas also, das sie zuvor niemals gesehen hatten, sehr schön und bezaubernd.

Es gibt in diesem Land auch Honig. Dieser wird von den Einheimischen, um ihn essen zu können, aus der Honigwabe gesaugt, während das übrigbleibende Wachs einfach weggeworfen wird. Ich kaufte mir deshalb eine kleine Honigwabe und zeigte ihnen dann, wie der Honig von dem Wachs zu trennen sei. Nachdem ich ihnen dies vorgeführt hatte, fragte ich sie, ob sie wüßten, was Honigwachs sei. Daraufhin gaben sie mir einhellig zur Antwort, er sei zu nichts nütze. Ich ließ deshalb in ihrer Gegenwart aus dem Wachs sofort einige Kerzen herstellen und diese dann anzünden, worauf sie sich sehr verwundert zeigten und uns sagten, daß wir Christen offensichtlich über alles Bescheid wüßten.

Es sind in diesem Land keine Musikinstrumente im Gebrauch, außer zwei: Das eine ist eine große *tanbuchi*, eine große Trommel, das andere ist eine Art Geige, allerdings nur mit zwei Saiten versehen. Diese Geige wird mit den Fingern gespielt und gibt einen rohen Ton von sich.

Im *vierunddreißigsten* Kapitel ist die Rede vom Reich Gambia und von Kap Verde, wohin ich und Antoniotto von Genua gesegelt waren.

Nachdem ich hier alles, was mir von Bedeutung zu sein schien, kennengelernt und außerdem noch verschiedene Handelsgeschäfte abgeschlossen hatte, verabschiedete ich mich von Fürst *Budomel*. Ich nahm einige Sklaven, die ich im Tausch gegen meine Waren erstanden hatte, mit und beschloß, mit meinem Schiff über *Kap Verde* hinaus vorzustoßen, um so neue Länder entdecken zu können und dabei mein Glück zu suchen. Denn vor meiner Abreise aus Portugal hatte *Prinz Heinrich*, der von diesen Ländern schon manches gehört hatte, mir zu verstehen gegeben, daß nicht weit unterhalb des Königreichs *Senega* sich ein anderes Königreich befinde, das *Gambia* heiße und von dem die Mohren, die vordem nach Spanien oder Portugal gebracht worden waren, behaupteten, daß dort Gold in rauhen Mengen zu finden sei. Christen, die dorthin zögen, könnten deshalb sehr reich werden. Bewegt von dem Wunsch, Gold zu finden und weitere neue Dinge kennenzulernen, brachte ich meine Geschäfte mit *Budomel* zu Ende und kehrte auf meine Karavelle zurück.

Nachdem wir die Segel gesetzt hatten und von der Küste weggefahren waren, erblickte ich auf offener See plötzlich zwei Schiffe; wir segelten ganz nahe an sie heran, denn wir wußten, daß es sich hierbei nur um Christen handeln konnte. So erfuhren wir, daß eins der Schiffe einem Genueser namens Antoniotto Uso da Mar gehörte, das andere einem Truchseß von Prinz Heinrich. Beide Schiffe waren zusammen zu einer Entdeckungsfahrt aufgebrochen, mit dem Ziel, unterhalb von *Kap Verde* Handel zu treiben.

Über ihr Vorhaben in Kenntnis gesetzt, entschloß ich mich sofort, mich ihnen anzuschließen. Nunmehr ein gemeinsames Ziel verfolgend, nahmen unsere drei Karavellen Kurs auf *Kap Verde* und segelten in südlicher Richtung – immer in Sichtweite der Küste – weiter. Begünstigt von einem guten Wind, sichteten wir bereits am nächsten Tag das Kap, das ungefähr 40 italienische Meilen von dem Punkt entfernt liegt, von dem ich vor einigen Tagen losgesegelt war.

Das *fünfunddreißigste* Kapitel beschreibt Kap Verde und die Sitten seiner Bewohner.

Die Bezeichnung *Kap Verde* ist darauf zurückzuführen, daß die ersten, die es entdeckten – es waren Portugiesen, die ein Jahr vor mir hierher gekommen waren –, dieses Kap völlig begrünt, bewachsen mit großen Bäumen, die das ganze Jahr über ihre Blätter behalten, vorfanden. Aus diesem Grund gaben sie ihm den Namen *Kap Verde*, entsprechend der Namensgebung von *Kap Blanco*, das so heißt, weil es – wie bereits geschildert – gänzlich mit einem weißen Sand überzogen ist.

Kap Verde oder *Grünes Kap* ist ein wunderschönes Fleckchen Erde, welches erhaben aus dem Meer emporragt. Es wird von zwei kleinen Gebirgszügen durchzogen, die es weit über das Meer hinausragen lassen. An der Stelle, wo wir landeten, und in ihrer näheren Umgebung stehen viele Strohhütten, die der hier ansässigen schwarzhäutigen Bauernbevölkerung als Wohnung dienen. Diese Hütten liegen ganz in der Nähe der Küste, so daß sie von den Schiffen aus, die an diesem Ort vorbeisegeln, gesehen werden können. Im übrigen sind die hier lebenden Mohren Untertanen des Königs von *Senega.*

Diesem Kap sind – in geringer Entfernung zum Festland – drei kleine Inseln vorgelagert, die unbewohnt und gänzlich mit großen grünen Bäumen bewachsen sind. Da wir unbedingt frisches Wasser benötigten, ankerten wir bei einer dieser Inseln, und zwar bei der, die uns am größten und am fruchtbarsten zu sein schien. Auf ihr wollten wir auf Wassersuche gehen. Also gingen wir hier an Land, aber zu unserem Leidwesen konnten wir keine Wasserstelle ausfindig machen, mit Ausnahme eines kleinen Wasserlochs, dessen Wasser aber völlig ungenießbar war. Dagegen stießen wir auf eine Unzahl von Vogelnestern, in denen Eier von Vogelarten lagen, die uns bislang völlig unbekannt waren. Während unseres Aufenthalts auf dieser Insel vertrieben wir uns die Zeit vor allem damit, mit Angeln und Netzen auf Fischfang auszugehen. Es gelang uns dabei, sehr viele Fische zu fangen, darunter viele *Dentali* und *Orade*, alle zwischen 12 und 15 Pfund wiegend. Dies geschah zur Zeit des Brachmonds [Juni].

Am folgenden Tag setzten wir unsere Fahrt fort, immer in Sichtweite der Küste bleibend. Etwas unterhalb von *Kap*

Kleidung der Schwarzen am Kap Verde

Verde befindet sich eine Bucht [Gorée Bay]. Die Küste ist hier sehr niedrig, und überall sind schöne, hochgewachsene grüne Bäume zu sehen, die jahraus, jahrein ihr Blattgrün behalten, weil ständig neue Blätter nachwachsen, bevor noch die alten abgefallen sind. Diese Bäume stehen ungefähr einen Armbrustschuß weit von der Küste entfernt, so daß es vom Meer aus gesehen den Anschein hat, als stünden sie im Wasser – ein äußerst schöner Anblick. [Es handelt sich hier um Mangroven.] Ich, der ich viele Orte der Welt, im Westen wie im Osten, kennengelernt habe, habe niemals einen schöneren Küstenstreifen gesehen. An dieser Küste münden viele kleinere Flüsse ins Meer, die freilich von großen Schiffen nicht befahren werden können.

Unterhalb dieser Bucht ist das Küstengebiet von zwei Mohrenstämmen bewohnt, den *Barbazini* [Barbazenen] und den *Sereri* [Serer]. Diese beiden Negervölker sind keine Untertanen des Königreichs von *Senega.* Und keiner dieser Stämme hat einen König oder einen Fürsten; freilich wird auch bei ihnen bestimmten Leuten, je nach Abstammung und Stand, eine größere Hochachtung und Ehrerbietung entgegengebracht als anderen. Aber als Fürst, der dem Stamm vorsteht, wollen sie niemanden anerkennen, weil sie nämlich fürchten, daß ein solcher ihnen die Frauen und Kinder wegnehmen und als Sklaven verkaufen würde, wie dies die Könige und Fürsten in anderen Mohrenländern zu tun pflegen.

Die hier lebenden Menschen sind sehr abgöttisch. Sie haben keinerlei Gesetze und sind äußerst grausam. Als Waffe benutzen sie Pfeil und Bogen, wobei die Pfeile vergiftet sind. Wenn man von einem solchen auf die nackte Haut getroffen wird, so daß man blutet, dann ist diese Wunde tödlich, und der Getroffene stirbt umgehend. Die Haut der Eingeborenen ist tiefschwarz, ihre Körper sind wohlgeformt. Die Gegend, in der sie wohnen, ist dicht bewaldet, voller Seen und Flüsse; all dies gewährt ihnen bestmöglichen Schutz gegen äußere Feinde, weil es unmöglich ist, in dieses Gebiet einzudringen, außer auf sehr engen und unwegsamen Pfaden. Aus diesem Grund empfinden sie keinerlei Furcht vor einem möglichen Angriff aus einem benachbarten Fürstentum. In der Vergangenheit hatte der König von *Senega* mehrfach versucht, sie mit kriegerischen

Mitteln zu unterwerfen, aber jedes Mal waren die Eindringlinge blutig zurückgeschlagen worden.

Weiterhin mit günstigem Wind in südlicher Richtung segelnd, entdeckten wir die Mündung eines Flusses, die etwa einen Bogenschuß breit und nicht sehr tief war. Diesem Fluß gaben wir den Namen *Rio di Barbazini* [Fluß Joal], und so wird er genannt auf der *Carta da navigar*, die ich von diesem Land anfertigte. Besagte Flußmündung ist rund 60 Meilen von *Kap Verde* entfernt.

Wir setzten unsere Fahrt entlang der Küste fort, wobei wir nur tagsüber segelten und jeden Abend bei Sonnenuntergang etwa vier oder fünf Meilen vor der Küste den Anker auswarfen. Sobald die Sonne wieder aufging, setzten wir Segel und fuhren weiter. Dabei war immer ein Matrose oben im Ausguck postiert; zwei andere waren ständig am Bug, um nach der Meeresbrandung, die auf Untiefen hinweisen konnte, Ausschau zu halten. So fortsegelnd erreichten wir schließlich die Mündung eines anderen großen Flusses, der mir nicht kleiner zu sein schien als der oben beschriebene *Rio de Senega.* Als wir diesen herrlichen Fluß und die ihn umgebende schöne Landschaft sahen – bis an den Strand war die Gegend hier mit wunderschönen Bäumen bewachsen –, ankerten wir und beratschlagten, ob wir einen unserer Dolmetscher an Land setzen sollten. Jedes unserer drei Schiffe hatte einen Mohrendolmetscher an Bord – diese waren von den ersten Portugiesen, die das Land der Mohren entdeckt hatten, einst dem König von *Senega* abgekauft und anschließend nach Portugal gebracht worden. Diese Sklaven waren dann dort zum Christentum bekehrt worden. Auch war ihnen von ihren Herren die spanische Sprache beigebracht worden, die sie nun sehr gut beherrschten. Wir hatten sie uns von ihren Besitzern ausgeliehen – unter der Bedingung, ihnen für jeden Dolmetscher einen Sklaven zu überlassen, den sie sich aus den Gefangenen, die wir machten, aussuchen konnten. Wir losten also aus, welches Schiff seinen Dolmetscher an Land schikken sollte, und das Los fiel auf den Genueser. Dieser ließ nun ein kleines Boot zu Wasser, mit dem der Dolmetscher an Land gesetzt werden sollte – mit dem ausdrücklichen Befehl, nur so weit an den Strand zu rudern, wie es notwendig war, damit der Dolmetscher das Land erklimmen konnte. Dieser hatte den Auftrag, die Landverhältnisse zu erkunden und herauszufinden, wem dieses Gebiet unterstand und ob dort Gold oder andere für uns nützliche Dinge gefunden werden konnten.

Nachdem besagter Dolmetscher das Land betreten hatte, traf er auf eine große Zahl von Mohren, die das Nahen des Bootes beobachtet hatten und nun mit Pfeil und Bogen den Ankömmling erwarteten, in der Absicht, mit ihm zu reden. Sie sprachen eine Weile mit unserem Dolmetscher; freilich sollten wir nie erfahren, was dabei beredet wurde. Denn plötzlich schlugen die Mohren ganz wild mit ihren Schwertern auf unseren Mann ein und töteten ihn auf diese Weise sehr schnell, ohne daß die im Boot zurückgebliebenen Seeleute ihm zu Hilfe eilen konnten. Als wir von diesem Vorfall hörten, waren wir zunächst wie betäubt, bis wir begriffen, daß die hier lebenden Mohren sehr grausame Menschen sein mußten, wenn sie sogar einen Menschen der eigenen Rasse umbrachten. Um wieviel grausamer hätten sie dann erst uns Christen behandelt?

Dies bedenkend setzten wir sofort Segel und fuhren auf südlichem Kurs weiter, wie immer in Sichtweite der Küste, die uns, je mehr wir nach Süden vordrangen, immer schöner und dichter mit Bäumen bewachsen vorkam. Auf der gesamten Strecke blieb die Küste sehr flach; schließlich erreichten wir die Mündung des Flusses *Gambia.* Wir konnten sehen, daß diese sehr breit war, drei bis fünf Meilen an der engsten Stelle, so daß unsere Schiffe völlig gefahrlos hineinfahren konnten. Wir beschlossen hier zu ankern, um am nächsten Tag herauszubekommen, ob dieses Gebiet bereits zum Königreich *Gambia* gehörte, nach dem wir so sehnsüchtig suchten.

Das *sechsunddreißigste* Kapitel schildert einen großen Fluß, auf dem die Mohren mit ihren Kanus herumfahren.

Als wir in diesen Fluß, der an der Mündung nicht weniger als sechs bis acht Meilen breit war, hineingesegelt waren, kamen wir zu der Überzeugung, daß dies das von uns so sehnlich gesuchte Land *Gambia* sein müsse. Auch glaubten wir sicher zu sein, entlang dieses Flusses einen Ort zu finden, an dem wir Gold und andere wertvolle Dinge erwerben konnten.

Am nächsten Tag blies ein günstiger Wind, und wir sandten die kleine Karavelle voraus, bemannt mit den besten Seeleuten unserer drei Schiffe. Diese hatten Befehl, so weit wie möglich flußaufwärts vorzudringen und, falls sie im Mündungsgebiet auf Sandbänke stoßen sollten, die Wassertiefe genau auszuloten. Wenn auf diese Weise herausgefunden würde, daß das Wasser hier tief genug war, sollte die Karavelle umkehren und uns Signale geben. Dies wurde auftragsgemäß durchgeführt, mit dem Ergebnis, daß die Wassertiefe im Mündungsgebiet ungefähr zwei Faden betrug.

Nachdem besagte Karavelle von ihrer Erkundungsfahrt zurückgekehrt war, beschlossen wir, eins unserer Boote, bewaffnet und in Begleitung der kleinen Karavelle, den Fluß hinaufzuschicken. Beide hatten ausdrücklichen Befehl, sofort zu unseren Schiffen zurückzukehren und sich auf keinen Fall auf irgendwelche Scharmützel einzulassen, wenn die Eingeborenen versuchen sollten, sie anzugreifen. Dies hatte folgenden Grund: Wir waren gekommen, um mit den Menschen hier friedlich Handel treiben zu können, und zwar mit ihrem Einverständnis. Und genau diese Absicht war sicherlich mit friedlichen Mitteln eher zu erreichen als mit roher Gewalt.

Boot wie Karavelle fuhren nun flußaufwärts, wobei stets die genaue Wassertiefe ausgelotet wurde. Nirgends wurde dabei eine geringere Wassertiefe als acht Faden ausge-

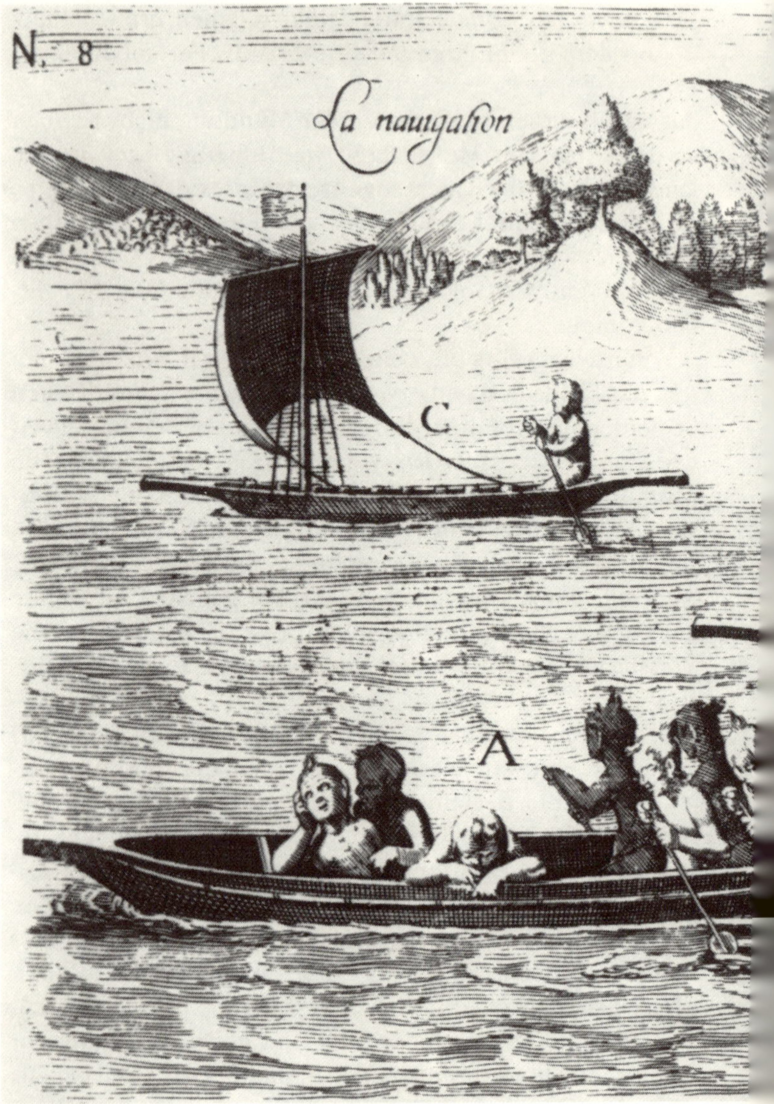

Die Schiffahrt mit ihren Booten, Kanus genannt

auecq leurs Canos.
B

macht. Auf diese Weise stießen sie ungefähr zwei Meilen flußaufwärts vor. Die Ufer des Flusses waren sehr schön anzusehen und überall von hohen grünen Bäumen gesäumt. Und da der Fluß weiter landeinwärts viele Kehren machte, hielten sie es für unangebracht, noch weiter vorzudringen.

Auf der Rückfahrt zu unseren Schiffen begegneten ihnen drei Kanus, die aus einem Nebenfluß des besagten Stromes herausgerudert kamen und, wie ich später selbst sehen konnte, aus einem einzigen großen Holzstamm bestanden, der ausgehöhlt war. In ihrer Form ähnelten sie den kleinen Barken, die wir üblicherweise hinter unseren Schiffen herziehen. Als unsere Männer die Kanus bemerkten, konnten sie natürlich nicht wissen, ob sie von diesen angegriffen würden oder nicht. Außerdem waren sie vorher von einigen Mohren davor gewarnt worden, daß alle Bogenschützen in diesem Land *Gambia* Giftpfeile verschossen. Dies bedenkend nahmen sich die Unsrigen in gebührendem Gehorsam die Anweisungen, die wir ihnen gegeben hatten, zu Herzen und machten sich umgehend daran, so schnell wie möglich zu unseren Schiffen zurückzukehren. Dabei wären sie eigentlich zahlreich genug gewesen, um sich gegen einen möglichen Angriff der Kanus zur Wehr setzen zu können.

Während sie möglichst schnell zu unseren Schiffen zurückfuhren, blieben ihnen besagte Kanus immer dicht auf den Fersen, so daß sie, als unsere Männer die Schiffe wieder erreicht hatten, nicht weiter als einen Bogenschuß davon entfernt waren. Wieder an Bord, begannen die Unsrigen den Kanubesatzungen freundlich zuzuwinken und ihnen mit Zeichen zu verstehen zu geben, näher heranzukommen. Diese jedoch verlangsamten ihre Fahrt, um schließlich in sicherem Abstand von unseren Schiffen anzuhalten. In den drei Kanus befanden sich jeweils zwischen 25 und 30 Mohren, die allesamt mit großer Verwunderung anstarrten, was weder sie noch ihre Väter jemals zuvor gesehen hatten: unsere Schiffe und uns weißhäutige Menschen. Sie machten aber keinerlei Anstalten, mit uns ins Gespräch zu kommen, wie sehr wir ihnen auch freundlich zuwinkten und zuriefen. Nach einiger Zeit zogen sie denn auch weiter ihres Weges. So verging dieser Tag ohne sonstige erwähnenswerte Vorkommnisse.

Im *siebenunddreißigsten* Kapitel wird erzählt, wie unsere Schiffe auf diesem Fluß von den Mohren angegriffen wurden.

Am anderen Morgen, ungefähr gegen drei Uhr, machten wir uns bei günstigem Wind daran, mit den zwei anderen Schiffen in den Fluß hineinzufahren, um dort nach unseren Kameraden zu suchen. Wir hofften dabei, in den weiter flußaufwärts liegenden Gebieten freundlichere Menschen anzutreffen, als es diejenigen auf den Kanus gewesen waren. Nachdem wir unsere Männer wieder getroffen hatten, schlossen sich diese unserer Fahrt flußaufwärts an. Die kleine Karavelle fuhr voran und wies uns den Weg über die Untiefen, während wir ihr hintereinander nachfolgten.

Vier Meilen flußaufwärts wurden wir plötzlich einiger Kanus gewahr, die, so schnell sie dazu in der Lage waren, uns hinterherruderten. Dies bemerkend steuerten wir unsere Schiffe etwas zur Seite und ergriffen – angesichts der Tatsache, daß die hier lebenden Mohren Giftpfeile als Waffe benutzten – Maßnahmen zur Abwehr eines möglichen Angriffs. Wir hielten also unsere Waffen bereit; freilich waren wir diesbezüglich nicht gut ausgerüstet. Binnen kurzem hatten die Kanus uns eingeholt. Ich fuhr jetzt mit meinem Schiff mitten in den Kanuverband hinein und sprengte ihn dadurch in zwei Gruppen. Wir zählten insgesamt 17 Kanus, jedes von der Größe einer ansehnlichen Barke. Die Kanuten erhoben sich nun in ihren Booten, streckten ihre Ruder in die Höhe und starrten auf uns, als seien wir ein Weltwunder. Es mochten insgesamt ungefähr 150 Mann sein, alle gut gebaut, von tiefschwarzer Hautfarbe und mit weißen Baumwollhemden bekleidet. Einige von ihnen trugen auf dem Kopf noch einen weißen Hut, der in Deutschland herrschenden Mode sehr ähnlich, allerdings mit dem einen Unterschied, daß sich auf jeder Seite dieser Kopfbedeckung ein flügelförmiges Etwas und in ihrer Mitte eine weiße Feder befand. Dieser Hut wies den entsprechenden Mohren als Krieger aus. Im Bug jedes dieser Kanus stand ein Mohr, der einen runden Schild, offensichtlich aus Leder, am Arm hatte.

Nachdem zunächst weder sie noch wir Anstalten machten, uns gegenseitig näher zu kommen, fuhren die Mohren, als sie die beiden anderen Schiffe, die uns gefolgt waren, bemerkten, sofort auf diese los. Und als sie diese erreicht hatten, legten sie ihre Ruder zur Seite und schossen ohne jede Vorwarnung ihre Pfeile auf uns ab. Als Antwort auf diesen Angriff feuerten wir aus großen Büchsen vier Schüsse ab. Verwundert und verwirrt über den Krach, den die Schüsse verursachten, ließen sie Pfeil und Bogen fallen und blickten voller Entsetzen ins Wasser – dorthin, wo die Gewehrkugeln aufschlugen. Nachdem sie so eine beträchtliche Weile wie angewurzelt stehengeblieben waren, überwanden sie schließlich ihre Furcht, nahmen wieder Pfeil und Bogen in die Hand und begannen erneut mit großer Kühnheit Pfeile auf uns abzuschießen. Dabei näherten sie sich uns bis auf die Entfernung eines Steinwurfs.

Daraufhin spannten unsere Seeleute ihre Armbrüste. Der erste, der einen Schuß auf die Mohren abgab, war ein unehelicher Sohn des Genuesers. Er traf damit einen der Angreifer mitten in die Brust, worauf dieser sofort tot umfiel. Die anderen Mohren zogen daraufhin ihrem getöteten Gefährten den Armbrustpfeil aus der Brust, um ihn dann genau zu betrachten. Wir konnten erkennen, daß sie über eine solche Waffe sehr erstaunt waren. Dieser Zwischenfall hielt die Mohren aber nicht davon ab, erneut wie wild unsere Schiffe zu beschießen. Unsere Besatzung schoß zurück, so daß innerhalb kurzer Zeit viele der Angreifer verwundet waren. Dank der Gnade Gottes wurde bei diesem Gefecht keiner von uns Christen verletzt. Angesichts der vielen Toten und Verwundeten zogen sich alle Kanus schlagartig hinter das Heck der kleinen Karavelle zurück, wo dann ein hartnäckiger Kampf entbrannte. Da die Karavelle nur sehr schwach bemannt und obendrein mit Waffen nur sehr schlecht ausgerüstet war, mußte ich ihr zu Hilfe eilen. Ich steuerte also mit den beiden anderen Schiffen auf sie zu und nahm sie so in die Mitte. Dabei feuerten wir ununterbrochen und mit großer Heftigkeit unsere Gewehre und Armbrüste auf die Mohren ab. Dadurch gelang es uns schließlich, die feindlichen Kanus auseinanderzusprengen und zu verjagen.

Nachdem wir also diesen Überfall glücklich überstanden hatten, ketteten wir unsere drei Schiffe mit einer Kette aneinander und warfen einen Anker aus, der, weil das Wasser hier sehr ruhig war, alle drei Schiffe festzuhalten vermochte. Als dies erledigt war, suchten wir nach Wegen, wie wir mit diesen Mohren ins Gespräch kommen konnten.

Das *achtunddreißigste* Kapitel berichtet von den Verhandlungen, die wir auf dem Fluß Gambia mit den Mohren führten.

Nachdem wir ihnen längere Zeit zugewunken und ihnen mit Hilfe unserer Dolmetscher zugerufen hatten, machte eins der Kanus kehrt und näherte sich uns bis auf einen Bogenschuß. Die Insassen dieses Kanus fragten wir nun, warum sie uns denn angegriffen hätten. Schließlich seien wir doch friedliche Leute, lediglich hier, um Handel zu treiben. Wir sagten ihnen ferner, daß wir in freundschaftlicher Beziehung zu den Mohren des Königreichs *Senega* stünden und ebenso zu ihnen in ein gutes Verhältnis zu kommen wünschten, wenn sie damit einverstanden seien. Und schließlich gaben wir ihnen zu verstehen, daß wir aus einem fernen Land kämen und ihrem König und Fürsten im Auftrag des Königs von Portugal kostbare Geschenke machen wollten. Wir baten sie auch, uns zu erzählen, in welchem Land wir uns hier befänden, welcher Fürst darüber herrsche und wie der Fluß heiße, auf dem wir nun waren. Zum Schluß forderten wir sie auf, in Frieden auf unsere Schiffe zu kommen, wo sie von unseren Waren vertrauensvoll nehmen könnten, was ihnen gefalle, ganz unabhängig davon, ob sie dafür etwas im Tausch oder auch nichts zu bieten hätten.

Daraufhin antworteten sie uns, daß sie von unseren Handelsgeschäften mit den Mohren des Königreichs *Senega* bereits gehört hätten. Dabei gaben sie uns zu verstehen, daß die Bewohner von *Senega* in ihren Augen schlechte Menschen seien, weil sie mit Christen Freundschaft geschlossen hätten, wo doch jeder wisse, daß Christen Menschenfleisch fressen und nur deshalb Mohrensklaven kaufen würden, um sie auffressen zu können. Aus diesem Grund würden sie keinerlei Wert auf unsere Freundschaft legen. Und dies sei auch der Grund gewesen, weshalb sie versucht hätten, uns allesamt abzuschlachten, um anschließend unsere gesamten Besitztümer ihrem Fürsten zum Geschenk zu machen. Dieser Fürst befand sich ihrer Auskunft nach etwa drei Tagesreisen von hier. Ferner teilten sie uns mit, daß dieses Land das Reich *Gambia* sei. Den Fluß, der übrigens sehr lang ist, bezeichneten sie mit einem Namen, der mir gerade nicht einfallen will.

In diesem Augenblick frischte der Wind auf, und da wir einsehen mußten, daß diese Mohren hier böswillig waren und sich mit uns auf keinerlei Handelsgeschäfte einlassen wollten, segelten wir auf sie zu, um sie anzugreifen und zu überwältigen. Daraufhin flohen sie sofort an Land und liefen in alle Himmelsrichtungen auseinander. So endete unsere Verwicklung mit diesem Volk.

Wir besprachen nun, ob wir weiter flußaufwärts fahren sollten, wenn möglich, wenigstens 100 Meilen, in der Hoffnung, dort ein uns besser gesinntes Volk vorzufinden. Aber unsere Seeleute, die in ihre Heimat zurückwollten, anstatt sich weiteren Gefahren auszusetzen, begannen einmütig über dieses Vorhaben zu murren. Sie erklärten, daß sie damit unter keinen Umständen einverstanden seien, schließlich sei auf dieser Reise bereits genug unternommen worden. Da wir erkennen mußten, daß dies ihr allgemeiner Wunsch war, gaben wir nach, dabei nicht zuletzt auch bedenkend, daß nur so eine Meuterei vermieden werden konnte. Bei unseren Seeleuten handelte es sich nämlich um sehr widerspenstige Dickschädel.

Deshalb brachen wir am folgenden Tag von hier auf, um wieder Richtung *Kap Verde* und dann in Gottes Namen weiter heimwärts gen Spanien zu segeln.

Im *neununddreißigsten* Kapitel wird beschrieben, wie es in diesem Land im Winter aussieht.

In dem Land *Gambia* ist es das ganze Jahr über sehr heiß, mit einer Ausnahme: Diese Jahreszeit heißen die Bewohner Winter, der hier vom Heumond [Juli] bis Ende Oktober dauert. In dieser Zeit regnet es fast jeden Tag, und zwar stets um die Mittagszeit. Dies geht folgendermaßen vor sich: Wolken überziehen das Land aus ONO oder aus OSO, gefolgt von schweren Gewittern, Donner und Blitz. Daraufhin geht ein heftiger Regen nieder.

In dieser Jahreszeit beginnen die Mohren hier mit der Aussaat, und zwar auf ähnliche Art und Weise wie die Bewohner des Königreichs *Senega*. Die Nahrung der Menschen im Land *Gambia* besteht in der Hauptsache aus Hirse und Gemüse, Fleisch und Milch.

Auch habe ich vernommen, daß der Regen, der im Landesinneren niedergeht, sehr warm ist. Morgens, bei Tagesanbruch, bevor also die Sonne aufgegangen ist, gibt es hier keine Morgendämmerung, im Unterschied zu unserer Heimat, wo zwischen Dämmerung und Sonnenaufgang ein kleiner Zeitraum liegt, in dessen Verlauf die Finsternis der Nacht verschwindet. Hier taucht die Sonne dagegen urplötzlich am Himmel auf; sie erstrahlt aber erst nach ungefähr einer halben Stunde in vollem Licht, weil sie unmittelbar nach ihrem Aufgang noch trübe und wie von Rauch umgeben anzusehen ist. Der Grund für diese Erscheinung kann meines Erachtens nur darin liegen, daß dieses Land hier außerordentlich niedrig gelegen und ohne jedes Gebirge ist. Übrigens waren auch alle meine Kameraden dieser Auffassung.

Das *vierzigste* Kapitel handelt von der zweiten Reise, die ich zusammen mit Antoniotto von Genua nach Gambia unternahm; unter anderem ist hier die Rede von den Inseln, die wir auf dieser Reise entdeckten.

Aufgrund meiner ersten Erkundungsfahrt, die ich – wie oben berichtet – in das Land *Gambia* unternommen hatte, läßt sich nur sehr wenig über das Aussehen dieses Landes sagen, abgesehen von den wenigen Beobachtungen, die wir dort hatten machen können, etwa die, daß die an der dortigen Küste lebenden Menschen so ungesittet und wild waren, daß es uns damals unmöglich war, mit ihnen ins Gespräch zu kommen oder Handelsgeschäfte mit ihnen zu tätigen. Und wie ich bereits ausgeführt habe, waren wir auf dieser Fahrt gezwungen, vorzeitig nach Spanien zurückzukehren, weil unsere Seeleute sich geweigert hatten, die Reise fortzusetzen.

Deshalb kamen ich und derselbe Genueser Herr [Antoniotto Uso da Mar] im folgenden Jahr [1456] überein, erneut zwei Schiffe auszurüsten, mit dem Ziel, den großen Strom, der das Reich *Gambia* durchfließt, genauer zu erkunden. Über dieses unser Vorhaben setzten wir Prinz Heinrich, ohne dessen Einwilligung diese Fahrt nicht unternommen werden konnte, in Kenntnis. Der Prinz war darüber hocherfreut; er ließ sogar eine seiner Karavellen ausrüsten, damit sie uns auf unserer Entdeckungsreise begleiten konnte. Schnell mit allen erforderlichen Dingen versorgt, verließen wir anfangs März 1456 den Hafen von *Lanchus* [Lagos], der in der Nähe von *Kap St. Vinzenz* liegt. Mit günstigem Wind im Rücken nahmen wir Kurs auf die *Kanarischen Inseln*, die wir dann nach wenigen Tagen erreichten. Da wir gutes Wetter hatten, beschlossen wir, diese Inseln nicht anzufahren, sondern unsere Reise nach Süden ohne Unterbrechung fortzusetzen. Unterstützt von einer kräftigen Meeresströmung, die in südwestlicher Richtung verlief, kamen wir rasch voran, um schließlich zum *Kap Blanco* zu gelangen. Als wir diesen Ort gesichtet hatten, segelten wir etwas weiter von der Küste weg aufs offene Meer hinaus.

In der folgenden Nacht kam aus südwestlicher Richtung ein heftiger Sturm auf; um nicht vom Kurs abgetrieben zu werden, steuerten wir nun in Richtung WNW, diesen Kurs zwei Nächte und drei Tage lang einhaltend, in der festen Überzeugung, so dem Unwetter am besten ausweichen zu können. Am dritten Tag sichteten wir endlich Land; jedermann an Bord schrie: »Land, Land!« und war darüber sehr erstaunt, denn wir hatten nicht damit gerechnet, in dieser Gegend auf Land zu stoßen. Zwei Matrosen, die in den Ausguck geschickt worden waren, konnten zwei große Inseln ausmachen [Kapverdische Inseln]. Bedenkend, daß von diesen Inseln in Spanien bisher noch niemand etwas wußte, dankten wir dem Herrgott, daß er es uns vergönnt hatte, ein neues Land zu entdecken.

Um Gewißheit zu erlangen und unser Glück zu versuchen, segelten wir auf eine der Inseln zu, die wir dann in kurzer Zeit erreichten [Insel Bonavista]. Als wir uns dieser Insel näherten, schien sie uns sehr groß zu sein. Wir segelten zunächst in Sichtweite des Strandes an der Insel entlang, bis wir schließlich eine Stelle ausmachten, die aussah, als sei sie günstig zum Ankern. Da gutes Wetter herrschte und die See ruhig war, ließen wir dort eine kleine Barke zu Wasser. Diese sollte, gut bemannt und wohl gewappnet, zu der Insel hinrudern, um herauszufinden, ob sie bewohnt war. Die Bootsbesatzung streifte nun, nachdem sie dort gelandet war, auftragsgemäß auf der Insel herum, ohne jedoch eine Spur von menschlichem Leben zu finden. Ich schickte deshalb am folgenden Morgen zehn Männer aus, die mit Waffen und Armbrüsten bestens ausgerüstet waren und Befehl hatten, einen Berg[44]) zu besteigen und von da aus auszukundschaften, was auf dieser Insel alles zu sehen war und ob noch andere Inseln in dieser Gegend lagen. Aber auch diese Erkundung brachte nichts an den Tag, als daß die Insel tatsächlich unbewohnt zu sein schien. Unsere Leute hatten lediglich eine Unmenge von Tauben zu Gesicht bekommen, die sich mit den bloßen Händen einfangen ließen, weil sie offensichtlich noch niemals mit menschlichen Wesen in Berührung gekommen waren. Also brachten die Kundschafter etliche dieser Tiere, die sie mit Knüppeln gefangen hatten, mit an Bord.

Einige Tage später sichteten wir noch drei weitere Inseln, die wir bislang noch nicht erblickt hatten. Eine von ihnen lag leewärts in nördlicher Richtung; die beiden anderen befanden sich – wie auf einer Linie aufgereiht – in südlicher Richtung, jede von ihnen jeweils in Sichtweite der anderen. Schaute man nach Westen, dann konnte weit draußen auf dem Meer ein weiterer Landstrich ausgemacht werden, der wie eine Insel aussah, was aber wegen der großen Entfernung nicht mit letzter Sicherheit festgestellt werden konnte. Da es mit Blick auf unser eigentliches Reiseziel meine Absicht war, nicht allzuviel Zeit zu verlieren, verzichtete ich darauf, diese Inseln näher zu erkunden, zumal ich davon ausging, daß diese ebenso unbewohnt und wild waren wie die, die wir angelaufen hatten. Andere Seefahrer, die später hierher kommen sollten, angezogen von unserem Bericht über die vier von uns entdeckten Inseln, bestätigten dieses Urteil. Diese Leute stießen noch auf eine ganze Reihe anderer Inseln, insgesamt zehn, kleine wie große, und fanden heraus, daß sie allesamt unbewohnt waren, nur bevölkert von Tauben und einer Unzahl seltsamer Vögel und umgeben von großen Fischgründen.

Um zu meiner Erzählung zurückzukehren: Nachdem wir besagte Insel verlassen und wieder unseren normalen Kurs aufgenommen hatten, sichteten wir noch zwei andere Inseln. An der einen davon, die dicht bewaldet zu sein schien [Insel Santiago], vorbeisegelnd, entdeckten wir die Mündung eines Flusses, der sich hier ins Meer ergoß. In der Hoffnung, uns mit gutem Wasser versorgen zu können, ankerten wir an dieser Stelle, um unsere Vorräte auffrischen zu können. Einige meiner Seeleute gingen zu diesem Zweck an Land; an dem Mündungsufer entlanglaufend, fanden sie etwas Salz, das sehr weiß und rein war. Sie brachten es an Bord, worauf ich dann so viel wie möglich von dem Salz auf unsere Schiffe schaffen ließ, ebenso frisches Wasser, das hier reichlich zu bekommen war. Ferner sahen wir an dieser Stelle viele Schildkröten, von denen wir einige einfingen, um sie dann von unseren Seeleuten schlachten zu lassen. Auf diese Weise konnten wir unsere Lebensmittelvorräte mit Schildkrötenfleisch ergänzen. Von einigen Männern unserer Besatzung wurde mir erzählt, daß sie bereits auf einer früheren Fahrt in den Golf von *Argim* Schildkröten, allerdings kleinere als die hier, gefunden, geschlachtet und dann gegessen hätten. Um mir selber einen Eindruck zu verschaffen, aß ich also etwas von dem Fleisch dieser Tiere; ich fand, daß es sehr gut schmecke, ähnlich wie Kalbsfleisch, so gut war sein Geruch und sein Geschmack. Deshalb kamen wir überein, möglichst viel Schildkrötenfleisch einzusalzen, weil es offensichtlich eine Bereicherung für unsere Vorräte war. Auf meiner ersten Reise habe ich – dies nebenbei bemerkt – auch vom Fleisch des Elefanten gekostet; freilich hatte mir dies nicht gemundet.

Schließlich machten wir uns daran, in der Flußmündung

und etwas flußaufwärts zu fischen, wobei es uns gelang, unglaublich viele Fische zu fangen, die recht groß und von feinem Geschmack waren. Die meisten davon hatten wir bislang noch nicht gekannt. Der Fluß war hier tief genug, um ihn mit einem Schiff, das 150 Zentner geladen hatte, befahren zu können. Er war einen Bogenschuß breit. Wir blieben hier zwei Tage, um uns etwas auszuruhen und zu erholen. Neben allerlei anderer Kurzweile vertrieben wir uns die Zeit mit der Jagd auf Tauben, von denen wir viele einfingen und töteten.

Anzumerken ist noch, daß die erste Insel, die wir angefahren hatten, von uns den Namen *Isola de Bonauista* erhielt, weil sie das erste Land war, das in dieser Gegend von Menschen gesichtet wurde. Der anderen Insel, welche uns die größte der vier Eilande zu sein schien, gaben wir den Namen *Isola de San Jacomo*, denn als wir dort ankerten war der Tag des heiligen Philip und des heiligen Jakob [1.Mai].

Das *einundvierzigste* Kapitel beschreibt die Insel Do Palme, das Reich Gambia und die Insel St. Andreas; ferner wird hier berichtet, welche Fürsten über dieses Gebiet herrschen.

Nach Verlassen dieser vier Inseln nahmen wir Kurs auf *Kap Verde.* Dabei gelangten wir mit Gottes Hilfe in Sichtweite von *Do Palme*, einer Insel, die zwischen *Kap Verde* und dem *Rio de Senega* gelegen ist. Da uns dieses Land schon von unserer früheren Fahrt her bekannt war, setzten wir unsere Reise Richtung *Kap Verde* fort, um es dann am folgenden Tag zu passieren. Wir segelten weiter, bis wir den Fluß *Gambia* erreichten. Dann fuhren wir in diesen Fluß hinein, ohne mit den Mohren oder ihren Kanus in Berührung zu kommen. Tagsüber setzten wir unsere Fahrt flußaufwärts fort, mit dem Lot dabei immer genau die Wassertiefe prüfend. Die wenigen Mohrenkanus, die wir zu Gesicht bekamen, blieben in Ufernähe; offensichtlich wollten sie mit uns nicht reden.

Etwa zehn Meilen stromaufwärts stießen wir auf eine kleine Flußinsel. Wir ankerten dort; es war an einem Sonntag. An diesem Tag starb einer unserer Seeleute, der seit einigen Tagen sehr hohes Fieber gehabt hatte. Uns befiel tiefe Trauer, und um dem Willen Gottes zu entsprechen, begruben wir den Toten auf dieser Insel. Sein Name war Andreas gewesen. So beschlossen wir, daß die Insel künftig *Isola die Sancto Andrea* heißen sollte. Unter diesem Namen ist sie fortan bekannt geworden.

Als wir von dieser Flußinsel wieder ablegten, um weiter flußaufwärts zu fahren, verfolgten uns in einiger Entfernung mehrere Kanus. Um ihre Aufmerksamkeit auf uns zu richten, riefen unsere Dolmetscher den Mohren, die in diesen Booten saßen, laut zu und zeigten ihnen seidene Stoffe und andere Waren, die wir mit uns führten. Auf diese Art und Weise sollte ihnen zu verstehen gegeben werden, daß sie, ohne Angst vor uns haben zu müssen, näher kommen sollten, daß wir ihnen die gezeigten Gewänder schenken wollten und wir freundliche Leute seien, die keinerlei Streit suchten. Daraufhin kamen die Mohren näher und näher, offensichtlich mehr und mehr Vertrauen zu uns gewinnend, bis sie schließlich an die Längsseite meiner Karavelle heranruderten. Einer von ihnen, der meinen Dolmetscher verstehen konnte, kam dann zu mir an Bord. Sein Erstaunen über unser Schiff und unsere Art zu navigieren war riesengroß, denn die Bewohner dieser Gegend kannten keine andere Form von Schiffahrt, als ein Kanu mit Rudern vorwärtszubewegen. Daß dieses auch anders möglich war, hatten sie bislang wohl für ausgeschlossen gehalten. Zutiefst verwundert war der Mohr auch über unsere weiße Haut und unsere Kleider, die sich von den seinen so sehr unterschieden. Die meisten Mohren hier gehen nämlich gänzlich nackt, und wenn sie bekleidet sind, dann nur mit einem kleinen Baumwollhemdchen. Wir behandelten diesen

Mann sehr freundlich, schenkten ihm einige Kleinigkeiten von geringem Wert, worüber er sehr erfreut war, und stellten ihm viele Fragen. So erfuhren wir, daß dieses Land das Reich *Gambia* war, ihr oberster Fürst *Farosangoli* hieß und dieser neun bis zehn Tagesreisen von diesem Fluß entfernt im Landesinneren wohnte. Genannter *Farosangoli* war ein Untertan des Kaisers von *Melli*, dem großen und mächtigen Herrscher über diese Mohren. Einige niedrigere Fürsten wohnten, wie uns erzählt wurde, in der Nähe dieses Flusses. Der Mohr bot sich auch an, uns, falls wir dies wollten, zu einem dieser Fürsten zu führen. Er heiße *Batimaussa*, und mit ihm könnten wir Handel treiben und so seine Freundschaft gewinnen, denn offensichtlich seien wir friedliche Menschen. Ich nahm dieses Angebot sofort an, und mit diesem Mohren an Bord segelten wir dann weiter den Fluß hinauf, bis wir den Ort erreichten, wo besagter *Batimaussa* lebte. Dieser Ort war ungefähr 60 Meilen – vielleicht auch noch etwas mehr – von der Flußmündung entfernt.

Im *zweiundvierzigsten* Kapitel ist die Rede von den Geschenken, die wir Fürst Batimaussa machten, und wie wir dadurch seine Zuneigung gewannen.

Anzumerken ist, daß unsere Fahrt den Fluß hinauf in östlicher Richtung verlief und der Fluß an der Stelle, wo wir ankerten, weitaus schmaler war als an der Mündung. Unserer Schätzung nach war er hier nicht breiter als eine Meile. Wichtig ist auch zu wissen, daß dieser Strom viele Nebenflüsse hat.

An dem Wohnort von besagtem Fürsten ankommend, schickten wir einen unserer Dolmetscher – in Begleitung des einen Mohren – zu *Batimaussa*, um ihm ein Geschenk zu überreichen: eine sehr schöne seidene *Zuba*[45]), hergestellt im Land der Mohren. Unser Dolmetscher sollte dem

Fürsten auch ausrichten, daß wir im Auftrag des Königs des christlichen Reiches Portugal kämen, um eine feste Freundschaft mit ihm zu begründen. Ferner sollte er kundtun, daß, falls der Fürst Bedarf an Waren aus unserem Land habe, unser König ihm jedes Jahr ein Schiff mit den entsprechenden Waren schicken werde.

Um es kurz zu machen: Als wir Fürst *Batimaussa* wieder verließen, hatten wir nicht nur seine Freundschaft gewonnen, sondern auch viele unserer Waren umgeschlagen. Im Austausch dafür hatten wir einige Negersklaven und auch etwas Gold bekommen, gemessen an dem, was wir diesbezüglich erwartet und gerüchteweise hierüber im Reich *Senega* gehört hatten, freilich eine verschwindend geringe Menge. Für die hier lebenden Menschen, die im allgemeinen sehr arm sind, mochte diese Menge Gold allerdings von sehr großem Wert sein. Gold wird nämlich hier noch mehr geschätzt als bei uns. Dennoch handelten sie es zu einem vergleichsweise niedrigen Preis. Sie nahmen im Austausch dafür nämlich Waren, die in unseren Augen nur von geringfügigem Wert waren.

Wir blieben hier insgesamt 15 Tage; und in dieser Zeit kamen viele Mohren, die entlang des Flußufers wohnten, zu unseren Schiffen – einige, um diese voller Bewunderung anzuschauen, andere, um uns Kleinigkeiten, zum Beispiel kleine Ringe aus Gold, zu verkaufen. Unter anderem boten sie uns auch Baumwollkleider und baumwollene Tücher, die auf die bei ihnen übliche Art und Weise gewoben waren, zum Verkauf an. Einige dieser Baumwollstücke waren weiß, andere weiß-blau oder auch rot-blau-weiß gestreift, alle jedenfalls von vortrefflicher Qualität. Außerdem brachten sie Affen verschiedener Rassen zu uns, von denen es in diesem Land unzählig viele gibt. All diese Waren verkauften sie uns im Tausch gegen Gegenstände von nur geringem Wert, so daß sich alles in allem ein Tauschverhältnis von 10:1 zu unseren Gunsten ergab. Ferner handelten die Eingeborenen hier mit *Zybetho*[46]) und mit Katzenfellen, aus denen dieser Stoff gewonnen wird. Uns gaben sie eine Unze *Zybetho* im Austausch gegen einen Artikel, der nicht mehr als 40 oder 50 *marchetti* wert war. Auch verkauften sie diesen Stoff nicht nach genauem Gewicht, sondern nur aufgrund grober Schätzungen. Andere Mohren wiederum brachten uns Früchte verschiedenster Sorten, darunter viele kleine wildgewachsene Datteln, die die Menschen hier mit Vorliebe essen. Viele unserer Seeleute aßen auch von diesen Früchten und fanden dabei heraus, daß sie anders schmecken als die Datteln, die bei uns zu Hause wachsen. Ich selbst hatte keine Lust, von diesen Früchten zu kosten, weil ich Angst hatte, davon Durchfall zu bekommen.

Auf diese Weise kamen jeden Tag andere, zudem verschiedensprachige Mohren zu uns an Bord. Diese Menschen, Männer wie Weiber, sind mit ihren Kanus dauernd unterwegs, von Ort zu Ort den Fluß hinunter und hinauf. Sie bewegen sie dabei ausschließlich mit Rudern vorwärts, dabei aufrecht im Boot stehend. Jede Bootsseite ist mit derselben Anzahl von Ruderern besetzt, und im Bootsheck befindet sich ein zusätzlicher Mann, der abwechselnd auf der rechten und linken Seite des Kanus rudert, um es so auf geradem Kurs zu halten. Die Ruder sind übrigens nicht an Klampen befestigt, sondern werden von den Mohren stehend und nur mit den Armen betätigt. Und sie sehen folgendermaßen aus: Der Ruderschaft ähnelt einer kurzen, etwa eineinhalb Schritt langen Lanze. An das eine Schaftende binden sie eine runde Scheibe. Mit diesen Rudern vermögen die Eingeborenen hier ihre Kanus sehr schnell fortzubewegen.

In diesen Strom münden viele kleinere Flüsse. Diese werden von den hiesigen Mohren befahren, um dort Handelsgeschäfte zu betreiben. Normalerweise entfernen sie sich hierzu nicht allzu weit von ihrer Heimat, weil sie andernfalls Gefahr laufen, von anderen Mohrenstämmen eingefangen und als Sklaven verkauft zu werden.

Da viele Männer unserer Besatzung plötzlich unter hohem Fieber zu leiden begannen, verließen wir nach 15 Tagen, es war an einem Morgen, diesen Ort und fuhren wieder zurück Richtung Flußmündung.

Das *dreiundvierzigste* Kapitel handelt von den Sitten und Kleidern dieser Völker, von sehr großen Bäumen, von Elefanten und der Art und Weise, wie man diese jagt.

Von den Dingen, die wir hier erlebt und gesehen haben, teils mit eigenen Augen, teils vom Hörensagen, wollen wir zunächst über die Religion dieser Menschen berichten: Ganz allgemein gesagt herrscht hier Abgötterei in verschiedenster Form. Ein großer Glaube wird hier in Zaubersprüche und andere teuflische Zeremonien gesetzt. Dies sind Religionsformen, die hier schon seit langem üblich sind. All diese Menschen anerkennen einen Gott; einige von ihnen halten zu den Lehren Mohammeds. Letztere sind vor allem solche, die nicht an ihre Heimat gebunden sind. Die bodenständige Bauernbevölkerung weiß von solchen Lehren indes nichts.

Was ihre Art und Weise zu leben betrifft, so verhalten sie sich in fast allen Beziehungen wie die Mohren im Reich *Senega*. Sie ernähren sich gleich – mit einer Ausnahme: Die Menschen hier verfügen über mehr Reissorten als die vom Reich *Senega*. Außerdem wird hier Hundefleisch gegessen, was, wie ich erfahren habe, sonst nirgendwo verzehrt wird. Ihre Kleidung ist aus Baumwolle, während die Menschen im Reich *Senega* zumeist ganz nackt gehen. Daß die Mohren des Landes *Gambia* bekleidet sind, liegt vor allem daran, daß es hier Baumwolle im Überfluß gibt. Die Weiber tragen ähnliche Kleidung wie die Männer. Die Frauen dieses Landes ritzen sich in jugendlichem Alter mit einer Nadel Zeichnungen in die Haut, die dann vernarben. Solche Ziernarben haben sie vor allem auf ihren Brüsten, im Nak-

Jagd auf wilde Tiere:

A. Leoparden-Käfigfalle.
B. Elefanten-Falle.

C. Hirschjagd.
D. Hasenjagd.
E. Ein Elefant bricht in eine Fallgrube ein.

ken und auf den Armen. Sie sehen aus wie Seidenstickereien, die bei uns auf Taschentücher gemacht werden. Die Narben werden nach dem Einritzen mit Feuer eingebrannt, so daß sie niemals mehr verschwinden.

In dieser Gegend ist es sehr heiß, und je südlicher man vorstößt, desto heißer wird es. Am Fluß *Gambia* ist es übrigens weit heißer als am Meer, weil hier – wie im ganzen Land – alles mit grünen Bäumen bewachsen ist.

Was die Größe dieser Bäume anbelangt, möchte ich folgendes erzählen: Bei einer Wasserquelle, ganz in der Nähe der Uferstelle, wo wir uns mit frischem Wasser versorgten, sahen wir einen außerordentlich hohen und dicken Baum, dessen Höhe in keinem Verhältnis zu seinem Umfang stand. Etwa 20 Schritt hoch, maß er unten am Stamm rund 17 Schritt im Umfang. An vielen Stellen war er hohl; seine Äste waren sehr lang, so daß er einen weiten Schatten um sich herum warf. Wir fanden noch mehrere solche großen Bäume, woraus zu schließen ist, daß in diesem Land kein Wassermangel herrscht.

Auch gibt es hier eine Unzahl von Elefanten. Ich selbst habe drei von diesen Tieren mit eigenen Augen gesehen. Die Bewohner von *Gambia* wissen nicht, wie Elefanten gezähmt werden, wie dies in anderen Ländern geschieht. Wir befanden uns gerade mit unserem Schiff in der Mitte des Stromes *Gambia*, als wir aus einem Waldstück drei Elefanten herausbrechen sahen. Einige von uns sprangen daraufhin sofort in ein Boot, um ans Ufer zu rudern. Sie wollten nämlich die Tiere aus der Nähe genau anschauen. Als die Elefanten unsere Männer näher kommen sahen, zogen sie sich freilich sofort wieder in den Wald zurück. Bei anderer Gelegenheit, einige Zeit später, sah ich noch einen toten Elefanten, der vergleichsweise noch recht klein war. Er war von einem hiesigen Mohrenfürsten namens *Gaumimenssa*, der in der Nähe der Mündung des Flusses *Gambia* wohnte, erlegt worden, nachdem er ihn zuvor zwei Tage lang mit seinen Männern verfolgt und gejagt hatte. Die Menschen dieses Landes gehen zu Fuß auf Elefantenjagd, mit nichts anderem ausgerüstet als mit Pfeil und Bogen, wobei die Pfeile vergiftet sind. Sie stöbern die Elefanten zumeist im Wald auf, denn diese Tiere bevorzugen morastige Stellen, in denen sie sich wälzen wie die Wildschweine. Die Jäger verstecken sich hinter Bäumen. Aus diesem Versteck heraus schießen sie dann auf die Tiere mit ihren Giftpfeilen oder mit Speeren. Dabei kriechen oder springen sie von Baum zu Baum, so daß der Elefant, bevor er noch fliehen kann, an vielen Stellen seines Körpers verwundet ist, ohne daß er sich hätte verteidigen können. Ausdrücklich betonen möchte ich hier, daß ohne den Schutz der Bäume es niemand wagen würde, eins dieser riesigen Tiere anzugreifen, denn kein Mensch kann so schnell rennen wie ein Elefant, selbst wenn diese dabei nur ihren normalen Gang beibehalten. Trotz seiner Größe kann der Elefant sehr schnell laufen. Wenn einem Jäger das Mißgeschick zustößt, einem Elefanten auf offenem Felde über den Weg zu laufen, greift das Tier den Menschen auf folgende Weise an: Es packt den betreffenden Mann mit seinem langen Rüssel, der dem des Schweines sehr ähnelt, mit einem Unterschied, daß der Schweinerüssel nicht so beweglich ist wie der des Elefanten. Ihn dann mit dem Rüssel umwindend, wirft er den Menschen in die Luft, so daß dieser oftmals schon tot ist, bevor er überhaupt auf der Erde aufschlägt. So wurde mir dies von vielen Mohren beschrieben. Freilich ist der Elefant nicht so grausam, daß er jemanden angreifen würde, ohne vorher bedroht worden zu sein. Einmal sah ich einen kleinen Elefanten, der tot auf dem Boden lag. Seine Stoßzähne waren kaum mehr als drei Spannen lang. Hieran war zu erkennen, daß es sich um ein noch recht junges Tier handelte, denn ausgewachsene Elefanten haben Stoßzähne von zehn bis zwanzig Spannen Länge. Aber obwohl besagter Elefant also noch sehr klein war, war er fünf- oder sechsmal so groß wie einer unserer Stiere. Dieser Elefant wurde mir nun von dem Mohrenhäuptling zum Geschenk gemacht, genauer: Ich durfte mir von dem Tierkadaver nehmen, was ich wollte. Was ich übrigließ, bekamen die Jäger zum Essen. Ich schnitt mir also ein Stück Fleisch aus dem toten Tierkörper heraus, das ich dann, geröstet und gebraten, auf meinem Schiff aß. Nunmehr konnte ich mit Recht behaupten, daß ich das Fleisch eines Tieres gegessen hatte, das vor mir noch keiner meiner Landsleute gekostet hatte. Freilich schmeckte das Elefantenfleisch nicht sehr gut, es war zäh und zudem noch fad. Außerdem schaffte ich auch noch einen Fuß dieses Tieres an Bord, ebenso ein Stück von seinem Rüssel und einige Körperhaare, die mindestens eineinhalb Spannen lang waren, vielleicht sogar noch etwas länger. Wieder zurück in Portugal, zeigte ich all dies Prinz Heinrich, der es als gelungenes Geschenk annahm. Denn schließlich waren dies die ersten Dinge, die er aus dem Land erhielt, das dank seiner Bemühungen und Anstrengungen entdeckt worden war.

Das *vierundvierzigste* Kapitel beschreibt die Füße und die Beine der Elefanten; außerdem ist hier die Rede von einem Flußpferd.

Der Fuß des Elefanten ist rund, ähnlich wie der des Pferdes, nur ohne Huf. Er sieht aus wie eine schwarze, dicke Hautverhärtung. Auf der Unterseite hat er, bogenförmig angeordnet, fünf Fußnägel. Im Durchmesser maß die Fußsohle des besagten kleinen Elefanten eineinhalb Spannen, und zwar in jede Richtung, denn der Fuß ist, wie ich bereits ausgeführt habe, rund wie ein Teller.

Von erwähntem Häuptling bekam ich übrigens noch den Fuß eines anderen Elefanten, dessen Durchmesser ich in Gegenwart vieler Menschen ausmaß und dabei feststellen konnte, daß er ringsherum mindestens drei Spannen breit war. Auch diesen verehrte ich Prinz Heinrich, zusammen mit einem Elefantenstoßzahn von zwölf Spannen Länge.

Beides gab dieser dann als besonders wertvolles Geschenk weiter an die Herzogin von Burgund[47]).

Der Leser soll ja nicht glauben, daß Elefanten die Knie nicht beugen können, wie mir verschiedentlich erzählt wurde. Im Gegenteil: Der Elefant bewegt sich fort, indem er die Knie durchbeugt. Auch legt er sich nieder und steht wieder auf wie jedes andere Tier.

In dem Fluß *Gambia*, ebenso in den vielen anderen Flüssen dieses Landes, findet man neben seltsamen Schlangen und verschiedenen anderen Tieren auch Flußpferde. Dieses Tier ist in der Natur so etwas wie der »alte Mann des Meeres«; es lebt zweitweise auf dem Land, zeitweise im Wasser. Es hat einen großen Körper, vergleichbar mit dem einer Kuh, kurze Beine, gespaltene Klauen und einen pferdeähnlichen Kopf, an dem, wie bei einem wilden Eber, zwei große Stoßzähne sitzen. Diese sind ungefähr zwei Spannen lang; einige, die ich gesehen habe, waren sogar noch länger. Diese Tiere steigen des öfteren aus dem Wasser und laufen dann am Flußufer entlang, wie andere vierfüßige Tiere. Man bekommt sie in keinem anderen Land zu sehen als in dem Mohrenreich *Gambia*.

Zu sehen bekommt man hier außerdem Fledermäuse, die etwa drei Spannen groß sind, ferner viele andere Vögel, die man in unserer Heimat nicht kennt, insbesondere zahllose Papageien.

Der Fluß *Gambia* ist sehr fischreich. Die Fische hier unterscheiden sich sehr von denen, die in unseren Gewässern leben. Im Geschmack stehen sie aber letzteren in nichts nach.

Das *fünfundvierzigste* Kapitel handelt von dem Fluß und Reich Casamanssa und von dem Kap Rosso.

Wie ich oben berichtet habe, verließen wir das Land von Fürst *Batimaussa*, weil einige unserer Besatzungsmitglieder krank geworden waren, nach einigen Tagen erreichten wir wieder die Stelle, wo der Fluß *Gambia* ins Meer mündet. Da wir genug Verpflegung an Bord hatten, beschlossen wir, ohne Unterbrechung entlang der Küste weiter nach Süden zu segeln. Entsprechend diesem Vorhaben setzten wir, es war morgens drei Uhr, unsere Fahrt mit günstigem Wind fort.

Aus dem Mündungsgebiet des Flusses *Gambia* aufs offene Meer hinausfahrend, gingen wir, in Sichtweite eines Landvorsprungs, der wie ein Kap aussah, auf einen westlichen Kurs. Dieser Landvorsprung war sehr niedrig gelegen und mit zahllosen, sehr schönen großen und grünen Bäumen bewachsen. Nachdem wir weit genug auf das offene Meer hinausgesegelt waren, erkannten wir, daß dieses Land kein Kap war, denn wir konnten sehen, daß sich jenseits dieses Landes die Küste des Festlandes erstreckte. Wir fuhren also ein gutes Stück über diese Stelle hinaus, um die herum das Meer auf einer Länge von vier Meilen brandete. Aus diesem Grund befanden sich immer zwei Männer am Bug und einer im Mastkorb, um nach Felsen und Untiefen Ausschau zu halten. Wir segelten nur tagsüber, dabei nur so viele Segel setzend wie unbedingt notwendig; nachts gingen wir dann vor Anker. Unsere drei Schiffe fuhren dabei hintereinander her, wobei jeden Tag die Reihenfolge ausgelost wurde. Denn alle wollten, daß nicht das eigene, sondern immer ein anderes Schiff die Führung übernahm. Auf diese Weise segelten wir zwei Tage an der Küste entlang, immer in Sichtweite des Festlandes. Und am dritten Tag entdeckten wir schließlich die Mündung eines recht großen Flusses [48]); dieser war an dieser Stelle mindestens eine halbe italienische Meile breit. Weitersegelnd erblickten wir gegen Abend einen kleinen Golf, der fast aussah wie eine Flußmündung. Da es bereits spät am Tage war, ankerten wir, um am folgenden Tag die Segel zu setzen und auf die Küste zuzusteuern. Dabei entdeckten wir die Mündung eines anderen großen Flusses [Kasamanze-Fluß].

Meinem Urteil nach war er etwas kleiner als der Fluß *Gambia.* Auf beiden Ufern konnte man jedenfalls eine Unzahl von sehr schönen schlanken und grünen Bäumen sehen. Wir fuhren in diesen Fluß hinein und warfen nach einiger Zeit dort Anker. Nach gemeinsamer Beratschlagung schickten wir zwei Boote mit unseren Dolmetschern an Land, um über diese Gegend etwas in Erfahrung zu bringen und herauszubekommen, wie dieser Fluß von den Eingeborenen genannt wurde und wie der Fürst hieß, der über dieses Land herrschte. Die Boote legten ab, und nach ihrer Rückkehr konnten die Dolmetscher uns berichten, daß dieser Fluß der *Rio de Casamanssa* war, so genannt nach einem Mohrenfürsten gleichen Namens, der ungefähr 30 Meilen flußaufwärts seinen Wohnsitz hatte. Jedoch befand sich dieser zur Zeit im Krieg mit seinen Nachbarn. Mit diesem Wissen zufriedengestellt, lichteten wir am folgenden Tage die Anker. Anzumerken ist noch, daß es vom Reich *Gambia* bis zum Land von Fürst *Casamanssa* ungefähr 100 italienische Meilen sind.

Das *sechsundvierzigste* Kapitel beschreibt weitere große Flüsse, die wir an dieser Küste entdeckten, und die hier lebenden Menschen.

Nachdem wir den *Rio de Casamanssa* wieder verlassen hatten, folgten wir der Küstenlinie, bis wir ein Kap sichteten, das etwa 20 Meilen von diesem Fluß entfernt war. Dieses Kap ist etwas höher gelegen als die Küste; und da es vom Aussehen her rot war, nannten wir es *Capo Rosso* [Kap Roxo].

Wir setzten unsere Fahrt entlang der Küste fort bis zur Mündung eines mäßig großen Flusses, der unserer Schätzung nach nur einen Bogenschuß breit war. Doch beschlossen wir, diesen Fluß, dem wir den Namen *Rio de Sancta Anna* [Fluß Cacheu] gaben, nicht näher zu erkunden. Weitersegelnd gelangten wir zu einem weiteren Fluß, welcher nicht schmaler als der vorige zu sein schien. Wir nannten ihn *Rio de Sancto Dominico.* Die Entfernung zwischen hier und dem *Capo Rosso* betrug schätzungsweise 55 oder 60 Meilen.

Schließlich erreichten wir, nachdem wir einen Tag weiter an der Küste entlanggeschifft waren, die Mündung eines riesigen Flusses [Fluß Jeba]. Die Flußmündung war so breit, daß wir zunächst meinten, es handle sich hier um einen Golf. Der Fluß war an dieser Stelle mindestens 20 Meilen breit, so daß es beträchtliche Zeit in Anspruch nahm, ihn mit dem Schiff zu durchqueren. Auf der anderen Flußseite angekommen, sichteten wir auf dem Meer einige Inseln [Bissagos-Inseln]. Da wir über diese Inseln Näheres erfahren wollten, entschlossen wir uns, hier zu ankern. Am nächsten Tag näherten sich unseren Schiffen zwei Kanus, die den oben beschriebenen ähnlich und recht groß waren. Eins davon war fast so lang wie das kleinste Schiff von uns, freilich nicht so hoch. Bemannt war dieses Kanu mit mehr als 30 Mohren. Das andere war um einiges kleiner und hatte 16 Mann an Bord. Da wir sahen, daß die Kanus sehr schnell auf uns zuruderten, und nicht wußten, was die Mohren im Schilde führten, hielten wir vorsichtshalber unsere Waffen bereit und warteten ab, wie sich die Eingeborenen verhalten würden. Als sie ganz nahe heran waren, hißten die Mohren ein weißes Tuch, das sie an ein Ruder gebunden hatten, um damit zu zeigen, daß sie in friedlicher Absicht kamen. Wir entgegneten ihnen daraufhin auf dieselbe Weise, worauf die Mohren-Kanus längsseits meiner Karavelle anlegten. Vor allem wegen unserer weißen Hautfarbe wurden wir nun von diesen Leuten mit großer Verwunderung angestarrt. Für Aufregung unter ihnen sorgte auch die Größe unseres Schiffes, sein Mast und seine Takelage, alles Dinge, die sie bislang noch nie vor die Augen bekommen hatten und deren Sinn und Zweck sie nicht kannten. Da ich über diese Menschen etwas erfahren wollte, beauftragte ich meine Dolmetscher, mit ihnen zu reden. Aber keiner verstand, was die Mohren sagten. Darüber war ich natürlich sehr enttäuscht; und so verließen wir diese Menschen wieder, ohne daß wir in der Lage gewesen wären, sie zu verstehen.

Zu unserem Leidwesen mußten wir begreifen, daß wir uns offensichtlich in einem Land befanden, über das wir nichts in Erfahrung bringen konnten. Aus diesem Grund kamen wir zu dem Schluß, daß es wenig sinnvoll wäre, unsere Reise fortzusetzen. Da wir dabei nur mit immer neuen, uns unverständliche Sprachen sprechenden Völkern zusammentreffen würden und deshalb kaum in der Lage wären, neue Erkenntnisse zu gewinnen, beschlossen wir, nunmehr umzukehren und die Heimreise anzutreten. Von den Mohren in diesen Kanus erhielten wir übrigens im Tausch gegen ein paar Kleinigkeiten einige goldene Ringe; dieses Geschäft wurde abgewickelt, ohne daß ein Wort miteinander gesprochen worden wäre.

Zwei Tage hielten wir uns im Mündungsgebiet dieses Flusses auf. Der Polarstern stand hier sehr tief am Himmel. Außerdem konnten wir auch eine sehr ungewöhnliche Erscheinung beobachten, die, soweit ich beurteilen kann, an anderen Orten der Welt nicht zu sehen ist: Die Gezeiten fallen und steigen wie bei uns in Venedig oder überhaupt im Westen. Aber im Unterschied zu dort, wo die Flut ebenso wie die Ebbe ungefähr sechs Stunden dauert, währt die Flut hier vier, die Ebbe dagegen acht Stunden. Im übrigen sind die Gezeiten hier sehr ungestüm; bei Flut steigt das Meer unglaublich hoch an, so daß drei Anker kaum ausreichten, das Schiff festzuhalten. Der gewaltige Wellengang machte es sogar notwendig, die Segel zu setzen, was nicht ohne Gefahr bewerkstelligt werden konnte, weil der Wellengang eine größere Gewalt entwickelte als die vom Wind aufgeblasenen Segel.

Das *siebenundvierzigste* Kapitel berichtet von unserer Heimreise nach Spanien.

Wir verließen also diese Flußmündung, um heimwärts zu segeln. Dazu nahmen wir Kurs auf die eben erwähnten Inseln, die ungefähr 30 italienische Meilen vor dem Festland liegen [Bissagos-Inseln]. Wir erreichten sie schließlich, um dann zu sehen, daß es zwei größere und mehrere kleinere Inseln waren. Die beiden größeren waren von Mohren bewohnt. All diese Inseln sind sehr flach und bedeckt mit sehr schönen großen Bäumen von schlanker Gestalt. Leider gelang es uns nicht, mit den hiesigen Eingeborenen ins Gespräch zu kommen, denn wir konnten uns untereinander nicht verständigen. Wir brachen also von hier auf und kamen zu guter Letzt zurück in unsere christliche Heimat – dank der Gnade Gottes, die uns nach langer Fahrt wieder in einen sicheren Hafen gelangen ließ.

Gomes Eanes de Zurara

Chronik der bemerkenswerten Taten, welche sich bei der Eroberung von Guinea, die auf Befehl des Infanten D. Henrique durchgeführt wurde, ereigneten

II. BAND

LISSABON MCMLXXXI

Aus dem Portugiesischen
übertragen
von
Gabriela Pögl

INHALT

Erstes Kapitel
Den Brief beinhaltend, den Gomes Eanes de Azurara an den Herrn König schrieb, als er ihm dieses Buch übersandte.
Seite 167

Zweites Kapitel.
In dem von der Herkunft des Infanten D. Henrique berichtet wird.
Seite 170

Drittes Kapitel
In dem fünf Gründe angeführt werden, die den Herrn Infanten bewogen, die Lande von Guinea
suchen zu lassen.
Seite 172

Viertes Kapitel
Aus welchem Grunde die Schiffe nicht wagten, über das Kap Bojador hinauszusegeln.
Seite 176

Fünftes Kapitel
Wie Gil Eanes, aus Lagos geboren, als erster das Kap Bojador umrundete und wie er noch einmal dorthin
zurückkehrte, mit ihm Afonso Gonçalves Baldaia.
Seite 179

Sechstes Kapitel
Wie Afonso Gonçalves Baldaia den Rio do Ouro erreichte.
Seite 182

Siebtes Kapitel
Über die Dinge, die in den folgenden Jahren geschahen.
Seite 187

Achtes Kapitel
Wie Antão Gonçalves die ersten Gefangenen machte.
Seite 189

Neuntes Kapitel
Wie Nuno Tristão dorthin gelangte, wo sich Antão Gonçalves befand, und wie er ihn zum Ritter schlug.
Seite 194

Zehntes Kapitel
Wie Nuno Tristão zur Ilha de Gete fuhr, und über die Mauren, die er dort gefangennahm.
Seite 201

Elftes Kapitel
Wie Lançarote den Infanten um Erlaubnis bat, mit seinen Schiffen nach Guinea fahren zu dürfen.
Seite 203

Zwölftes Kapitel
Wer die Kapitäne der anderen Karavellen waren und über die erste Gefangennahme, die sie machten.
Seite 206

Dreizehntes Kapitel
Wie sie zum Kap Branco segelten und über die Dinge, die sie dort unternahmen.
Seite 213

Vierzehntes Kapitel
Wie die Karavellen Lagos erreichten und über die Auskünfte, die Lançarote dem Infanten gab.
Seite 215

Fünfzehntes Kapitel
Wie der Autor über das Mitleid nachdenkt, welches er für jene Menschen empfindet, und wie die Aufteilung vorgenommen wurde.
Seite 217

Sechzehntes Kapitel
Wie der Infant D. Henrique Lançarote zum Ritter schlug.
Seite 220

Siebzehntes Kapitel
Wie Antão Gonçalves, Gomes Pires und Diogo Afonso zum Rio do Ouro fuhren.
Seite 224

Achtzehntes Kapitel
Wie Nuno Tristão nach Tira segelte und von den Mauren, die er dort fand.
Seite 225

Neunzehntes Kapitel
Wie Dinis Dias ins Land der Neger fuhr und über die Gefangenen, die er von dort mitbrachte.
Seite 228

Zwanzigstes Kapitel
Wie sie die Mauren auf dem Kap Branco fingen.
Seite 231

Einundzwanzigstes Kapitel
Über die Worte, welche Gomes Pires sprach, und wie sie nach dem Lande Guinea fuhren.
Seite 235

Zweiundzwanzigstes Kapitel
Wie diese Karavellen den Fluß Nil erreichten und über die Guineer, die gefangen wurden.
Seite 239

Dreiundzwanzigstes Kapitel
Über die Dinge, welche Rodrigo Anes de Travaços und Dinis Dias erlebten.
Seite 248

Vierundzwanzigstes Kapitel
Wie Nuno Tristão im Lande Guinea getötet wurde, und wer mit ihm starb.
Seite 252

Fünfundzwanzigstes Kapitel
Der Autor erläutert, wie viele Seelen seit dem Beginn der Eroberung in dieses Königreich gebracht wurden.
Seite 258

Erstes Kapitel

DEN BRIEF BEINHALTEND, DEN GOMES EANES DE AZURARA AN DEN HERRN KÖNIG[1]) SCHRIEB, ALS ER IHM DIESES BUCH ÜBERSANDTE.

Höchster und vortrefflichster Fürst, mächtigster Herr.

Weil Eure Hoheit sehr wohl weiß, daß es eine der Eigenschaften der Seelengröße ist, lieber geben zu wollen, als zu empfangen, und weil den Menschen in dieser Welt nichts Größeres zuteil werden kann als Ehre, von der der Philosoph sagt, daß sie von allen so sehr ersehnt wird wie nur irgendein wertvolles Gut, da von sämtlichen weltlichen Dingen sie das höchste und beste ist; und deshalb, sagt er, soll der Lohn der Ehre dem zukommen, der edel und vortrefflich, der Lohn des Gewinnes aber dem, der bedürftig ist – was auch gewiß zutrifft, denn wir können Gott nichts Größeres als Ehre erweisen, und ebenso den äußerst guten und tugendhaften Menschen nicht, damit es Zeugnis und Belohnung ihrer Tugend sei –, und obwohl sich unter Euren Taten Dinge finden ließen, die einer großen Ehre reichlich wert wären, so daß Ihr gut anordnen könntet, ein Buch darüber zu verfassen, wolltet Ihr wahren Edelmut beweisen und sie lieber einem anderen angedeihen lassen, als sie zu empfangen.

(Und Eure Gnade ist um so bedeutender, je edler und hervorragender die erwiesene Ehre ist.)

Als nun Euer Gnaden sich vergangenes Jahr in dieser Stadt aufhielten, sagtet Ihr mir, wie sehr Ihr wünschtet, die Taten des Herrn Infanten D. Henrique, Eures Onkels, schriftlich festgehalten zu sehen, weil Ihr erkannt hattet, daß, wenn auf dieser Welt einige katholische Prinzen Vollkommenheit in heldenhaften Tugenden erlangt haben, er für einen der bedeutendsten gehalten werden muß. Deshalb trugt Ihr mir auf, mich sehr ernsthaft zu bemühen, die

Art und Weise kennenzulernen, die er stets in seinem Leben bei der Durchführung seiner Taten verwandte, und daß ich, sobald ich von allem ausreichende Kenntnis erlangt habe, mich damit beschäftigen solle, es auf die mir bestmögliche Weise niederzuschreiben, wobei Ihr mir noch einen Ausspruch des Túlio[2]) anführtet, der besagt, daß es für den Menschen nicht genügt, eine gute Sache nur zu tun, sondern daß sie auch gut durchgeführt werden muß; denn es schien Euch, es wäre ein Fehler, wenn von einem derart heiligen und so tugendhaften Leben kein Beispiel bewahrt werden sollte; und das wäre nicht nur für die Fürsten ein Nachteil, welche nach Euch über diese Reiche verfügen werden, sondern für alle anderen in dieser Welt, die vermittels der Schrift Kenntnis erhalten könnten und wodurch die Einheimischen Grund haben würden, das Grabmal des Infanten kennenzulernen und dadurch heilige Opfer zur Mehrung seines Ruhmes fortzusetzen, und die Fremden würden seinen Namen vor Augen haben und ihn im Angedenken preisen.

Und da ich weiß, daß ich, indem ich Euren Befehl ausführe, nicht so sehr Euch einen Dienst erweise, als vielmehr mir selbst Gutes tue, habe ich mich ohne ein weiteres Wort der Arbeit unterzogen.

Aber, Herr, nachdem ich sie begonnen habe, sah ich, daß es ein Fehler war, mich auf etwas einzulassen, wovon ich nicht viel verstand, denn schwachen Gliedern erscheint eine geringe Last schwer. Indessen, Herr, indem ich mich mit jenem Willen bemühte, der guten Dienern schwere Dinge leicht und einfach auszuführen erscheinen läßt, strengte ich mich an, die Sache so gut zu Ende zu bringen, als ich konnte; obwohl ich Euch gestehe, daß ich nicht so viel Eifer für mein Tun aufwandte, wie es nötig gewesen wäre, da mir während des Verlaufes der Arbeit andere Verpflichtungen erwuchsen.

Nun, unter diesen Bedingungen sende ich das Werk an Euer Gnaden, und wenn ich weiß, daß es Euch Freude bereitet, so wird mir das ein großer Lohn für meine Bemühungen sein. Jedoch, Herr, der heilige Hieronymus hielt in einer Epistel fest, daß derjenige, der schreibt, viele Richter erhält; wo aber viele sind, entsteht Verwirrung sowohl des Verständnisses als auch der Wünsche (und es gibt einige, die glauben, daß die schlechten Taten aus Neid und Mißgunst aufgeschrieben werden, während das, was man über die Tugend und den Ruhm der guten Taten sagt, wenn irgendeine Sache geschieht, bei der es zutrifft, leicht für Lüge gehalten wird, wie Sallust am Beginn seines Catilinário[3]) ausruft). Wenn nun jene, die meine Arbeit tadeln möchten, nicht die ausreichende Kenntnis oder Autorität haben sollten, dann gestattet nicht, daß das Werk dennoch verdammt werde, denn obgleich sie in ihm so hohe Tugenden beschrieben sehen, die für einen sterblichen Körper unglaubhaft scheinen, sollten sie doch wissen, daß manchmal der Mangel an Kenntnis dasjenige schwierig erscheinen läßt, was für Erfahrene einfach und leicht zu bewerkstelligen ist.

Jedoch, höchster und vortrefflichster Fürst, diese Dinge berühren Euch nicht, da der, welcher um fremde Taten weiß, sie im allgemeinen nicht für einfach hält; und deshalb gilt das Sprichwort: Wenn die gute Absicht besteht, zieht das Urteil stets den günstigeren Schluß.

Und Gott, der die Welt leitet und regiert, möge Euch vor Gefahr und Schande bewahren und Euer Leben, Euren hohen Stand mit Ehre, Gesundheit, Reichtum und Freude erfüllen. Amen.

Geschrieben in Lissabon, 23. Februar
1453

Zweites Kapitel

IN DEM VON DER HERKUNFT DES INFANTEN D. HENRIQUE BERICHTET WIRD.

Zwei Gründe veranlassen mich, im vorliegenden Kapitel von der Abstammung dieses edlen Prinzen zu sprechen.

Einmal, weil ein langer Zeitraum die wahre Kenntnis vergangener Dinge aus der Erinnerung verdrängt, und sie würden für unser gesamtes Wissen im dunkeln bleiben, führte sie uns nicht das geschriebene Wort vor Augen. Und wenn ich mich hinsetze, um diese Darstellung des Vorliegenden für die niederzuschreiben, die kommen werden, so kann ich nicht fortfahren und dabei die Vornehmheit einer derart hohen Abkunft verschweigen (obwohl dieses Buch einen eigenen Band haben wird), denn es könnte geschehen, daß diejenigen, welche das Buch lesen, die übrigen Teile nicht kennen. Aber die Erwähnung wird kurz sein, damit ich mich nicht zu weit von meinem eigentlichen Vorhaben entferne.

Zweitens wollen wir nicht die ganze Tugend auf einen einzigen Punkt konzentrieren, sondern auch die ersten Vorfahren mit einem gewissen Anteil bedenken (denn es ist sicher, daß der Adel einer Linie, die von einem ihrer Abkömmlinge sehr geachtet wird, zu Tapferkeit zwingt und das Herz anspornt, große Taten zu vollbringen – und das häufig, um Schüchternheit zu überwinden oder auf irgendeine Weise Vortrefflichkeit zu erlangen).

Und deshalb sollt Ihr wissen, daß der König D.João, der zehnte König von Portugal (jener, welcher in der großen Schlacht von Aljubarrota[4]) siegte und die sehr bedeutende Stadt Ceuta in afrikanischen Landen einnahm), mit D. Filipa, der Tochter des Herzogs von Lancaster und Schwester König Heinrichs von England, verheiratet war; von ihr hatte er sechs eheliche Kinder, nämlich fünf Infanten und eine Infantin, die später Herzogin von Burgund wurde (und einige lasse ich weg, die schon in frühen Jahren ihr Ende fanden). Von diesen Kindern war Henrique das dritte. Und so umfaßt und enthält, neben den Vorfahren des Vaters und der Mutter, die Herkunft dieses einen das edelste und höchste Blut der Christenheit. Und er war auch der Bruder des Königs D. Duarte[5)] und Onkel des Königs D. Afonso, Könige, welche nach dem Tode D. Joãos in Portugal regierten.

Und dies alles streife ich, wie ich schon sagte, nur kurz, denn wollte ich es weiter ausführen, würde das so viele Themen berühren, daß durch jedes einzelne von ihnen, selbst wenn ich nur das Wesentlichste verfolgte, eine große Verzögerung eintreten würde und ich spät zum eigentlichen Anfang käme.

Drittes Kapitel

IN DEM FÜNF GRÜNDE ANGEFÜHRT WERDEN, DIE DEN HERRN INFANTEN BEWOGEN, DIE LANDE VON GUINEA SUCHEN ZU LASSEN.

Wir glauben, daß wir irgendeinen Vorgang verstehen, wenn wir seinen Urheber und den Zweck, der jenen eine derartige Tat setzen ließ, kennen. Und nachdem wir in den vorangegangenen Kapiteln den Herrn Infanten zum hauptsächlichen Verantwortlichen für diese Unternehmungen erklärt haben, indem wir Euch eine so klare Kenntnis[6]) über ihn vermittelten, wie wir nur konnten, so wollen wir nun in dem vorliegenden Kapitel die Gründe kennenlernen, die ihn veranlaßten, diese Taten zu vollbringen.

Und Ihr sollt stets bedenken, daß der Adel dieses Prinzen ihn aus einem natürlichen Zwang heraus immer dazu rief, große Taten zu beginnen und zu vollenden, weshalb er auch nach der Einnahme von Ceuta fortwährend bewaffnete Schiffe gegen die Ungläubigen sandte. Und das auch, weil er den Wunsch hatte, das Land, welches unterhalb der Kanarischen Inseln lag, und ein Kap, das Bojador genannt wurde, kennenzulernen, denn niemandem war bis zu jener Zeit, weder durch Schriften noch durch Berichte, Genaues über die Eigenschaften des Landes jenseits besagten Kaps bekannt.

Einige behaupteten zwar, daß Sankt Brandanus[7]) dort gewesen sei, andere meinten, daß zwei Galeeren nach dem Land aufgebrochen, aber nie mehr zurückgekehrt seien.[8]) Daß dies zutreffen könnte, glauben wir jedoch auf keinen Fall, denn es ist kaum anzunehmen, daß, wenn besagte Galeeren dort hingefahren wären, sich nicht irgendwelche anderen Schiffe dafür interessiert hätten, um etwas über die Reise zu erfahren. Und weil dieser Herr über all das die Wahrheit wissen wollte – denn es schien ihm, würde nicht er oder irgendein anderer Herr sich befleißigen, sie in Erfahrung zu bringen, daß sich weder Seefahrer noch Kaufleute je damit befassen würden (denn es steht fest, daß keiner von jenen zur See fährt, wenn es sich nicht um einen Ort handelt, an dem er Nutzen zu gewärtigen hat), und er sah auch, daß kein anderer Fürst sich mit dieser Sache beschäftigte –, da schickte er seine Schiffe nach jenen Ländern aus, um über all dies eindeutige Sicherheit zu erlangen; und dazu fühlte er sich bewogen, um Gott zu dienen und König D. Duarte, seinem Herrn und Bruder, der zu jener Zeit regierte.

Das also war der erste Grund für seine Unternehmungen.

Der zweite war, daß er dachte, wenn sich in jenen Ländern irgendeine christliche Bevölkerung befände oder es irgendwelche Häfen gäbe, die man ohne Gefahr anlaufen könnte, dann ließen sich viele Waren, die einen guten Absatz finden würden, in das hiesige Reich holen, und das mit Recht, denn mit jenen Menschen handelten keine anderen Personen aus diesen Landesteilen noch aus weiteren, die bekannt gewesen wären; und man könnte auch die Waren, die es im eigenen Reich gab, dorthin liefern, wobei dieser Handelsverkehr einen großen Nutzen für die Landsleute darstellen würde.

Was den dritten Grund betrifft, so behauptete man, die Macht der Mauren jener Länder Afrikas sei erheblich größer, als allgemein angenommen werde, und daß es unter ihnen keinerlei Christen gäbe noch irgendein anderes Geschlecht. Und weil jede Vernunft aus einer angeborenen Vorsicht oder Klugheit heraus gezwungen ist, die Mächtigkeit ihres Feindes zu kennen, bemühte sich besagter Herr, all das in Erfahrung bringen zu lassen, um genau zu wissen, bis wohin die Macht jener Ungläubigen reiche.

Beim vierten Grunde handelt es sich darum, daß er in den 31 Jahren, während der er die Mauren bekämpfte, nie einen christlichen König noch sonst einen Herrn von außerhalb dieses Landes fand, der um der Liebe unseres Herrn Jesus Christus willen ihm in besagtem Kampfe beigestanden wäre. Er wollte wissen, ob sich in jenen Gebieten christliche Fürsten aufhielten, in denen die Nächstenliebe und Verehrung Christi so stark wären, daß sie ihn gegen jene Feinde des Glaubens unterstützen würden.

Der fünfte Grund war der große Wunsch, den Heiligen Glauben an unseren Herrn Jesus Christus zu mehren und ihm alle Seelen, die sich retten wollten, zuzuführen, weil er wußte, daß das Mysterium der Fleischwerdung, des Todes und der Leiden unseres Herrn Jesus Christus zu folgendem Zweck vollbracht worden war, nämlich zur Erlösung der verlorenen Seelen; und diese wollte besagter Herr mit seinen Bemühungen und seinen Ausgaben auf den rechten Weg führen, da er wußte, daß man dem Herrn kein größeres Geschenk machen kann.

Und wenn Gott 100 gute Taten für eine versprach, dann ist es nur billig, wenn wir annehmen, daß dieser Herr all die guten Werke – wobei ich mich auf die Seelen beziehe, die durch ihn gerettet wurden – im Reiche Gottes so hundertfältig entlohnt erhalten wird, daß seine Seele, nach diesem Leben, im Himmelreich als selig vermutet werden kann.

Denn ich, der ich diese Geschichte geschrieben habe, sah so viele Männer und Frauen aus jenen Gegenden sich dem Heiligen Glauben zuwenden, daß, selbst wenn dieser Prinz ein Heide wäre, die Gebete jener ausreichen würden, um ihm die Erlösung zu bringen. Und nicht nur diese habe ich gesehen, sondern auch ihre Söhne und Enkel, die derart innige und wahrhaftige Christen waren, daß man meinen konnte, die göttliche Gnade habe sie erleuchtet, um ihnen ein deutliches Bild ihrer selbst zu geben.

Aber für wichtiger als diese fünf Gründe halte ich den sechsten, der mir die Wurzel zu sein scheint, aus der alle übrigen entspringen, und damit meine ich den Stand der Gestirne. Denn (wie ich vor kurzem in einem Brief sagte, den ich an den Herrn König sandte), wenn auch geschrieben steht, daß der gelehrte Mensch sich der Sterne bemächtigt hat und die Laufbahnen der Planeten – nach genauer Berechnung der heiligen Doktoren – den guten Menschen nicht beeinflussen können, so steht es dennoch fest, daß sie im Mysterium Gottes, unseres Herrn, befohlene Körper sind, die nach gewissen Regeln und zu verschiedenartigen Zwecken kreisen, welche durch Seine Gnade den Menschen enthüllt wurden und durch deren Einfluß die niedrigeren Wesen gewisse Leidenschaften entwickeln. Und, um als Katholiken zu sprechen, wenn es so ist, daß die widrigen Vorherbestimmungen der Gestirne – natürlich durch göttlichen Ratschluß – stören können, dann ist es noch viel verständlicher, wenn jene, welche zum Nutzen vorbestimmt sein sollten, aus demselben Ratschluß heraus nicht nur ihren Lauf nehmen, sondern sich auch noch mehren werden. Und deshalb will ich Euch hier aufschreiben, wie sich dieser ehrenhafte Prinz durch den Antrieb des natürlichen Einflusses diesen Dingen zuwandte.

Es kommt daher, daß sein Aszendent Aries war, was das Haus des Mars und aufsteigende Sonne bedeutet, wobei der Herrscher des Widderzeichens sich im 11. Haus, begleitet von der Sonne, befindet. Und da ja besagter Mars im Wassermann stand (was das Taghaus des Saturn und das Haus der Hoffnung bezeichnet), zeigte das an, daß dieser Herr sich um große und schwierige Eroberungen bemühen würde und besonders darum, Dinge zu suchen, die anderen Menschen verborgen und geheim waren (gemäß der Qualität des Saturn, in dessen Haus er steht). Und nachdem er von der Sonne begleitet wird, wie ich schon sagte, und die Sonne sich im Jupiter befindet, bedeutete es, daß die gesamte Lebensweise des Infanten und all seine Errungenschaften ehrlich durchgeführt und zur Freude seines Königs und Herrn sein würden.

Viertes Kapitel

AUS WELCHEM GRUNDE DIE SCHIFFE NICHT WAGTEN, ÜBER DAS KAP BOJADOR HINAUSZUSEGELN.

Nachdem nun der Infant diesen Entschluß gefaßt hatte, zufolge der Gründe, die Ihr schon gehört habt, begann er seine Schiffe und Leute auszusenden, welche die Dringlichkeit der Sache erforderte, aber Ihr sollt wissen, daß, obwohl er sie viele Male dorthin schickte und außerdem Männer sandte, die aufgrund großer Taten im Waffenhandwerk bei den anderen einen vortrefflichen Namen besaßen, nie einer unter ihnen war, der gewagt hätte, über jenes Kap Bojador hinauszufahren, um das Land jenseits davon kennenzulernen, wie es der Infant wünschte. Und das, um die Wahrheit zu sagen, geschah nicht aus Mangel an Mut oder gutem Willen, sondern wegen der Neuheit der Unternehmung, wobei noch ein allgemeines und altes Gerücht hinzukam, das schon, wie ein Erbe über Generationen hinweg, unter den Seefahrern von Spanien herrschte. Und selbst wenn es ein Irrtum sein sollte, so bestand doch, weil der Versuch einer derartigen Sache mit dem nachfolgenden Schaden bedroht war, ein großer Zweifel, wer der erste sein würde, der sein Leben einem solchen Wagnis aussetzen wollte.

»Wie sollen wir«, sagten sie, »die Grenzen überschreiten, die unsere Väter gezogen haben, und welchen Nutzen kann dem Infanten der Verlust unserer Seelen und damit unserer Leben bringen, denn bekanntermaßen würden wir Mörder unser selbst sein. Ist es ein Zufall, daß es in ganz Spanien[9]) keine anderen Fürsten oder Herren gegeben hat, die so begierig nach diesem Wissen gewesen wären wie der Infant, unser Herr?«

Gewiß ist nicht anzunehmen, daß unter so vielen und so edlen Herren, die derart große und bedeutende Taten ihrem Andenken zu Ehren gesetzt hatten, kein einziger gewesen sein sollte, der sich nicht an diese Sache gewagt hätte. Aber nachdem sie von der Gefahr überzeugt waren und keine Hoffnung und keinen Erfolg zu haben glaubten, standen sie davon ab, es zu tun.

»Es ist sicher«, sagten die Seefahrer, »daß es unterhalb dieses Kaps weder Menschen noch irgendeine Siedlung gibt; das Land ist nicht weniger sandig als die Wüsten Libyens[10]), wo es kein Wasser, keine Bäume noch grünes Gras gibt; und das Meer ist so seicht, daß es eine Légua vom Land entfernt nicht mehr als ein Faden tief ist. Die Strömungen sind derartig stark, daß ein Schiff, welches sie durchfahren würde, nie mehr zurückkehren könnte. Und deshalb haben sich unsere Vorfahren nie darum bemüht, es zu passieren. Und zweifellos lag es nicht an ihrer Unkenntnis, wenn sie das Kap nicht in den Seekarten eintragen konnten, nach denen man sich auf allen Meeren richtet, die von Menschen befahren werden können.«

Nun, was denkt Ihr wohl, welcher Schiffskapitän, dem solche Zweifel vorgebracht werden (und noch dazu von Männern, denen man in diesen Dingen Glauben schenken und Autorität zuerkennen mußte), würde es wagen, eine so große Dreistigkeit zu begehen, wenn ihn der sichere Tod erwartete, wie man es ihm vor Augen führte?

»O Jungfrau Themis«, sagt der Autor, »die du unter den neun Musen des Berges Parnaß ein besonderes Vorrecht hattest, die Geheimnisse der Höhle des Apoll zu erforschen: ich zweifle, ob deine Furcht, die Füße auf jene heilige Stelle zu setzen, wo dich die göttlichen Offenbarungen nahezu an den Rand des Todes brachten, so groß war wie die Furcht jener, die nicht nur von der Angst bedroht waren, sondern auch von ihrer Unwissenheit.« Und dieser schwere Irrtum war Grund für riesige Auslagen, denn zwölf Jahre lang verharrte der Infant in jener Bemühung und schickte Jahr für Jahr mit hohem Einsatz seiner eigenen Mittel Schiffe, auf denen sich nie jemand fand, der diese Fahrt gewagt hätte, zu jenem Punkt.

Natürlich kamen sie nicht ohne Ehre zurück, denn um wieder gutzumachen, was sie versäumten, wenn sie den Befehl ihres Herrn nicht vollständig ausführten, fuhren einige an der Küste von Granada[11]) entlang, andere kreuzten im östlichen Mittelmeer, bis sie bei den Ungläubigen reiche Beute machten, mit der sie ehrenvoll in dieses Reich zurückkehrten.

Fünftes Kapitel

WIE GIL EANES, AUS LAGOS GEBOREN, ALS ERSTER DAS KAP BOJADOR UMRUNDETE, UND WIE ER NOCH EINMAL DORTHIN ZURÜCKKEHRTE, MIT IHM AFONSO GONÇALVES BALDAIA.

Mit großer Geduld empfing der Infant stets jene, welche er auf diese Weise als Kapitäne seiner Schiffe ausgesandt hatte, um jenes Land zu suchen, ohne sie je für ihr Unvermögen zu tadeln. Im Gegenteil, mit liebenswürdiger Aufmerksamkeit hörte er sich ihre Erlebnisse an und erwies ihnen jene Gnaden, die er denen stets zu erweisen pflegte, die ihm treu dienten. Und diese oder andere hervorragende Männer von seinem Hofe schickte er gleich wieder mit seinen bewaffneten Schiffen hinaus, wobei er jedesmal die Ladung vergrößerte und das Versprechen auf höheren Lohn gab, wenn sie bei dieser Fahrt weiter kämen als die vorherigen, damit er endlich etwas Klarheit über diese Frage erlange.

Und schließlich, nach zwölf Jahren, ließ der Infant ein Schiff ausrüsten, zu dessen Kapitän er einen gewissen Gil Eanes, seinen Schildknappen, machte (welchen er später zum Ritter schlug und sehr freundlich bei sich aufnahm), der, als er die Route der anderen einschlug, von jener gleichen Angst befallen wurde und deshalb nicht weiter als bis zu den Kanarischen Inseln kam, von wo er eine gewisse Anzahl an Gefangenen mitnahm, mit denen er in das Königreich zurückkehrte. Und das geschah im Jahre des Herrn 1433.

Aber gleich im darauffolgenden Jahr ließ der Infant besagtes Schiff neuerlich ausrüsten. Und indem er Gil Eanes zu sich rief, legte er ihm nahe, daß er sich dennoch bemühen solle, jenes Kap zu passieren, und daß, wenn er auf dieser Fahrt nichts sonst täte, er diese Tat für ausreichend halten würde.

»Ihr könnt«, sagte der Infant, »auf keine so große Gefahr stoßen, daß nicht der zu erwartende Lohn viel größer wäre. Und wahrhaftig, ich wundere mich, was das für ein Wahn sein soll, daß Ihr alle durch eine Sache von so geringer Wahrscheinlichkeit gefesselt seid. Denn selbst wenn die Dinge, die erzählt werden, eine gewisse Macht hätten, so gering sie wohl auch sein würde, ich könnte nicht Euch die Schuld geben. Aber Ihr wollt mir erzählen, daß Ihr durch die Meinung von vier Seefahrern zurückgehalten werdet, welche, nachdem sie von der flandrischen Route oder aus anderen Häfen, die sie für gewöhnlich ansteuern, geholt wurden, weder mit einem Kompaß noch mit einer Seekarte umzugehen wissen.[12]) Deshalb fahret dennoch und fürchtet deren Meinung nicht, denn indem Ihr Eure Fahrt macht, könnt Ihr mit Gottes Gnade nichts anderes als Ehre und Nutzen davon mitbringen.«

Der Infant war ein Mann von hohem Ansehen, weshalb seine Ermahnungen, so ruhig sie auch ausgesprochen wurden, für die Vernünftigen eine große Verpflichtung darstellten, wie es sich bei dem zeigte, der nach diesen Worten in seinem Geiste beschloß, nicht mehr vor seinen Herrn zu treten, ohne einen genauen Bescheid über jene Dinge zu bringen, um derentwillen dieser ihn aussandte. Was er auch tatsächlich machte, denn bei seiner Reise, auf der er jegliche Gefahr geringschätzte, umrundete er das Kap, wo er die Dinge vollständig anders vorfand, als er und die übrigen bislang vermutet hatten.

Und selbst wenn auch die Unternehmung, was die Mühsal betrifft, minder gewesen sein sollte, so wurde sie allein aufgrund der Verwegenheit für bedeutend angesehen. Denn wenngleich der erste, der in die Nähe jenes Kaps kam, ebensoviel geleistet hätte, dann wäre ihm das nicht derart belobt und gedankt worden; aber je schrecklicher die Gefährlichkeit der Sache von den anderen dargestellt wurde, desto größere Ehrfurcht wurde dem Wagemut dieses Mannes nun gezollt.

Wenn das Erlebnis des Gil Eanes ihm einen wesentlichen Ruhm einbrachte, dann darf das ohne weiteres auf die Worte, die der Infant vor seiner Abfahrt zu ihm sprach, zurückgeführt werden, die bei seiner Ankunft reichlich unter Beweis gestellt wurden, denn der Infant empfing ihn auf das beste und nicht ohne einen vorteilhaften Zuwachs für seine Ehre und sein Vermögen.

Daraufhin teilte er ihm die ganze Angelegenheit mit, wie sie sich zugetragen hatte, und erzählte ihm, wie er befahl, das Beiboot hinabzulassen, in welchem er an Land ging, wo er weder irgendwelche Leute noch Anzeichen einer Siedlung fand.

»Und weil mir schien, Herr«, sagte Gil Eanes, »daß ich irgendeinen Beweis von dem Land mitbringen müsse, nachdem ich es betreten habe, pflückte ich diese Pflanzen, die ich Euer Gnaden hier überreiche und welche wir in diesem Königreich Rosen der Heiligen Maria nennen.«

Nachdem auf diese Weise der Bericht über seine Fahrt beendet war, ließ der Infant ein *barinel* ausrüsten, über das er Afonso Gonçalves Baldaia, seinem Mundschenk, den Oberbefehl gab, und ebenso verfuhr er mit Gil Eanes und dessen Schiff, wobei er ihnen auftrug, daß sie noch einmal dorthin zurückfahren sollten, was sie auch wirklich taten.

Und sie segelten 50 Léguas über das Kap hinaus, wo sie ein Land ohne Behausungen, aber Spuren von Menschen und Kamelen vorfanden.

Und weil es ihnen entweder so befohlen war, oder weil es sich um eine Notwendigkeit handelte, kehrten sie mit dieser Nachricht zurück, ohne irgendeine andere Sache zu unternehmen, die des Erzählens wert wäre.

Sechstes Kapitel

WIE AFONSO GONÇALVES BALDAIA DEN RIO DO OURO ERREICHTE.

»Nun«, sagte der Infant zu jenem Afonso Gonçalves Baldaia, »nachdem Ihr Spuren von Menschen und Kamelen entdeckt habt, scheint es wohl, daß sich die Ansiedlung nicht weit davon entfernt befindet oder daß es sich möglicherweise um Leute handelt, die mit ihren Waren dort vorbei zu irgendeinem Meereshafen ziehen, wo man sicher ankern kann und die Schiffe ihre Ladung nehmen. Wenn es also Menschen sind, so wild sie auch sein mögen, dann müssen sie sich mit den Angelegenheiten des Meeres beschäftigen, zum mindesten mit Fischerei, und um so mehr jene, die im Landesinneren leben. Deshalb ist meine Absicht, Euch noch einmal im selben *barinel* dorthin zu schikken. Und damit Ihr mir einen Dienst erweist, wie auch um Eure Ehre zu mehren, beauftrage ich Euch, daß Ihr so weit, als nur möglich, gelangt und daß Ihr Euch bemüht, deren Sprache kennenzulernen, indem Ihr irgendeinen gefangennehmt, von dem Ihr sie mit Sicherheit erfahren könnt, denn es wäre, wenn es nach meinem Wunsche ginge, keine geringe Sache, eine Person zu haben, durch die sich dieses Wissen erlangen ließe.«

Das Schiff, auf dem Afonso Gonçalves nicht ohne den großen Wunsch, den Willen des Infanten zu erfüllen, abfuhr, war unverzüglich bereit.

Und indem sie ihrer Route folgten, kamen sie 70 Léguas über jene Stelle hinaus, an der sie das vorhergehende Mal gewesen waren, was 120 Léguas vom Kap entfernt bedeutete, und dort fanden sie eine Mündung wie von einem reißenden Strom, in welcher es viele gute Ankerplätze gab und deren Einfahrt acht Léguas weit ins Land hineinreichte, wo sie ihre Anker setzten.

Weil sich unter den Dingen, die Afonso Gonçalves mit

sich führte, auch zwei Pferde befanden, die der Infant ihm mitgegeben hatte, daß er auf ihnen zwei Knappen ausschicke, ließ er diese Pferde gleich an Land bringen. Und bevor irgend jemand anderer das Schiff verlassen hätte, befahl er den Knappen, jene Pferde zu besteigen und so weit ins Land hineinzureiten, als es ihnen nur möglich wäre, wobei sie nach allen Seiten hin gut Ausschau halten sollten, ob sie eine Siedlung oder Leute, die auf irgendeinem Pfade dahinziehen, erspähten. Und damit sie selbst und die Pferde weniger Mühe hätten, befahl er, daß sie keinerlei Waffen zur Verteidigung mitnehmen sollten, sondern nur ihre Lanzen und Schwerter, um anzugreifen, wenn es nötig sein sollte. Denn wenn sie auf Leute stießen und diese gefangennehmen wollten, dann würden die Hufe der Pferde ihre hauptsächlichste Hilfe darstellen, es sei denn, sie träfen einen einzelnen allein an, dessen sie ohne eigene Gefahr habhaft werden könnten.

Und bei der Inangriffnahme dieser Aufgabe zeigten jene Knappen deutlich, was für Männer sie späterhin sein würden; denn da sie so weit von ihrer Heimat entfernt waren, wußten sie weder, auf welche noch auf wieviel Leute sie stoßen würden. Oder sie hatten zumindest wilde Tiere zu fürchten, durch deren schreckliches Gebaren sie aufgehalten werden konnten (und das wegen ihres zarten Alters, denn sie waren beide kaum älter als 17 Jahre).

Jedoch wurde all dies hintangesetzt; mutig machten sie sich auf den Weg und ritten sieben Léguas jenen Fluß entlang, bis sie auf 19 Männer trafen, die alle in einem Haufen beisammenstanden und außer ihren Speeren weder Angriffs- noch Verteidigungswaffen trugen. Und sobald die Knappen jene erblickten, sprengten sie mit großer Kühnheit auf sie zu. Aber diese unbekannten Leute, so viele sie auch waren, besaßen nicht den Mut, auf offenem Felde mit ihnen zusammenzutreffen, sondern zogen sich zur Sicherheit hinter einige Felsblöcke zurück, wo sie eine ganze Weile mit den Knappen kämpften. Und während ihr

Kampf andauerte, wurde einer jener Knappen am Fuß verletzt. Aber diese Wunde, so unbedeutend sie auch war, blieb nicht ungerächt, denn sie verletzten gleicherweise einen der Gegner. Und so verharrten sie in ihrem Streite, bis die Sonne die Zeichen der Nacht anzukündigen begann, worauf sie zu ihrem Schiff zurückkehrten. Und ich glaube fest, daß der Verlust im Kampf nicht so gering geblieben wäre, wenn sich die Feinde auf offenem Felde befunden hätten.

Jener, der diese Geschichte niederschreibt, überlegt hier nun zwei Dinge. Das erste ist: Was für eine Vorstellung muß es im Denken jener Männer verursacht haben, als sie eine derartige Neuigkeit, nämlich zwei so beherzte Knaben, erblickten, die von völlig anderer Hautfarbe und anderem Aussehen als sie selbst waren? Oder was mochten sie glauben, wer sie dorthin gebracht hatte, und das noch dazu auf Pferden, mit Lanzen und Schwertern ausgerüstet, welches Waffen sind, die keiner von ihnen je zuvor gesehen hatte? Wahrlich, ich vermute, die Ängstlichkeit ihrer Herzen war nicht so beträchtlich, daß sie nicht mit größerer Kühnheit gegen jene gekämpft hätten, wäre die Verblüffung über das Unbekannte weggefallen.

Die zweite Sache betrifft den Mut der beiden Jünglinge, die sich in einem fremden Land, fern der Hilfe ihrer Gefährten befanden und das Wagnis eingingen, eine so große Zahl von Leuten anzugreifen, über deren Art der Kriegsführung sie gar nichts wußten.

Einen der Knappen habe ich später kennengelernt, als er ein edler Fidalgo und äußerst tapferer Kriegsmann war. Er hieß Heitor Homem, und in der Chronik des Reiches könnt ihr ihn als oft erprobt in großen Taten finden. Den anderen nannten sie Diogo Lopes de Almeida, auch er ein hervorragender Mann, wie ich von einigen erfuhr, die ihn kannten.

Sie setzten also ihren Weg zum Schiff fort, wie wir bereits erzählten, wo sie gegen Morgen ankamen und sich eine kleine Ruhepause gönnten.

Kaum wurde es hell, da ließ Afonso Gonçalves sein Boot rüsten, das er mit einigen der Leute bestieg. Und indem er jenen Fluß hinauffuhr, während er die Knappen mit den Pferden an Land schickte, kam er an den Ort, an welchem die Mauren anderntags gewesen waren, und er hatte die Absicht, mit ihnen zu kämpfen und irgendeinen gefangenzunehmen. Aber seine Mühe blieb vergeblich, denn der Schrecken war so groß gewesen, daß sie, obwohl die Knappen abgezogen waren, fürchterliche Angst bekommen hatten, weshalb sie geflüchtet waren und dabei den Großteil ihrer armseligen Habe zurückgelassen hatten, womit nun Afonso Gonçalves das Boot belud, um dies als Zeugnis für seine Bemühungen zu verwenden. Und da er merkte, daß es keinen Nutzen brächte, weiter vorzudringen, kehrte er zu seinem Schiff zurück.

Als er auf einer Sandbank, die sich in der Mündung des Flusses befand, eine riesige Anzahl von Seehunden[13]) erblickte (nach der Schätzung einiger sollen es nahezu 5000 gewesen sein), ließ er soviel als möglich töten und sein Schiff mit ihren Fellen beladen; und da sie sich leicht töten ließen, wurde unter den Seehunden ein großes Gemetzel angerichtet.

Trotz alledem war Afonso Gonçalves nicht zufrieden, da er keinen jener Mauren gefangengenommen hatte. Deshalb segelte er noch 50 Léguas weiter, um zu sehen, ob er nicht irgendwo einen Mann oder vielleicht auch eine Frau oder ein Kind fangen könnte, um den Wunsch seines Herrn zu erfüllen.

So setzte er seine Reise fort, bis er eine Landspitze erreichte, auf der sich ein Felsen befand, welcher aus der Ferne wie eine Galeere aussah, weshalb auch von da an jener Hafen Porto da Galé, Galeerenhafen, genannt wurde. Dort gingen sie an Land, wo sie Netze entdeckten, die sie aufs Schiff brachten. Und hier könnt Ihr eine für uns, die wir in diesem Spanien leben, völlig neue Sache kennenlernen: es ist das Gespinst, aus dem jene Netze gefertigt waren und bei dem es sich um die Rinde eines Baumes handelte, die derart beschaffen war, daß man sie ohne weiteres Gerben oder Hinzufügen von Flachs bestens spinnen und daraus Netze oder jegliches andere Tauwerk machen konnte.

Von dort kehrte Afonso Gonçalves nach Portugal zurück, ohne völlige Klarheit darüber erlangt zu haben, ob es sich bei jenen Menschen um Mauren oder um Heiden handelte, noch wovon oder auf welche Weise sie lebten.

Und das begab sich im Jahre unseres Herrn Jesus Christus 1436.

Siebtes Kapitel

ÜBER DIE DINGE, DIE IN DEN FOLGENDEN JAHREN GESCHAHEN.

In den folgenden Jahren finden wir keine bedeutenden Geschehnisse, die des Erzählens wert wären.

Zwei Schiffe nahmen noch einmal Kurs auf jene Gebiete, wobei jedes Fahrzeug jeweils für sich allein segelte; aber eines kehrte wegen schlechter Wetterbedingungen um, und das andre segelte nur bis zum Rio do Ouro, der Häute und des Fettes jener Seehunde wegen, und auch dieses Schiff kehrte ins Königreich zurück, sobald es seine Ladung aufgenommen hatte.

Und in diesem Jahr war der edle Infant gegen Tanger gezogen, weshalb er keine weiteren Schiffe nach jenen Landen senden konnte.

Und im Jahr 38[14]) schied der äußerst tugendhafte König D. Duarte am 9. September in Tomar von dieser Welt, durch dessen Tod sich im Reich sehr große Meinungsverschiedenheiten ergaben. Bei diesen war die Anwesenheit des Infanten so sehr vonnöten, daß er alle anderen Dinge vergaß, um in sämtlichen Gefahren und Schwierigkeiten, in denen das Land sich befand, zu helfen und beizustehen. Und das geschah, als König D. Afonso (der den Auftrag gab, diese Geschichte zu schreiben) im Alter von sechs Jahren war, und es empfahl sich, daß sowohl er als auch sein Reich durch einen Vormund gelenkt und regiert würden. Über dessen Herrschaft entstand großer Streit und Zank, und der Infant D. Henrique bemühte sich sehr, um Ruhe und Frieden zu bewahren, was Ihr ausführlicher in der Chronik über die Regierungszeit dieses Königs D. Afonso beschrieben finden werdet.

Und so fuhren aus den oben schon angegebenen Gründen in diesen Jahren keine Schiffe mehr über jenes Kap hinaus.

Zwar wurden im Jahre 40 zwei Karavellen ausgerüstet, mit dem Ziel, nach jenem Land zu fahren, aber da sie widrige Dinge erlebten, erzählen wir nicht mehr über ihre Reise.

Achtes Kapitel

WIE ANTÃO GONÇALVES DIE ERSTEN GEFANGENEN MACHTE.

Mir will bereits scheinen, daß ich mir selbst eine große Freude bereite, indem ich diese Geschichte erzähle, denn ich halte sie für etwas, durch das der Wunsch dieses unseres Prinzen in Erfüllung geht; und der Wunsch wird immer größer, je mehr die Dinge, für die er so lange gearbeitet hat, seinen Absichten näherkommen.

Deshalb will ich nun hier im vorliegenden Kapitel eine Neuigkeit von seiner mühevollen Aussaat berichten.

Im Jahre 441, als in den Angelegenheiten des Reiches bereits eine gewisse Ruhe eingetreten war (wenn auch noch keine besonders sichere), ließ der Infant ein kleines Schiff ausrüsten, zu dessen Kapitän er Antão Gonçalves, seinen Kämmerer, einen ziemlich jungen Mann, machte. Und der Zweck dieser Reise war, dem Befehl des Herrn nach, kein anderer, als jenes Schiff mit Fellen und dem Fett der Seehunde zu beladen, von denen wir schon in den vorangegangenen Kapiteln sprachen. Und es ist nicht daran zu zweifeln, daß der Infant ihm nicht denselben Befehl gegeben hat wie den anderen, denn da er noch sehr jung und seine Autorität gering war, mußte auch der Auftrag weniger schwierig sein, und folglich waren die Erwartungen bezüglich des Ergebnisses geringer.

Nachdem die Fahrt gemäß dem hauptsächlichen Befehl durchgeführt war, rief Antão Gonçalves Afonso Guterres (ebenfalls ein Kämmerer, der mit ihm fuhr) und auch die anderen, im ganzen 21 an der Zahl, zu sich und sprach auf diese Weise zu ihnen:

»Brüder und Freunde, wir haben unsere Ladung bereits an Bord, wie Ihr seht, womit die Hauptsache unseres Befehles ausgeführt ist, und wir könnten gut heimkehren, wenn wir nicht noch etwas über das hinaus tun wollten, was uns vorrangig aufgetragen wurde. Dennoch möchte ich von Euch anderen wissen, ob es Euch gut erschiene, wenn wir versuchten, eine Sache zu unternehmen, durch die jener, der uns hierher geschickt hat, etwas von unserem guten Willen erkennen könnte; denn mich dünkt es eine Schande, träten wir ihm wieder unter die Augen und hätten nur einen so geringen Dienst geleistet. Und in der Tat, ich denke, daß, wenn uns schon diese Verpflichtung nicht so sehr vom Infanten, unserem Herrn, auferlegt wurde, wir uns selbst in um so größerem Maße um sie bemühen sollten. Oh! Welch wundervolles Ereignis wäre es, würde es uns, die wir in dieses Land gekommen sind, damit wir eine so unbedeutende Ware laden, nun in unserem Glück gelingen, die ersten Gefangenen vor unseren Prinzen zu führen. Und ich will Euch sagen, was ich überlegt habe, auf daß Ihr mir raten könnt. Ich möchte nämlich in der kommenden Nacht mit jenen neun von Euch, die für das Unternehmen am besten geeignet sind, versuchen, an Land ein Stück den Fluß hinauf zu ziehen, um zu sehen, ob ich irgendwelche Leute aufspüren kann, da mir scheint, daß wir im Grunde etwas finden müßten. Denn es ist sicher, daß es hier Menschen gibt, die mit Kamelen und anderen Tieren, die ihre Lasten tragen, umherwandern. Der Hauptverkehrsweg dürfte auf das Meer hin gerichtet sein. Und weil sie von uns keinerlei Kenntnis haben, dürfte ihre Anzahl nicht so groß sein, daß wir nicht ihre Kräfte auf die Probe stellen könnten. Und wenn Gott uns auf sie treffen läßt, wird es sich um den kleineren Teil des Triumphes handeln, wenn wir irgendeinen gefangennehmen, denn der Infant, unser Herr, wird nicht wenig begeistert sein, wenn er durch jenen erfahren kann, wer und welcher Art die anderen Bewohner dieses Landes sind. Wie reichlich unser Lohn dafür ausfallen wird, werdet Ihr an den riesigen Ausgaben und Mühen ermessen können, die er in den vergangenen Jahren nur zu diesem Zweck aufgebracht hat.«

»Seht zu, was Ihr tut«, antworteten die anderen. »Aber

nachdem Ihr der Kapitän seid, ist es vonnöten, daß Euch in allem, was Ihr befehlt, Folge geleistet wird, und zwar nicht als dem Antão Gonçalves, der Ihr seid, sondern als unserem Herrn. Ihr könnt gewiß glauben, daß diejenigen unter uns, die beim Infanten erzogen wurden, den Wunsch und Willen haben, ihm zu dienen, selbst wenn sie ihr Leben in äußerste Gefahr bringen müßten. Deshalb scheint uns Eure Absicht gut zu sein, sofern Ihr uns nicht weiteren Schwierigkeiten aussetzen wollt, durch welche wir gefährdet werden könnten und der Dienst an unserem Herrn gering sein würde.«

Und schließlich entschieden sie, seinem Befehl zu gehorchen und ihm zu folgen, soweit sie nur konnten.

Und kaum brach die Nacht herein, da wählte Antão Gonçalves jene neun aus, die ihm am geeignetsten erschienen, und trat mit ihnen seinen Weg an, wie er es vorher beschlossen hatte.

Als sie sich ungefähr eine Légua weit vom Meer entfernt hatten, stießen sie auf einen Pfad, dem sie in der Hoffnung folgten, irgendwo auf einen Mann oder eine Frau zu treffen, die sie gefangennehmen könnten. Jedoch das sollte nicht der Fall sein, weshalb Antão Gonçalves den Vorschlag machte, weiterzugehen und ihre Absicht nicht aufzugeben, denn da sie schon einmal unterwegs waren, wäre es nicht günstig, zum Schiff zurückzukehren, ohne einen Erfolg erzielt zu haben.

Nachdem die anderen damit einverstanden waren, brachen sie wieder auf und drangen noch drei Léguas weiter ins Landesinnere vor, wo sie auf die Spuren von Männern und Kindern trafen, deren Anzahl sie auf 40 oder 50 schätzten und die in die entgegengesetzte Richtung von den Unseren gegangen waren.

Die Hitze war sehr groß, und ihretwegen wie auch wegen der Strapazen, die sie durchgemacht hatten, indem sie die Nacht durchwachten und die ganze Zeit gingen, und vor allem aufgrund des Mangels an Wasser, das es dort nicht gab, merkte Antão Gonçalves, daß die Müdigkeit seiner Leute schon beträchtlich war, was er auch gut aus seiner eigenen Erschöpfung schließen konnte.

»Freunde«, sagte er, »hier gibt es ansonsten nichts zu finden. Unsere Mühe ist groß, und der Nutzen scheint mir gering, was die Weiterverfolgung dieses Weges betrifft, denn diese Männer sind dorthin gegangen, von wo wir herkommen, und das Ratsamste wäre, wenn wir ihnen entgegengingen, denn es könnte sein, daß sich auf ihrem Rückweg einige von der Gruppe absondern. Oder aber wir überfallen sie dort, wo sie gerade eine Rast halten, und wenn wir mit großer Härte angreifen, wäre es möglich, daß sie flüchten, und wenn sie flüchten, dann gibt es vielleicht einen unter ihnen, der weniger behende ist und den wir uns gemäß unserer Absicht zunutze machen könnten; oder, was der größte Glücksfall wäre, wir treffen auf 14 oder 15, mit denen wir eine äußerst vorteilhafte Beute machen würden.«

Das war, was die Wünsche der anderen betraf, ein Vorschlag, an dem es nichts zu zweifeln gab, denn jeder von ihnen ersehnte genau dieses.

Indem sie sich wieder gegen das Meer hin aufmachten, erblickten sie nach kurzem Weg einen Mann, der hinter einem Kamel herging und zwei Speere in der Hand trug. Als die Unseren jenen nun verfolgten, da gab es keinen unter ihnen, der seine große Müdigkeit noch gefühlt hätte. Und obwohl der Mann allein war und sah, daß sich die anderen in der Überzahl befanden, wollte er dennoch beweisen, daß diese Waffen seiner würdig waren, und er begann sich zu verteidigen, so gut er konnte, wobei er sich stärker zu zeigen suchte, als seine Kräfte es zuließen. Afonso Guterres verletzte ihn mit einer Lanze, und weil durch diese Verwundung den Mauren Furcht befiel, warf er besiegt die Waffen von sich. Nachdem sie ihn nicht ohne große Freude gefangen hatten und weitermarschierten, sahen sie auf einem Hügel jene Leute, deren Spuren sie folgten und zu denen auch der gehörte, den sie gefangen mit sich führten. Wenn es nach ihrem Wunsch gegangen wäre, hätten sie sich ihnen gerne genähert. Aber die Sonne stand schon sehr tief, und sie waren müde. Deshalb beschlossen sie, zu ihrem Schiff zurückzukehren. Und wie sie so dahingingen, sahen sie eine Mohrin kommen, welche eine Dienerin derer war, die sich auf dem Hügel befanden. Und einige von ihnen rieten, sie gehen zu lassen, um nicht ein neuerliches Scharmützel zu beginnen (was ihnen in diesem Falle nicht wünschenswert erschien), denn sie befanden sich im Blickfeld der anderen, und die waren mehr als doppelt so viele wie sie selbst und würden wohl nicht derart feige sein, daß sie sich auf solche Weise etwas nehmen ließen, was ihnen gehörte.

Antão Gonçalves jedoch sagte, sie sollten sie angreifen, denn es konnte sein, daß die Gegner durch die Verachtung für solch eine Tat Mut fassen würden. Und Ihr seht schon: wenn die Stimme des Kapitäns unter seinen Leuten ertönt, pflegen diese dem nachzugeben, was vorrangig ist.

Mit ihrem Einverständnis wurde die Mohrin gefangen, woraufhin die vom Hügel ihr zu Hilfe eilen wollten; als sie aber sahen, daß die Unseren gerüstet waren, sie zu empfangen, da flüchteten sie sich nicht nur dorthin zurück, wo sie sich befunden hatten, sondern sie zogen auch in ein anderes Gebiet weiter und kehrten den Gegnern den Rücken.

Hiermit halten wir nun dieses Kapitel für beendet und lassen Antão Gonçalves ausruhen, bis wir ihn im nächsten Kapitel ehrenhaft zum Ritter schlagen werden.

Neuntes Kapitel

WIE NUNO TRISTÃO DORTHIN GELANGTE, WO SICH ANTÃO GONÇALVES BEFAND, UND WIE ER IHN ZUM RITTER SCHLUG.

Weil der Philosoph sagte, daß der Beginn einer Sache zwei Seiten habe, müssen wir diesem ehrenvollen Jüngling großes Lob für seine Tat zollen, die er mit solchem Wagemut ausführte, denn da er als erster im Zuge dieser Eroberung Beute machte, hatten alle anderen einen Vorteil davon, die später an ihr mitwirkten. Und schon bei den Römern war es Brauch (wie der heilige Augustinus in seinem Buch »De Civitate Dei« und Titus Livius in seinen »Décadas« schreiben), daß diejenigen, die als erste bei Schlachten jemanden verwundeten oder Befestigungsmauern einnahmen oder Schiffe enterten, daraufhin eine vorteilhafte Vergrößerung ihrer Ehre erfuhren, die sie dann am Tag des Triumphes als Zeugnis ihrer Tapferkeit entgegennahmen, wie Valerius ausführlicher in der »Summa«, die er von der Historia Romana machte, beschreibt.[15])

Und so erhielt Antão Gonçalves seine Ritterschaft, wie wir es gemäß unserem Vermögen in diesem Kapitel aufzeichnen. Und später werden wir ihm Pfründen des Christusordens geben, dessen Ordenskleid er anlegte und das ihn zum Sekretär dieses edlen und großen Prinzen machte. Und er mag wohl zufrieden sein, zur Erinnerung an seine Ehre, in diesem Band vermerkt zu stehen, dessen Inhalt immer, solange das Schrifttum unter den Menschen dauert, ein Zeugnis seiner Vortrefflichkeit darstellen wird.

Nun sollen wir erfahren, wie Nuno Tristão, ein junger, äußerst tapferer und wagemutiger Ritter, der von frühester Kindheit an am Hofe des Infanten erzogen worden war, zu jenem Ort kam, an dem sich Antão Gonçalves befand. Nuno Tristão führte eine bewaffnete Karavelle mit dem besonderen Auftrag seines Herrn, so weit als er nur könne, über den Porto da Galé hinauszufahren. Von dort aus solle er sich dann bemühen, auf irgendeine ihm nur mögliche Weise Eingeborene gefangenzunehmen. Und indem er so seine Fahrt machte, gelangte er dahin, wo Antão Gonçalves war.

Ihr könnt euch schon vorstellen, wie groß ihre Freude gewesen sein muß, nachdem sie beide aus demselben Reiche stammten und im selben Hause erzogen worden waren, und nun einander so fern der Heimat trafen und ihre Worte sprudeln ließen (denn es ist anzunehmen, daß beide sie reichlich gebrauchten, der eine, um Nachrichten über seinen Herrn, die Freunde und Bekannten zu erhalten, der andere, um alles über die Gefangennahme zu hören). Nuno Tristão sagte, daß ein »alarve«, den er bei sich hatte, und welcher ein Diener des Infanten, seines Herrn war, mit einem von jenen Gefangenen sprechen solle, um zu sehen, ob er ihre Sprache verstehe, und daß es, wenn sie einander verstünden, äußerst nützlich sein würde, um alles über den Stand und die Lebensbedingungen der Leute dieses Landes zu erfahren. Und so redeten alle drei miteinander. Aber die Sprachen waren eine von der anderen derart verschieden, daß sie einander nicht verstehen konnten.

Als Nuno Tristão sah, daß sich nicht mehr über die Art dieses Landes erfahren ließ, als was ihm Antão Gonçalves berichtet hatte, wollte er weitersegeln. Aber jener Ehrgeiz, den Sokrates bei den tugendhaften Jünglingen lobt, erfüllte sein Herz solcherart, daß er sehen wollte, ob er nicht noch vor den Augen jener eine überlegene Tat vollbringen könne.

»Wie nun!« rief er denen zu, die sich in seiner Begleitung befanden. »Sollten wir die jetzt in Richtung Portugal segeln lassen, ohne ihnen zuvor etwas von unseren Fähigkeiten zu beweisen? Ich versichere Euch, was mich betrifft, mir würde Schimpf widerfahren – nachdem ich den Ritterorden besitze –, wenn es mir hier nicht gelänge, eine noch reichere Beute zu machen, durch die der Herr Infant einen ersten Lohn für den ungeheuren Aufwand erlangen könnte.«

Daraufhin ließ er Antão Gonçalves und die Bedeutendsten unter denen, die er bei sich hatte, rufen, um ihnen seine Absichten darzulegen.

»Ihr, Freund Antão Gonçalves«, sagte er, »Ihr kennt den Wunsch des Infanten, unseres Herrn, dessentwegen er viele und bedeutende Ausgaben gemacht hat. Und bis jetzt, durch 15 Jahre hindurch, konnte er nie Gewißheit über die Menschen dieses Landes bekommen, und weder weiß er, nach welchem Gesetz noch unter wessen Herrschaft sie leben. Und obwohl Ihr auch diese zwei Seelen mitbringt, durch die er vielleicht etwas erfahren kann, läßt es sich nicht leugnen, daß es viel besser wäre, wenn wir bedeutend mehr mitbringen könnten. Denn abgesehen von dem Wissen, das der Infant durch sie erlangen wird, würde ihm Nutzen aus ihrer Knechtschaft oder aus Lösegeld erwachsen. Deshalb scheint es mir gut, wenn wir es folgendermaßen halten, nämlich: in der kommenden Nacht wählt Ihr zehn von Euren Mannen aus. Ich werde zehn weitere unter meinen wählen, und zwar jeweils von den besten, die ein jeder hat, und daraufhin wollen wir die suchen gehen, auf die Ihr gestoßen seid. Und nachdem Ihr sagt, daß es nicht mehr als 20 Krieger, sondern in der Hauptsache Frauen und Kinder seien, werden wir sie innerhalb kurzer Zeit alle fangen können. Sollten wir diese aber nicht finden, so treffen wir vielleicht auf andere, unter denen wir eine genauso große oder möglicherweise noch viel größere Beute machen können.«

»Ich glaube nicht«, sagte Antão Gonçalves, »daß unser Unternehmen erfolgreich sein wird, was die Suche nach denen betrifft, die wir gefunden haben, denn jener Ort ist ein nackter Hügel, auf dem sich weder Häuser noch Hütten befanden, von denen man annehmen könnte, daß sie darin Unterkunft finden würden, noch dazu wo wir sie fortgehen sahen wie Leute, die aus einer anderen Gegend hergekommen sind. Und das Schlimmste von all dem scheint mir, daß jene sämtliche anderen unterrichtet haben werden, und daß wir, während wir glauben sie zu fangen, statt dessen ihnen zur Beute fallen werden. Das bedenkt also wohl; und wo wir schon einen Triumph errungen haben, da sollten wir uns nicht einem möglichen Verlust aussetzen.«

Und obwohl dieser Rat des Antão Gonçalves gut war und Nuno Tristão ihm nachgeben wollte, befanden sich da zwei Schildknappen, denen dieser Grund nicht ausreichte, denn sie wollten Großes leisten. Gonçalo de Sintra hieß der eine, dessen Vortrefflichkeit Ihr im Verlauf der Geschichte kennenlernen könnt; der andere war Diogo Anes de Valadares, ein tapferer Schildknappe, der sich in vielen und großen Gefahren hervortat.

Und diesen beiden gelang es, daß man von dem Rat des Antão Gonçalves Abstand nahm, so daß sie sich, kaum war die Nacht hereingebrochen, gemäß dem Vorschlag, den Nuno Tristão ursprünglich vorgebracht hatte, auf den Weg machten. Dabei war ihr Glück so groß, daß sie im Dunkeln dorthin gelangten, wo sich Leute auf zwei Lager verteilt niedergelassen hatten (und vielleicht waren es die, welche Antão Gonçalves gefunden hatte, oder es waren irgendwelche andere). Jedoch die Entfernung unter den Lagern war gering. Die Unseren trennten sich in drei Gruppen, um jene besser angreifen zu können, denn sie hatten noch keine genaue Kenntnis des Platzes, auf dem sie lagerten, sondern nur das Gefühl, daß sie dort seien (woraus ihr ersehen könnt, daß sich solche Dinge bei Nacht viel besser wahrnehmen lassen als am Tage).

Und nachdem sie an jene herangekommen waren, griffen sie sie mit großer Härte an und schrien mit lauter Stimme »Portugal« und »Santiago«[16]), wodurch der Schrecken die Gegner solchermaßen verwirrte, daß er sie sämtlich in Unbesonnenheit stürzte. Auf diese Weise uneinig untereinander, begannen alle ohne irgendeine Schutzmaßnahme zu fliehen. Die Männer machten zwar Anstalten, sich mit ihren Speeren zu verteidigen (denn andere Waffen wissen sie nicht zu benützen), wobei sich besonders einer hervortat, der Nuno Tristão von Angesicht zu Angesicht gegenüberstand, und der sich so lange wehrte, bis er den Tod erlitt.

Außer dem, welcher von Nuno Tristão getötet wurde, töteten die anderen noch drei Leute und nahmen zehn Männer, Frauen und Kinder gefangen. Und es besteht kein Zweifel, daß noch viele andere gestorben und gefangen worden wären, wenn sie beim ersten Zusammenstoß alle gleichzeitig vor sich gehabt hätten.

Unter jenen, die man gefangen hatte, befand sich einer, der unter den anderen hervorstach, sich Adahu nannte, und von dem sie sagten, daß er ein Edelmann sei. Und tatsächlich zeigte er in seinem Erscheinungsbild, daß er den anderen gegenüber den Vorzug des Adels besaß.

Unter den zehn Männern, von denen wir schon sagten, daß sie mit Nuno Tristão gekommen waren, gab es einen gewissen Gomes Vinagre, einen Jüngling von guter Herkunft, der am Hofe des Infanten erzogen worden war und bei diesem Kampf zeigte, welcherart seine Stärke später einmal sein würde, wofür er nachher mit Ehren ausgezeichnet wurde.

Nachdem die Tat auf diese Weise vollbracht war – wie wir geschrieben haben –, versammelten sich alle, die am Kampf teilgenommen hatten. Und sie verlangten, daß Antão Gonçalves zum Ritter geschlagen werde, der jedoch, weil er seine Leistung minder schätzte, sagte, daß es keinen Grund gäbe, für einen so geringen Dienst eine derart große Ehre erwiesen zu bekommen, und daß es hauptsächlich sein Alter nicht erlauben würde; noch hätte er den Wunsch, es jemals zu sein, außer er würde vorher bedeutendere Taten vollbringen. Aber auf die übermäßigen Bitten der anderen hin, und weil Nuno Tristão selbst dachte, daß es nur gerecht sei, mußte er Antão Gonçalves schließlich zum Ritter schlagen, wenn es auch gegen dessen

Wunsch geschah. Und aus diesem Grund wurde von da an jener Ort Porto do Cavaleiro, Hafen des Ritters, genannt. So war dieser der erste, welcher in jenem Land zum Ritter geschlagen wurde.

Nachdem die Kapitäne auf ihre Schiffe zurückgekehrt waren, ließen sie jenen *alarve* vorführen, den Nuno Tristão bei sich hatte, auf daß er mit jenen Mauren spreche. Aber sie konnten ihn nicht verstehen, denn ihre Sprache ist keine maurische, sondern *azeneguia* der Sahara (denn so nennen sie ihr Land).

Aber der Edelmann schien, nachdem er ein Nobler unter den übrigen Gefangenen war, schon mehrere und bedeutendere Sachen gesehen und fremde Länder betreten zu haben, wo er die maurische Sprache gelernt hatte. Deshalb verstand er jenen *alarve*, dem er auf alles antwortete, was er von ihm gefragt wurde.

Um die Eingeborenen auf die Probe zu stellen und etwas Genaueres über sie zu erfahren, brachten sie den *alarve* und eine der gefangenen Maurinnen ans Ufer, damit sie den anderen sagten, daß sie kommen sollten, um über Lösegeld für irgendeinen von denen, die sie gefangenhielten, oder über Handelsmöglichkeiten, die sich ergeben könnten, zu sprechen.

Nachdem zwei Tage vergangen waren, stellten sich dort etwa 150 Mauren zu Fuß und 35 mit Pferden und Kamelen ein, und sie brachten den maurischen Diener mit.

Und obwohl sie nach außen hin wilde und rohe Menschen zu sein schienen, fehlte ihnen doch nicht eine gewisse Verschlagenheit, mit der sie ihre Feinde täuschen wollten, denn es tauchten nur drei am Ufer auf, und die übrigen blieben im Hinterhalt, mit dem Zweck, daß die Unseren, von dem Betrug nichts ahnend, an Land gingen, und diejenigen, die sich versteckt hielten, sie fangen könnten; das hätte ihnen auf Grund ihrer zahlenmäßigen Überlegenheit auch ohne weiteres gelingen können, wenn die Unseren von geringerer Klugheit gewesen wären.

Als die Mauren merkten, daß sie durchschaut waren (denn sie sahen, daß die in den Booten umkehrten, weil der Diener nicht erschienen war), da deckten sie ihren versuchten Betrug auf: sie liefen alle ans Ufer, schleuderten ihre Steine und machten ihre Gesten dazu, wobei sie den *alarve* gefangen vorzeigten wie einen Mann, den sie als Sklaven behalten wollten. Der rief ihnen zu, daß sie sich vor jenen Leuten hüten sollten, denn die waren nur hergekommen, um sie zu betrügen, wenn sie konnten. So kehrten die Unseren auf die Schiffe zurück, wo sie nach der Wahl eines jeden einzelnen die Gefangenen aufteilten. Die anderen, die Mauren, wandten sich ihrem Lager zu, wohin sie den *alarve* mitnahmen.

Antão Gonçalves, der sein Schiff schon gemäß dem Befehl des Infanten beladen hatte, fuhr nach Portugal zurück. Nuno Tristão segelte noch weiter, um seinen Auftrag, von dem wir vorher sagten, daß er ihn erhalten hat, zu erfüllen. Da es jedoch nach der Abfahrt des Antão Gonçalves nötig wurde, seine Karavelle zu überholen, setzte er sie auf Land, wo er sie säubern und das ausbessern ließ, was ihm wichtig schien; dabei wartete er die Flut ab, als ob er im Hafen von Lissabon liege, und über diesen Wagemut waren viele sehr erstaunt.

Indem sie ihre Fahrt fortsetzten, passierten sie den Porto da Galé, bis sie ein Kap erreichten, dem sie den Namen Cabo Branco, weißes Kap, gaben, und wo sie an Land gingen, um zu sehen, ob sie irgendeine Beute machen könnten. Und obwohl sie Spuren von Menschen und auch Netze fanden, beschlossen sie umzukehren, da sie für dieses Mal ihren ersten Erfolg nicht übertreffen konnten.

Zehntes Kapitel

WIE NUNO TRISTÃO ZUR ILHA DE GETE FUHR, UND ÜBER DIE MAUREN, DIE ER DORT GEFANGENNAHM.

So schritten diese Angelegenheiten Stück für Stück voran, und die Männer begannen mit Kühnheit dieser Route zu folgen; einige, um zu dienen, andere, um Ehre zu gewinnen, wieder andere in der Hoffnung auf Nutzen (wobei ersteres beides mit sich brachte, denn indem sie dienten, nützten sie sich selbst und vergrößerten ihre Ehre).

Im Jahre des Herrn 1443 ließ der Infant eine weitere Karavelle ausrüsten, die er unter den Befehl jenes edlen Ritters Nuno Tristão stellte, dem er einige andere Männer, die hauptsächlich von seinem Hofe kamen, mitgab.

Bei dieser Reise erreichten sie das Kap Branco. Und weil sie weitersegeln wollten, fuhren sie etwa 25 Léguas über das besagte Kap hinaus, wo sie eine kleine Insel erblickten, über die sie später erfuhren, daß sie den Namen *A de Gete* trug. Von dieser sahen sie nun 25 Einbäume ablegen, in denen sich viele Menschen befanden, die jedoch alle nackt waren, und das nicht so sehr wegen des Wassers, sondern weil es bei ihnen ein alter Brauch war. Und sie hatten eine derartige Weise zu fahren, daß sich die Oberkörper auf den Einbäumen befanden, die Beine aber ins Wasser hingen. Mit denen behalfen sie sich, als ob diese Ruder wären; und jeder von diesen Einbäumen trug drei oder vier Männer. Und weil das den Unseren nicht geläufig war, dachten sie, als sie jene aus der Ferne sahen, daß es sich um Vögel handle, die sich solcherart fortbewegten; und obwohl sie an ihrem Erscheinungsbild den Unterschied bemerkten, meinten sie, daß es in dieser Gegend, von der man sich noch andere, größere Wunderdinge erzählte, dennoch Vögel sein könnten. Als sie aber erkannten, daß es Männer waren, da wurden ihre Herzen von neuer Fröhlichkeit erfüllt, besonders weil sie jene für geeignet betrachteten, gefangen zu werden. Aber sie konnten wegen der Unzulänglichkeit ihres Bootes keine so reiche Beute unter ihnen machen, denn nachdem sie 14 hineingepfercht hatten und sich sieben Mann von der Karavelle darauf befanden, war es dermaßen beladen, daß es niemanden mehr fassen konnte. Und als sie noch einmal zurückkommen wollten, brachte ihnen das keinen Nutzen, da die Angst der Gegner so groß war und sie derart überstürzt flohen, daß, noch bevor sie die Insel erreichten, einige starben und die anderen entwischten. Aber bei der Gefangennahme jener gab es zwei Dinge, die einander widersprachen: einerseits war die Freude in ihnen sehr groß, als sie sahen, daß sie sich ihrer Beute mit so geringer eigener Gefahr hatten bemächtigen können. Andererseits war auch ihre Trauer darüber nicht minder, daß ihr Boot zu klein war, weshalb sie nicht so viel Last aufnehmen konnten, wie sie gerne gewollt hätten.

Indessen erreichten sie aber die Insel und nahmen noch 15 Mauren gefangen. Und in der Nähe dieser Insel entdeckten sie eine weitere, auf der es unzählige Königsreiher gab, die sich dort vermutlich zum Brüten versammelten, was schlußendlich auch der Fall war; und es gab noch viele andere Vögel, die ihnen reichlich Nahrung boten.

Und so kehrte Nuno Tristão mit dieser Beute schon deutlich zufriedener als mit der ersten zurück, was auch insofern bedeutsamer war, als sie weiter entfernt gefangen worden war, noch dazu ohne die Hilfe eines anderen, mit dem er der Gleichheit wegen hätte teilen müssen.

Ich unterlasse es allerdings, den Empfang und die Gunst, die der Infant ihm angedeihen ließ, zu beschreiben, denn ich halte es für überflüssig, das jedesmal zu wiederholen.

Elftes Kapitel

WIE LANÇAROTE DEN INFANTEN UM ERLAUBNIS BAT, MIT SEINEN SCHIFFEN NACH GUINEA FAHREN ZU DÜRFEN.

Es ist die Angewohnheit der Massen, wie Titus Livius sagt, große Taten immer zu bemäkeln, besonders wenn sie noch in den Anfängen stehen. Und das, dünkt mich, kommt daher, daß sie sich das Ende nicht vorstellen können, denn einem engen Herzen scheinen, wenn es die Grundlage zu bedeutenden Dingen sieht, diese immer viel größer als sie sind. Und weil ihr Geist zur Durchführung nicht ausreicht, tragen sie stets einen natürlichen Zweifel in sich, ob diese Dinge überhaupt ausführbar seien.

Und das habe ich, glaube ich, am besten an dem Werk dieses unseres Prinzen veranschaulicht gesehen, denn gleich zu Beginn der Kolonisierung der Inseln[17]) erhob sich unter den Leuten ein derartiges Murren, als ob ein Teil ihrer Habe daran verschwendet würde. Und indem sie ihre Zweifel darauf stützten, murrten sie auch in ihren Gesprächen, bis sie das Unternehmen so unmöglich fanden, daß sie glaubten, es könne nie an ein Ende gelangen.

Als jedoch der Infant die Inseln zu besiedeln begann und den Menschen einen Weg öffnete, sich das Land nutzbar zu machen, und die Ernten in viel größerer Fülle ins Reich flossen, da wurden die ersten still, und mit zögernden Stimmen lobten sie, was sie vorher öffentlich getadelt hatten.

Und so war es auch zu Beginn dieser Eroberung gewesen, denn gleich in den allerersten Jahren, als sie die großen Ausrüstungen sahen, die der Infant mit so viel Aufwand bewerkstelligte, da kümmerten sie sich nicht mehr um ihre eigenen Angelegenheiten, sondern fingen an, sich mit Dingen zu beschäftigen, von denen sie nichts verstanden. Und je mehr sich die Sache verzögerte, desto mehr lästerten sie.

Das Schlimmste aber war, daß außer dem einfachen Volk auch die anderen gleichsam mit Hohn davon sprachen und meinten, daß dies Ausgaben und Mühen seien, die niemals irgendeinen Nutzen erbringen würden. Als sie aber die ersten Mauren sahen und später die nächsten, da hielten sie inne und hegten schon Zweifel an ihrer ursprünglichen Meinung, die sie schlußendlich als Irrtum erkennen mußten, als sie die dritte Beute sahen, welche von Nuno Tristão mitgebracht wurde und die er in so kurzer Zeit und mit so geringer Anstrengung gefangen hatte. Und gezwungen durch die Notwendigkeit, gaben sie ihren Fehler zu und hielten sich für töricht, daß sie es nicht früher erkannt hatten; notgedrungen mußten sie ihren Tadel nun in öffentliches Lob verkehren, und überzeugt sagten sie, daß der Infant nichts anderes sein könne, als ein zweiter Alexander. Von da an begann die Gier in ihnen zu wachsen, wenn sie die Häuser der anderen voll von Dienern und Dienerinnen sahen und merkten, wie ihr Reichtum zunahm. Und indem sie dies bedachten, sprachen sie untereinander darüber.

Weil sich der Infant nach seiner Rückkehr aus Tanger im allgemeinen ständig im Algarve aufhielt – wegen seines Sitzes, den er inzwischen dort errichten ließ – und die Gefangenen, die mitgebracht worden waren, in Lagos ausgeladen wurden, waren die Leute dieser Ortschaft die ersten, die den Infanten baten, er möge ihnen die Erlaubnis erteilen, nach jenem Land aufzubrechen, von dem die Mauren herkamen, denn niemand konnte ohne seine ausdrückliche Erlaubnis mit einem bewaffneten Schiff dorthin fahren; dies hatte der König ihm in jenem Brief gewährt, in welchem er ihm auch seinen Fünften überschrieb, wie Ihr schon gehört habt.[18])

Der erste, der sich anschickte, diese Erlaubnis zu erlangen, war ein Schildknappe, der von Kindheit an am Hofe des Infanten erzogen worden war und sich, nun schon verheiratet und königlicher Rentmeister, in Lagos befand. Und weil er ein Mann von gesundem Menschenverstand war, erkannte er genau die Lage und auch den Nutzen, den ihm seine Fahrt bringen konnte, wenn Gott ihm den Weg wies, dorthin zu gelangen. Indem er das bedachte, begann er mit einigen seiner Freunde darüber zu sprechen und sie zu bewegen, an diesem Unternehmen teilzuhaben; und das gestaltete sich für ihn nicht schwierig, denn abgesehen davon, daß er in der Ortschaft wohlgelitten war, sind auch die Bewohner dieses Ortes im allgemeinen ehrenwerte Menschen, die sich bemühen, Hervorragendes zu leisten, und das besonders bei Seeschlachten, denn da ihre Stadt sehr nahe an der Küste liegt, sind sie viel mehr mit Schiffen als mit dem Festland vertraut.

Deshalb versammelte Lançarote sechs gut gerüstete Karavellen, um seine Absicht auszuführen. Daraufhin sprach er mit dem Infanten bezüglich der Erlaubnis, und sagte, daß er, sowohl um ihm zu dienen als auch um Ehre und Nutzen zu erringen, ihn bäte, ihm diese Erlaubnis zu gewähren, und er zählte die Personen auf, welche ihn begleiten, und die Karavellen, mit denen sie fahren würden. Der Infant war darüber sehr erfreut, und er befahl sofort, die Banner mit dem Kreuz des Christusordens anfertigen zu lassen, von denen jede Karavelle ihr eigenes führen sollte.

Zwölftes Kapitel

WER DIE KAPITÄNE DER ANDEREN KARAVELLEN WAREN UND ÜBER DIE ERSTE GEFANGENNAHME, DIE SIE MACHTEN.

Wichtigster und Erster Kapitän war, wie wir schon sagten, Lançarote, der zweite Gil Eanes, von dem wir berichteten, daß er als erster das Kap Bojador umsegelte; die weiteren waren Estevão Afonso, ein Edelmann, der später auf den Kanarischen Inseln starb, Rodrigo Álvares und João Dias, beide Schiffseigner, und João Bernaldes, die alle zusammen bestens ausgerüstet absegelten.

Auf ihrer Reise kamen sie am Vorabend von Fronleichnam zur Ilha das Garças, der Reiherinsel; dort ruhten sie eine Weile aus, hauptsächlich wegen der großen Zahl junger Vögel, die sie fanden, denn es war gerade die Zeit, zu der gebrütet wurde. Daraufhin beratschlagten die Männer über ihre Unternehmungen. Dabei begann Lançarote seine Meinung folgendermaßen vorzutragen:

»Meine Herrn und Freunde, wir sind von unserer Heimat mit dem Ziel aufgebrochen, Gott und dem Infanten, unserem Herrn, dienstbar zu sein. Und er kann mit Recht einen vorteilhaften Dienst von uns erwarten, einmal für die Erziehung, die er einigen unter uns angedeihen ließ, und zum anderen, weil wir tapfere Männer sind, so daß uns zumindest die Schande zwingen muß, eine viel bedeutendere Leistung zu erbringen als all die anderen, die schon vor uns hierher gekommen sind. Denn bei einer derartigen Ansammlung von Schiffen wäre es eine Schmach, ohne vorteilhafte Beute nach Portugal zurückzukehren. Und da der Infant von einigen jener Mauren, die Nuno Tristão brachte, erfahren hat, daß es auf der Insel Naar, die sich hier in der Nähe befindet, nicht ganz 200 Seelen gibt, so scheint es mir gut, wenn Martim Vicente und Gil Vasques, die schon einmal nahe herangekommen sind und das Gebiet gesehen haben, wo sie lagern, mit diesen Booten und nur mit den Männern, die sie rudern können, gegen den besagten Teil der Insel fahren. Und daß sie, falls sie jene finden sollten, so rasch als möglich der Küste entlang zurückkehren, bis sie wieder zu uns stoßen. Denn wir werden, wenn es Gott gefällt, sehr früh am Morgen unter Segel gehen und dorthin fahren, so daß wir, wenn sie zurückkommen, ganz in ihrer Nähe sind, damit wir ihre Nachricht hören und beraten können, was zu tun nötig ist.«

Lançarote war, wie ich schon sagte, ein sehr umsichtiger Mann, und als solchen kannten sie ihn alle. Deshalb wollten sie auch seine Begründungen nicht weiter zerpflücken, sondern sie meinten einstimmig, daß richtig sei, was er sagte. Und deshalb machten sich die beiden Kapitäne gleich bereit und nahmen fünf Boote mit 30 Mann Besatzung, das bedeutete sechs Mann in jedem Fahrzeug; und etwa bei Sonnenuntergang legten sie von der Insel ab.

Nachdem sie die ganze Nacht hindurch gerudert waren, kamen sie kurz vor Tagesanbruch zu jener Insel, die sie suchten.

Sobald sie sie an den Zeichen, von denen die Mauren erzählten, daß sie sich längs des Landes hinzögen, erkannt hatten, gelangten sie im Morgengrauen zu einer Maurensiedlung, die sich ganz dicht am Ufer befand, und in der all die Seelen beisammen waren, die es auf diesem Eiland gab. Als sie derer gewahr wurden, hielten sie eine Weile inne, um zu beratschlagen, was sie tun sollten.

Zwei schwere Zweifel nagten in ihnen; denn sie wußten nicht, ob sie zu den Karavellen zurückkehren (wie es ihnen durch ihren Kapitän befohlen worden war) oder die Ansiedlung überfallen sollten, die sie so nahe vor sich hatten. Und als sie nun ohne irgendeine Entscheidung verharrten, jeder mit seinen eigenen Gedanken beschäftigt, da erhob sich Martim Vicente und sagte zu den anderen:

»Sicher ist, daß unsere Zweifel uns zum Nachdenken veranlassen: denn wenn wir den Befehl unseres Kapitäns mißachten, begehen wir damit ein Unrecht, und um wieviel größer wird noch die Gelegenheit sein, wenn uns irgendein Unglück oder eine Gefahr trifft – von unserem Untergang abgesehen –, über uns sehr schlecht zu sprechen; andererseits sind wir hauptsächlich deshalb hierher gekommen, um Kenntnisse zu erlangen, durch die der Infant, unser Herr, Neuigkeiten über dieses Land erfahren kann. Denn das ist es, was er dringlichst wünscht, wie Ihr alle sehr wohl wißt. Wir sind nun dieser Ansiedlung äußerst nahe, und ihr seht, daß es bereits Morgen ist. Wir können uns von hier nicht mehr zu den Karavellen aufmachen, ohne bemerkt zu werden; und wenn wir erst einmal entdeckt sind, können wir keine Hoffnung mehr haben, hier mit ihnen in Berührung zu kommen, denn diese Mauren werden sich sofort alle auf das Festland zurückziehen, welches, wie ihr seht, sehr nahe ist; und nicht nur die von dieser Insel werden das tun, sondern auch jene von den anderen, die es in der Umgebung gibt, denn sie dürften wohl augenblicklich von diesen unterrichtet werden. Und so trüge unser Kommen wenig Nutzen, und der Infant, unser Herr, würde diesmal nicht erhalten, was er sich aus diesem Lande wünscht. Deshalb scheint mir, und so lautet auch mein Rat, daß wir, wenn Ihr Eure Zustimmung gebt, die Mauren angreifen sollten, solange sie noch ahnungslos sind. Denn durch die Unachtsamkeit, die unser Überfall unter ihnen hervorrufen wird, sind sie schon besiegt. Und selbst wenn wir dabei nichts weiter erreichen sollten, als etwas über sie in Erfahrung zu bringen, dann müssen wir auch damit zufrieden sein. Was die Übertretung des Befehls betrifft, den wir von unserem Kapitän erhielten, so wird es uns, wenn Gott nur hilft, irgendeine große Leistung zu vollbringen – was ich hoffe –, nicht als schlecht angerechnet werden; und sollte man es uns dennoch übelnehmen, so wird das aus zwei Gründen sehr schnell vergeben werden. Erstens: wenn wir nicht kämpfen, können wir sicher sein, daß unser Kommen vergeblich war und die Absicht des Infanten fehlschlagen

Guineerin mit ihren Kindern

wird, weil wir Gelegenheit bieten, entdeckt zu werden; und der zweite Grund ist, daß wir zwar Befehl haben zurückzukehren, uns aber kein Kampfverbot auferlegt wurde. Und der Kampf scheint mir vernünftig, denn wir sind 30 Männer, und die Mauren sollen, wie Ihr schon gehört habt, 170 oder 180 sein, unter denen sich im ganzen ungefähr 50 bis 60 Krieger befinden dürften. Wenn Euch dies gut erscheint, so wollen wir nicht länger zögern, denn der Tag schreitet rasch voran, und wenn wir noch länger zuwarten, sind weder unser Kommen noch unsere Beratung von Nutzen.«

Alle antworteten, daß dies ganz richtig gedacht sei, und daß man sich sofort aufmachen solle.

Nachdem sie diese Gründe erwogen hatten, blickten sie zu der Siedlung und sahen, daß die Mauren mit ihren Frauen und Kindern, so schnell sie konnten, die Unterkünfte verließen, da sie die Feinde bemerkt hatten. Und sie fielen über sie her, wobei sie »São Tiago, São Jorge, Portugal« schrien, und sie töteten und nahmen gefangen, wen sie nur erwischten. Dort hättet Ihr sehen können, wie Frauen ihre Kinder, Ehemänner ihre Frauen im Stich ließen und jeder nur für sich selbst trachtete, eiligst zu fliehen. Einige stürzten sich ins Wasser, andere glaubten, in ihren Hütten Rettung zu finden, wieder andere versteckten ihre Kinder im Schlamm, weil sie dachten, daß sie diese so bewahren und später wieder finden könnten.

Und schließlich wollte Unser Herrgott, der alles Gute belohnt, daß sie für die Mühe, die sie ihm zu Diensten auf sich genommen hatten, an diesem Tag den Sieg über die Feinde erringen sollten, und als Lohn und Entgelt konnten sie 165 Männer, Frauen und Kinder gefangennehmen, bis auf die, welche starben oder getötet wurden.

Als der Kampf beendet war, dankten alle Gott für die große Gnade, die er ihnen zuteil werden ließ, indem er ihnen zum Sieg und zu ihrer eigenen Rettung verhalf.

Nachdem sie ihre Gefangenen in die Boote verfrachtet und die restlichen an Land gut festgebunden hatten (denn die Fahrzeuge waren klein und konnten nicht so viele Menschen fassen), beschlossen sie, daß einer von ihnen eiligst die Küste entlang laufen solle, um zu sehen, ob die Karavellen in Sicht kämen; und dieser lief auch gleich los. Und indem er sich mehr als eine Légua von dort entfernte, wo sich die anderen befanden, sah er die Karavellen kommen, denn Lançarote war, wie er vorher gesagt hatte, sofort abgefahren, als es Morgen wurde. Jener Mann befestigte ein weißes Tuch an seiner Lanze und begann den Karavellen zu winken; diese fuhren, kaum daß sie ihn gesehen hatten, in die Richtung, aus der er Zeichen gab. Wie sie so segelten, erreichten sie eine Fahrrinne, durch welche Boote sehr gut zur Insel gelangen konnten. Und sie brachten gleich ein kleines Bott zu Wasser, das sie mit sich führten, und begaben sich an Land, um die Neuigkeiten zu erfahren; sie wurden ihnen von dem Jüngling berichtet, der sie dort erwartete, und er sagte, daß sie landen sollten, um zu helfen, jene Gefangenen, die sich unter der Bewachung von sieben Männern noch auf der Insel befanden, auf die Karavellen zu bringen; denn die anderen Boote kämen schon mit den übrigen Mauren die Küste entlang.

Als Lançarote, seine Schildknappen und Mannen eine derartige Nachricht über so viel Glück hörten, das Gott den anderen wenigen, die auf die Insel gerudert waren, beschert hatte, und sahen, daß sie eine so große Tat, die sie mit Gottes Hilfe zu Ende führen konnten, vollbracht hatten, da waren sie alle sehr froh und lobten Gott, den Herrn, daß es ihm gefallen hatte, den wenigen Christenmenschen auf solche Weise zu helfen.

Sollte mich nun jemand fragen, ob die Freude, die sie darüber empfanden, vollkommen ehrlich und ohne einen Funken von Verstellung – selbst wenn er nur sehr klein sein sollte –, war, so würde ich ihm mit nein antworten. Denn große, gute und glühend begeisterte Herzen, wie Gott sie in seiner Gnade jenen geschenkt hatte, können sich nicht zufriedengeben, wenn sie nicht selbst an allen hervorragenden Taten teilnehmen, auf die sie durch Zufall stoßen; auch sind sie nicht gänzlich frei von jenem Neid, der aber in diesem Fall keins der hauptsächlichen Laster ist, sondern eher eine Tugend genannt werden kann (nachdem er sich ja wie bei vortrefflichen Menschen auf einen guten Grund stützt).

Nachdem die Mauren, welche sich in den Booten befanden, auf die Karavellen gebracht worden waren, gingen die anderen Männer an Land und ließen die Christen als Wachen zurück. Sie fuhren zur Insel, wo sie die übrigen fanden, die von jenen sieben Männern bewacht wurden, wie wir schon sagten. Und als sie nun alle ihre Gefangenen eingesammelt hatten, war es bereits spät geworden (denn in jenem Land sind die Tage von anderer Länge im Vergleich zu unserem), da sich die Arbeit, der Entfernung zu den Karavellen und der großen Anzahl an Mauren wegen, schwieriger gestaltete. Danach ruhten sie aus und erholten sich, wie es ihrer Mühe gemäß war.

Dennoch vergaß Lançarote nicht, von den Mauren, die sie gefangen hatten, alles Wissenswerte über Wetter und Ort, wo sie sich befanden, zu erfragen; und durch seinen Übersetzer erfuhr er von ihnen, daß in der Nähe andere bewohnte Inseln lagen, auf denen sie mit geringer Anstrengung gute Beute machen konnten.

Nachdem sie darüber beraten hatten, beschlossen sie, diese sofort aufzusuchen.

Dreizehntes Kapitel

WIE SIE ZUM KAP BRANCO SEGELTEN UND ÜBER DIE DINGE, DIE SIE DORT UNTERNAHMEN.

Dort wurde entschieden, daß man am nächsten Tag zum Kap Branco fahren solle. Was auch, kaum graute der Morgen, getan wurde, und sie setzten die Segel in Richtung auf besagtes Kap, wo sie nach zwei Tagen ankamen.

Etwa 20 oder 25 Mann gingen an Land, um zu sehen, wie ihnen diese Gegend erschiene. Und als sie sich ein Stück von ihrem Ausgangspunkt entfernt befanden, entdeckten sie eine Anzahl von Mauren, die gerade beim Fischen waren. Und obwohl es ihnen sehr viele zu sein schienen, wollten sie, ohne die anderen auf den Schiffen etwas davon wissen zu lassen, dieses Unternehmen allein durchführen und fielen über sie her. Als die Mauren sie erblickten, begannen sie zu flüchten. Als sie jedoch sahen, daß es nur so wenige waren, warteten sie ab, wie jemand, der kämpfen will, weil er sich des Sieges gewiß ist. Die Christen rückten gegen sie an, und der Kampf begann, indem jeder dem Feind nur mit Gebärden drohte, durch die er Angst bekommen sollte. Und schließlich wollte Jener, von dem der heilige Jakob[19]) sagte, daß alles Gute von Ihm herrühre, und der ihnen schon einen so guten Anfang und Fortgang beschert hatte (wie berichtet wurde), daß sie am Ende den Sieg über ihre Feinde davontrugen, ihre Leben retteten und ihre Ehre gemehrt wurde. Nach einem kurzen Scharmützel gaben sich die Mauren geschlagen und flohen, so rasch sie konnten, wobei die Christen sie ein weites Stück verfolgten. Bei dieser Schlacht fingen sie, außer denen, die starben, 14 Mauren ein.

So kehrten sie mit diesem Sieg, der von großer Freude begleitet war, zu ihren Schiffen zurück. Und ist ihnen das Glück im Kampf gegen die Feinde wohlgesonnen gewesen, so war es ihnen nicht weniger hold, was die Nahrungssuche betraf, denn es gab dort viele Aale und Rabenfische, die sie in den Netzen fanden, welche die Mauren ausgelegt hatten.

Aber Lançarote, ein Mann, der den hauptsächlichsten Wunsch nicht vergaß, sagte, daß er es für richtig hielte, wenn vor ihrer Abfahrt von hier noch einige Männer ins Landesinnere aufbrächen, um zu sehen, ob sie irgendwelche Ansiedlungen fänden. Und sofort marschierten fünf Männer los, die tatsächlich auf ein Lager stießen; sie kehrten um, weil sie es Lançarote und den anderen mitteilen wollten. Und obwohl sie sich eiligst aufmachten, nützte ihnen dieser Marsch nichts, denn die Mauren hatten die ersteren zu Gesicht bekommen und waren sofort von dort geflohen, so daß sie nun nichts fanden außer einem Mädchen, das im Lager schlief, und das sie mitnahmen, als sie sich zu ihren Karavellen begaben. Und von dort aus setzten sie Segel in Richtung Portugal.

Vierzehntes Kapitel

WIE DIE KARAVELLEN LAGOS ERREICHTEN UND ÜBER DIE AUSKÜNFTE, DIE LANÇAROTE DEM INFANTEN GAB.

Die Karavellen kamen in Lagos an, von wo sie auch bei gutem Wind abgelegt hatten, denn das Schicksal war ihnen mit dem Wetter nicht weniger gnädig gewesen, als es ihnen beim Erlangen von Beute war. Hier erreichte diese Nachricht den Infanten, der vor wenigen Stunden aus einer anderen Gegend, in der er sich mehrere Tage aufgehalten hatte, eingetroffen war.

Und nachdem Ihr wißt, daß die Menschen neugierig sind, drängten einige sich, um das Ufer zu erreichen, andere sprangen in Boote, die sie längs des Strandes vertäut fanden, und fuhren los, um ihre Verwandten und Freunde zu empfangen, so daß innerhalb kurzer Zeit das große Ereignis bekannt wurde, über das sich alle in gleicher Weise freuten.

Für diesen Tag genügte es den Kapitänen, dem Infanten, ihrem Herrn, die Hand zu küssen und ihm in Kürze ihre sämtlichen Unternehmungen zu berichten. Danach ruhten sie aus als Männer, die wieder in ihre Heimat und ihre Häuser zurückgekehrt waren, wobei Ihr Euch vorstellen könnt, wie sehr sie sich gefreut haben müssen, wieder bei ihren Frauen und Kindern zu sein.

Am nächsten Tag sagte Lançarote, der für das Unternehmen die Hauptverantwortung trug, zum Infanten:

»Herr, Euer Gnaden wissen am besten, was Ihr mit dem Fünften von diesen Mauren und all dem, was wir in jenem Land erworben haben, in das Ihr uns Gott und Euch zum Dienste gesandt habt, anfangen werdet. Aber dadurch, daß wir uns so lange auf See befanden, wie auch durch die Trauer, von der ihr annehmen könnt, daß die Mauren sie in ihren Herzen empfinden werden, nachdem sie sich fern ihres Heimatlandes und in Gefangenschaft sehen, ohne auch nur irgendwie zu wissen, welches ihr Schicksal sein wird, weiter die Tatsache, daß sie nicht gewöhnt sind, auf Schiffen zu fahren: aus all diesen genannten Gründen sind sie krank, und es geht ihnen nun sehr schlecht. Deshalb halte ich es für wichtig, daß Ihr sie am Morgen aus den Schiffen holen laßt und Befehl gebt, sie auf jenes Feld gegenüber dem Stadttor zu bringen; dort soll man sie gemäß dem Brauch in fünf Gruppen teilen. Und es wäre eine Gnade von Eurer Seite, wenn Ihr dorthin kämt, um die Gruppe auszuwählen, mit der Euch am besten gedient ist.«

Der Infant sagte, daß ihm dies recht sei. Und sehr früh am nächsten Morgen befahl Lançarote den Ersten Offizieren, sie von den Schiffen zu holen und auf jenen Platz zu bringen, wo die Aufteilung durchgeführt werden sollte, wie er vorher gesagt hatte. Aber noch bevor in dieser Sache etwas unternommen wurde, brachten sie den bedeutendsten jener Mauren als Geschenk zur Kirche des Ortes. Und einen anderen, geringeren, der später Franziskanermönch wurde, sandten sie nach S. Vicente do Cabo, wo er fürderhin als katholischer Christ lebte, ohne Kenntnis oder Verlangen nach einem anderen Gesetz als jenem, das heilig und wahrhaftig ist, und durch welches alle Christen auf ihre Erlösung hoffen.

Fünfzehntes Kapitel

WIE DER AUTOR ÜBER DAS MITLEID NACHDENKT, WELCHES ER FÜR JENE MENSCHEN EMPFINDET, UND WIE DIE AUFTEILUNG VORGENOMMEN WURDE.

O Du, Vater des Himmels, der Du mit Deiner mächtigen Hand ohne eine Bewegung, nur aus Deiner göttlichen Wesenheit heraus die ganze unendliche Gefolgschaft in Deinem heiligen Reich lenkst, und der Du die Achsen der größten Himmelskörper, die in neun Gruppen unterschieden werden, zusammengefaßt hältst, indem Du die Dauer ihrer Umlaufzeiten bestimmst, kurz oder lang, wie es Dir gefällt:

Dich bitte ich, daß meine Tränen meinem Gewissen nicht zum Schaden gereichen mögen; denn nicht die Religion dieser Gefangenen, sondern ihr Menschsein zwingt es, daß ich wehmütig ihre Leiden beweine. Und wenn die unvernünftigen Tiere mit ihrem rohen Sinn durch einen natürlichen Instinkt fähig sind, das Unglück ihrer Artgenossen zu empfinden, was erwartest Du dann von meiner menschlichen Natur, wenn ich mit meinen eigenen Augen diesen elenden Zug sehen und mich dabei erinnern muß, daß auch sie Kinder aus dem Geschlechte Adams sind?!

Am nächsten Tag, welcher der achte August war, machten die Seefahrer der Ruhe wegen ganz früh am Morgen ihre Boote bereit und begannen, die Gefangenen auszuladen, um sie dorthin zu bringen, wohin man ihnen befohlen hatte. Wie diese nun auf jenem Feld versammelt standen, ergaben sie einen wunderlichen Anblick; denn unter ihnen befanden sich einige von regelrechter Hellhäutigkeit, hübsch und wohlgestaltet; andere von weniger heller Hautfarbe, die Mulatten zu sein schienen; wieder andere waren so schwarz wie Äthiopier und sowohl von Gesicht wie von Statur so wenig einnehmend, daß die, welche sie genauer betrachteten, glaubten, Abbilder der Unterwelt zu erblikken.

Aber welches Herz, selbst wenn es ein hartes sein sollte, wäre nicht schmerzhaft von mitleidigem Gefühl erfüllt worden, als es jene erbarmungswürdige Gesellschaft sah? Denn einige hielten die Köpfe gesenkt, die Gesichter von Tränen überströmt, und blickten von einem zum anderen, die nächsten wimmerten schmerzgepeinigt, die Augen den Himmelshöhen zugewandt, an die sie ihre Blicke hefteten, und mit lauten Stimmen riefen sie, als ob sie Hilfe vom Vater der Natur erbäten. Wieder andere schlugen sich mit eigenen Händen ins Gesicht und warfen sich der Länge nach mitten auf den Weg, weitere gaben ihren Wehklagen in Form von Liedern Ausdruck, wie es in ihrem Lande Brauch ist, aus welchen sich (selbst da die Worte ihrer Sprache den Unseren nicht verständlich waren) eindeutig das Maß ihrer Trauer erkennen ließ.

Aber um ihr Leid noch zu vergrößern, kamen nun jene, welche die Aufteilung vorzunehmen hatten, und begannen die einen von den anderen zu trennen, um ihre Anteile auszugleichen. Aus diesem Grunde wurde es notwendig, Kinder von ihren Eltern zu scheiden, Frauen von ihren Ehemännern, Geschwister von ihren Mitgeschwistern. Weder Freundschaft noch Verwandtschaft wurde berücksichtigt: jeder kam da hin, wohin das Schicksal ihn warf.

Oh, mächtige Fortuna, die du dein Schicksalsrad hier- und dorthin drehst und die Weltendinge zumißt, wie es dir beliebt: mögest du diesen armen Kreaturen ein wenig Ahnung der Dinge vor Augen führen, die unser harren, wenn wir einmal hingeschieden sind, auf daß sie ein wenig Trost mitten in ihrer schmerzlichen Trauer finden. Und ihr anderen, die ihr euch damit abgebt, diese Aufteilung durchzuführen: betrachtet voller Mitleid dieses ganze Elend und seht, wie sie sich zusammendrängen, so daß ihr sie nahzu nicht voneinander lösen könnt.

Wer konnte diese Verteilung ohne große Mühen zu

Ende führen? Denn kaum hatte man sie in eine Gruppe gestellt, sahen die Kinder ihre Eltern in der anderen und liefen eiligst zu ihnen; die Mütter drückten die übrigen Kinder an ihre Brust und warfen sich mit ihnen zu Boden, dabei wurden sie verletzt und hatten wenig Achtung auf ihren eigenen Körper, nur damit ihnen die Kinder nicht genommen würden.

Und so gestaltete sich die Aufteilung sehr schwierig, denn zu der Arbeit, die sie mit den Gefangenen hatten, kam hinzu, daß der Platz voller Leute war, die sowohl aus dem Ort als auch aus den Dörfern und Bezirken der Umgebung gekommen waren und an diesem Tag ihre Hände, in denen die Kraft für ihren Broterwerb lag, ruhen ließen, nur um eine solche Neuigkeit zu sehen. Und als sie diese Vorgänge beobachteten, da weinten einige, andere schimpften, und sie erzeugten eine derartige Aufregung, daß sie die Beauftragten dieser Verteilung in Verwirrung brachten.

Der Infant erschien auf einem prachtvollen Pferd; er wurde von seinem Gefolge begleitet und erwies Gnaden wie ein Mann, der seinen Anteil in einen kleinen Schatz verwandeln möchte. Denn die 46 Sklaven, die ihm als sein Fünfter zustanden, wählte er innerhalb kürzester Zeit aus, da ihm sein gesamter fürstlicher Reichtum zu Gebote stand, und er bedachte mit großer Freude, die Errettung dieser Seelen, die vorher verloren waren. Und gewiß war sein Denken nicht eitel, denn, wie wir bereits sagten, kaum beherrschten sie die Sprache, da bekehrte man sie schon mit geringster Anstrengung zum Christentum.

Und ich, der ich diese Geschichte hier in dem vorliegenden Band zusammengestellt habe, sah in der Ortschaft von Lagos Buben und Mädchen, Kinder und Enkelkinder von jenen, bereits in unserem Lande geboren, die so gute und so wahrhafte Christen waren, als gehörten sie von Anbeginn dem Gesetze Christi an. Dabei entstammten sie jener Generation, die als erste getauft worden war.

Sechzehntes Kapitel

WIE DER INFANT D. HENRIQUE LANÇAROTE ZUM RITTER SCHLUG.

Wenn auch das Leid jener Menschen im Augenblick unermeßlich war, besonders nach dem Abschluß der Aufteilung, wo jeder seinen Platz zugewiesen bekommen hatte, und einige der Besitzer ihre Sklaven an Leute verkauften, durch die sie in andere Gegenden gebracht wurden, wobei es geschehen konnte, daß der Vater in Lagos blieb, die Mutter aber nach Lissabon mitgenommen wurde und die Kinder irgendwo anders hin kamen und diese Trennung ihren ersten Verlust noch verdoppelte (für einige war es weniger schrecklich, wenn es sich einrichten ließ, daß sie zusammenbleiben konnten, denn das Sprichtwort sagt: »Solatio est miseris socios habere penarum«; [Für die Elenden ist es ein Trost, Leidensgefährten zu haben]), so lernten sie trotz alledem im Laufe der Zeit das Land kennen, in dem sie reichlich Wohlstand vorfanden. Und außerdem erkannten sie auch, daß sie von allen mit großer Gefälligkeit behandelt wurden. Denn da die Leute sahen, daß sie nicht wie die anderen Mauren verstockt an ihrem Glauben festhielten, sondern sich bereitwillig dem Gesetz Christi unterstellten, machten sie keinen Unterschied zwischen ihnen und den freien Knechten des eigenen Landes. Im Gegenteil: sie ließen jene, die in zartem Alter zu ihnen gekommen waren, später ein Handwerk erlernen, und denen, die sie für fähig hielten, ein Gut zu führen, schenkten sie die Freiheit und verheirateten sie mit hier gebürtigen Frauen, zogen mit ihnen von den Gütern aus, um sie auf ausdrücklichen Wunsch der Eltern zu denen zu bringen, die sie heiraten sollten; und dazu waren sie auch verpflichtet, als Dank für die Dienste, welche jene ihnen geleistet hatten. Und einige ehrbare Witwen, die weibliche Sklaven gekauft hatten, nahmen manche davon wie Töchter auf. Andere wurden im Testament mit Reichtümern bedacht, damit sie sich später gut verheiraten könnten, und sie alle wurden als Freie gehalten. Es genügt zu sagen, daß ich nie an irgendeinem von ihnen Eisen gesehen habe wie an anderen Gefangenen und fast keinen, der sich nicht zum Christentum bekannt hätte und nicht äußerst freundlich behandelt worden wäre. Und ich wurde auch schon von deren Herren zu ihren Taufen und Hochzeiten gebeten, wobei sie jenen, die vorher ihre Leibeigenen waren, nicht weniger große Festlichkeiten bereiteten, als sie es für ihre Kinder oder Verwandten getan hätten.

Wie sie also zuvor in Verdammnis ihrer Seelen und Körper gelebt hatten, so kehrte sich nun alles ins Gegenteil: für ihre Seelen, weil sie Heiden gewesen waren, ohne die Klarheit und das Licht des Heiligen Glaubens; für den Leib, weil sie wie Wilde, ohne jegliches Gebot vernunftbegabter Kreaturen gelebt hatten. Denn sie wußten weder, was Brot und Wein waren, noch kannten sie die Bedeckung vermittels Stoffes oder Unterkunft durch ein Haus; aber das Schlimmste war ihre riesige Unwissenheit, wodurch sie keinerlei Kenntnis von Besitz hatten, sondern nur in einem den Tieren ähnlichen Müßiggang lebten.

Als sie zu Anfang in dieses Land kamen und man ihnen ungewohnte Nahrung und Bekleidung gab, da blähten sich ihre Leiber auf, und sie wurden für etliche Zeit krank, bis sie sich an die Natur dieses Landes gewöhnten; einige von ihnen aber waren so beschaffen, daß sie es nicht ertragen konnten und, wenn auch als Christen, starben.

Vier Dinge hatten sie an sich, welche sie von der Art der anderen Mauren, die in jenen Gegenden gefangen worden waren, deutlich unterschieden: erstens, daß sie, kaum waren sie hierher gekommen, sich nie mehr bemühten zu fliehen, sondern, ganz im Gegenteil, mit der Zeit ihre Heimat vollständig vergaßen, sobald sie die Vorteile der neuen erkannten; zweitens, daß sie sehr treue und gehorsame Diener ohne jegliche Boshaftigkeit waren; drittens wurden sie nicht so lasterhaft wie die anderen; und viertens, nachdem sie sich einmal an Bekleidung gewöhnt hatten, trugen sie gerne Buntes, weil ihnen verschiedenfarbige Kleidungsstücke große Freude bereiteten. Und so weit führte ihre Koketterie, daß sie die Fetzen, die den Einheimischen schon vom Leibe fielen, an sich rissen und an ihre eigenen Kleider nähten, worüber sie dermaßen erfreut waren, als sei es eine Sache von größter Vollkommenheit. Und das beste war, wie ich schon sagte, daß sie sich mit gutem Willen auf den Weg des Glaubens begaben, durch den sie, kaum hatten sie ihn betreten, zu einer tiefen Gläubigkeit fanden, in der sie ihre Tage beendeten.

Nun seht selbst, was wohl der Lohn für den Infanten sein wird, wenn er einmal vor Gott, unserem Herrn, steht, da er auf diese Weise die wahrhafte Erlösung nicht nur denen, sondern noch vielen anderen, welche Ihr in dieser Geschichte später finden werdet, gebracht hat.

Nachdem die Aufteilung beendet war, kamen die Kapitäne der übrigen Karavellen und auch einige Edelleute seines Haushaltes zum Infanten, und sagten:

»Herr, Ihr kennt die großen Mühen, die Lançarote, Euer Diener, bei dieser letzten Unternehmung auf sich genommen hat, und mit welcher Umsicht er sie durchführte, so daß Gott uns diesen außerordentlichen Erfolg bescherte, wie Ihr gesehen habt; und da er auch von Adel und ein Mann ist, der alles Gute verdient, bitten wir Euch um die Gnade, daß Ihr ihn durch Eure Hand zum Ritter schlagen möget, denn Ihr seht, daß ihm dies aus guten Gründen zusteht. Und selbst wenn ihm eine so hohe Auszeichnung nicht zustehen sollte«, sagten die Kapitäne jener Karavellen, »scheint es uns, als würden wir beleidigt, wenn ihm dafür, daß er unser Kapitän war und so schwer vor unser aller Augen gearbeitet hat, keine höhere Ehre zuteil werden sollte als jene, die er bereits besitzt, nachdem er so vortrefflich und Euer Diener ist, wie wir vorher erwähnten.«

Der Infant antwortete, daß ihm dies wohl gefalle, und

daß er es ihnen als großen Dienst anerkenne, etwas Derartiges von ihm zu erbitten, denn auf diese Weise gaben sie anderen ein Beispiel, um ihrer Ehre willen ebenfalls Kapitäne einer guten Mannschaft sein zu wollen.

Deshalb schlug er Lançarote gleich an Ort und Stelle zum Ritter und erwies ihm, seinem Verdienst und seiner Ehre gemäß, große Gunst. Und auch den anderen Kapitänen ließ er Vorteile im Überfluß zukommen. Auf diese Weise wurde nicht nur ihr erster Gewinn, sondern auch ihre Mühe reich belohnt.

Siebzehntes Kapitel

WIE ANTÃO GONÇALVES, GOMES PIRES UND DIOGO AFONSO ZUM RIO DO OURO FUHREN.

In diesem Jahr sandte der Infant Antão Gonçalves – jenen edlen Ritter, von dem wir schon gesprochen haben – auf einer Karavelle und Gomes Pires, einen königlichen Schiffsführer, auf einer anderen aus. Und dieser fuhr unter dem Befehl des Infanten D. Pedro[20]), der zu dieser Zeit im Namen des Königs das Reich regierte. Und es fuhr noch eine weitere Karavelle mit, welche Diogo Afonso, ein Diener des Infanten D. Henrique, befehligte. Diese drei segelten zusammen ab, um zu sehen, ob sie die Mauren jener Landesteile zum Handel bewegen konnten.

Und sie kamen auch mit ihnen ins Gespräch, wobei sie aber große Sicherheitsvorkehrungen für jene Mauren trafen, die der Infant dorthin mitgeschickt hatte (denn er wollte sehen, ob man sie vermittels dieser Täuschung auf den Weg der Erlösung führen könne). Jedoch, es gelang ihnen weder sie zu bekehren noch (abgesehen von einem Schwarzen) mit ihnen Handel zu treiben.

Und so kehrten sie um, ohne weiter etwas zu unternehmen, und das einzige, was sie mitbrachten, war ein alter Maure, der den Wunsch hatte mitzukommen, um den Infanten zu sehen, von dem er auch, seinem Stand gemäß, große Gunst erwiesen bekam. Und daraufhin schickte ihn der Infant wieder in seine Heimat zurück.

Aber mich verwundert nicht so sehr das Kommen von jenem als vielmehr ein Schildknappe, der mit Antão Gonçalves fuhr und João Fernandes hieß, welcher auf seinen eigenen Wunsch hin in jenem Lande bleiben wollte, allein aus dem Grunde, es kennenzulernen, und um dem Infanten Neuigkeiten bringen zu können, falls es ihm gelingen sollte zurückzukehren. Aber von den Erlebnissen und Tugenden dieses Schildknappen will ich ein anderes Mal erzählen.

Achtzehntes Kapitel

WIE NUNO TRISTÃO NACH TIRA SEGELTE UND VON DEN MAUREN, DIE ER DORT ERBEUTETE.

Um Euch Kenntnis von den Dingen zu geben, wie sie sich zugetragen haben, wollen wir Euch erzählen, wie Nuno Tristão (von dem wir schon an anderen Stellen in dieser Geschichte gesprochen haben) zum ersten Mal das Land der Neger sah.

Es war so, daß er, nachdem der Infant ihn auf einer Karavelle in Richtung jener Länder ausgesandt hatte, geradenwegs zu den Inseln fuhr, auf denen sie schon vorher gewesen waren, die aber bereits verlassen worden waren, weil ihre Bewohner, als sie den Schaden sahen, der ihnen zugefügt wurde, sich für einige Zeit auf andere Inseln begaben, von denen sie dachten, daß die Feinde sie noch nicht kennten.

»Nun, da dem so ist«, sagte Nuno Tristão, »daß sich auf diesen Inseln nichts mehr finden läßt, was wir erbeuten könnten, möchte ich so weit als nur möglich fahren, bis wir das Land der Neger erreichen. Denn Ihr wißt schon«, sagte er, »daß dies der Wunsch des Infanten, unseres Herrn, ist, und wir können unsere Zeit mit nichts Besserem verbringen als damit, das zu tun, wovon wir wissen, daß es ihm die meiste Freude bereitet.«

Da sagten alle, daß dies sehr gut sei, und daß die Last auf ihm läge, sie zu führen, denn sie seien zu allem bereit, wie Männer, die kein anderes Glück kennen als die Gunst jenes Herrn, wenn er sie dorthin brächte. Und sie fuhren so weit, daß sie über das bekannte Land hinaussegelten und ein anderes erblickten, welches sich von ersterem völlig unterschied, denn das war sandig und unfruchtbar, baumlos wie ein Boden, dem das Wasser fehlt, und dieses neue sahen sie von vielen Palmen und anderen grünen, prachtvollen Bäumen gesäumt und ebenso alle Felder im Landesinneren.

Nuno Tristão ließ sein Boot zu Wasser bringen, um an

Land zu gehen, wo er Menschen erblickte, welche wirkten, als ob sie in guter Absicht mit ihm sprechen wollten; worüber Nuno Tristão sehr erfreut gewesen wäre, hätte das Ungestüm des Meeres seinem Boot erlaubt, ans Ufer zu gelangen. Aber die Wellen gingen hoch und waren noch dazu gefährlich; so mußte er notgedrungen zu seinem Schiff zurückkehren und Segel setzen, um der Rauhheit der widrigen Winde zu entkommen. Nuno Tristão sagte aber, daß er, obwohl er von jenen, welche mit ihm sprechen wollten, ziemlich weit entfernt gewesen sei, genau erkannt habe, daß es sich bei ihnen um Neger handelte.

Durch das ungünstige Wetter auf diese Weise gezwungen, gelangte Nuno Tristão mit seiner Karavelle zu jenen Inseln, auf denen Lançarote vorher Beute gemacht hatte, dennoch fuhr er bis an die Inseln heran, wo er an Land ging, um zu sehen, ob sich irgend etwas erbeuten ließe. Und da suchte er einige Nächte, ohne etwas zu finden, bis es ihm endlich gelang, einen schon älteren Mauren aufzustöbern, der ihm durch Zeichen andeutete, daß sich etwa zwei Léguas von da entfernt eine Siedlung befände. Aber selbst wenn die Entfernung auch größer sein sollte, beschloß Nuno Tristão, es dennoch zu wagen, weil er sich bereits so lange dort aufhielt, ohne einen Fang gemacht zu haben. Aber er konnte von dem Mauren nicht erfahren, wie viele Bewohner sich in jener Siedlung befanden, zu der er sie nun führte (frei heraus möchte ich sagen, daß sie ihn weder fragen noch verstehen konnten); und das, scheint mir, dürfte ihnen etwas Angst bereitet haben, weil sie nicht wußten, wie hoch die Zahl der Feinde sein würde. Aber wo der Wunsch übergroß ist, wird das Ratsame nie einer wahren Prüfung unterzogen.

So fielen sie in der Nacht, die auf jene folgte, in der sie den Mauren getroffen hatten, über die Siedlung her, wobei sie nicht mehr als 21 Gefangene machten. Aber wir finden in keiner Aufzeichnung, ob unter diesen 21 Kinder oder Frauen waren, noch wie viele Leute Nuno Tristão bei sich

Schwarze, wie sie auf Palmbäume klettern

hatte, noch ob es vor der Gefangennahme irgendwelche Kampfhandlungen gegeben hat. Und wir können es auch nicht mehr in Erfahrung bringen, da Nuno Tristão zu der Zeit, als König D. Afonso befahl, diese Geschichte zu schreiben, bereits verstorben war. Und deshalb lassen wir es dabei, ohne eine weitere Erklärung zu geben.

Neunzehntes Kapitel

WIE DINIS DIAS INS LAND DER NEGER FUHR UND ÜBER DIE GEFANGENEN, DIE ER VON DORT MITBRACHTE.

In Lissabon lebte ein adeliger Schildknappe, welcher ein Diener des Königs D. João (des Großvaters von König D. Afonso und Vaters dieses tugendhaften Prinzen)[21]) war und Dinis Dias hieß. Als der nun Nachrichten über jenes Land hörte und auch, daß die Karavellen sich bereits so weit von dieser Küste hier entfernten, und weil er begierig war, neue Dinge kennenzulernen und seine Kräfte zu erproben, obwohl er in dieser Stadt (welche eine der edelsten Spaniens ist) bereits nutzbringende Ämter versah, die ihm als Lohn für seine Dienste übertragen worden waren, da begab er sich zum Infanten D. Henrique und bat ihn, er möge ihn nach jenem Lande schicken und dabei in Betracht ziehen, daß er ein Diener und Zögling seines Vaters sei und sowohl den Mut als auch das Alter habe, um zu dienen, und daß er sich noch nicht der Ruhe und dem Müßiggang hingeben wolle.

Der Infant, der seinen guten Willen dankbar aufnahm, ließ gleich eine Karavelle rüsten, mit der er besagten Dinis Dias aussandte, damit er seine gute Absicht unter Beweis stellen könne. Nachdem nun dieser mit seiner Mannschaft abgefahren war, wollte er nie die Segel einholen, bis er das Land der Mauren passiert hatte und das Land der Neger erreichte, welche Guineer genannt werden. Und weil wir in dieser Geschichte schon einige Male jenes andere Land, in das die ersten Seefahrer gesegelt waren, als Guinea bezeichnet haben, verwenden wir es nun gemeinschaftlich so; aber nicht weil beide Länder dasselbe wären, denn es gibt große Unterschiede zwischen ihnen, und sie sind sehr weit voneinander entfernt, was wir später noch genauer darlegen wollen, wenn wir einen geeigneten Ort dafür finden.

Wie sie nun so auf dem Meere dahinfuhren, wurde die Karavelle von Menschen gesehen, die sich an Land befanden und über die sie sehr verwundert waren. Denn wie es scheint, haben sie nie zuvor eine ähnliche Sache gesehen noch davon gehört; deshalb vermuteten einige, es handle sich um einen Fisch, andere waren der Ansicht, es sei ein Gespenst, wieder andere sagten, es könne ein Vogel sein, der sich fortbewegt, indem er auf solche Weise über das Meer läuft. Und während sie diese Ungeheuerlichkeit erörterten, gewannen vier von ihnen ihre Verwegenheit zurück, um alle Zweifel zu lösen. Sie bestiegen ein kleines Boot, das zur Gänze aus einem ausgehöhlten Stamm gemacht war und kein weiteres Zubehör aufwies. (Meiner Meinung nach muß es eine Art von *coucho* gewesen sein, ähnlich jenen auf den Wassern des Mondego oder Zézere, in welchen die Bauern in schweren Wintern übersetzen, wenn es nötig ist.)

Und so kamen sie ein großes Stück über das Meer hin auf die Karavelle zu, die ihrer Route folgte, und jene, welche sich auf ihr befanden, konnten sich nicht enthalten, auf Deck zu erscheinen. Und als die Neger sahen, daß die, welche da auf dem Schiff gefahren kamen, Menschen waren, beeilten sie sich, so rasch wie möglich zu entkommen. Und obwohl die Karavelle sie verfolgte, konnten sie des schwachen Windes wegen nicht eingeholt werden.

Wie sie so weitersegelten, stießen sie auf andere Boote, deren Besatzungen, als sie sahen, daß es sich bei den Unseren um Menschen handelte, von der Neuheit dieses Anblicks erschreckt und von Furcht gepackt, alle fliehen wollten. Aber weil die Gelegenheit diesmal günstiger war als beim vorigen Mal, wurden vier von ihnen gefangen. Das waren die ersten Neger, die in ihrem eigenen Land von Christen erbeutet wurden (und es gibt keine Chronik und keine Geschichte, in denen das Gegenteil behauptet würde).

Mit Gewißheit ist dies keine geringe Ehre für unseren

Prinzen, dessen machtvolle Kraft ausreichend war, um Leute dazu zu bringen, so weit von unserem Reich entfernt Beute in der Nachbarschaft des Landes Ägypten zu machen. Auch darf Dinis Dias von dieser Ehre nicht ausgenommen werden, denn er war der erste, der auf seinen Befehl hin Mauren in jenem Land gefangennahm.

Er segelte noch weiter, bis er ein großes Kap erreichte, dem er den Namen Kap Verde gab. Und es wird gesagt, daß sich dort viele Menschen befunden hätten, aber wir finden nirgendwo festgehalten, auf welche Weise sie mit ihnen zusammentrafen, oder ob sie diese vom Meer aus sahen, als sie auf dem Schiff waren, oder ob jene in ihren Booten herumfuhren und dem Fischfang nachgingen. Es genügt zu wissen, daß sie aus dieser Reise keinen weiteren Nutzen zogen, wenn man davon absehen will, daß sie auf einer Insel an Land gingen, auf der sie viele Ziegen und Vögel fanden, wodurch sie eine Aufbesserung ihrer Nahrungsmittel erhielten. Ebenfalls wird gesagt, daß sie dort viele fremdartige Dinge jenes Landes entdeckten, worüber später berichtet werden soll.

Von dort aus kehrten sie in dieses Reich zurück. Und wenn auch die Beute nicht so üppig ausgefallen war wie die der anderen, so hielt der Infant sie doch für sehr bedeutend, weil sie aus jenem Lande stammte. Und aus diesem Grunde erwies er Dinis Dias und seinen Gefolgsleuten große Gnaden.

Zwanzigstes Kapitel

WIE SIE DIE MAUREN AUF DEM KAP BRANCO FINGEN.

»Laßt uns noch einmal zum Kap Branco fahren«, sagte Antão Gonçalves, »denn ich habe gehört, es soll sich im Süden ein Dorf befinden, in dem wir Leute antreffen und erbeuten können, wenn wir jäh über sie herfallen.«

Alle sagten, daß dies ein guter Vorschlag sei, und daß man ihn gleich in die Tat umsetzen solle. Zu diesem Zweck wurden 35 Männer ausgewählt, die sich dafür am besten eigneten, und nachdem sie an Land gegangen waren, begaben sie sich gleich bei Einbruch der Dunkelheit zum Dorf, in dem sie aber gar nichts fanden.

»Es wird besser sein«, sagten einige von ihnen, »wenn wir zu den Booten zurückkehren, und so weit wie wir können am Ufer entlangrudern, bis wir nach Osten gelangen, und wenn wir dort angekommen sind, werden wir landeinwärts gehen, um quer zum Kap auf die Mauren zu treffen, denn sie müssen an der Längsseite besagten Kaps daherkommen, um sich ins Landesinnere zurückziehen zu können; und weil Frauen und Kinder dabei sind, wird es für sie nötig sein, einen Teil der Nacht auszuruhen. Und selbst wenn sie die ganze Nacht hindurch marschieren sollten, werden sie nicht so weit kommen, daß wir nicht von vorne auf sie treffen würden.«

Dieser Ansicht stimmten alle zu. Und indem sie die ganze Nacht ruderten, ohne sich irgendeine Pause zu gönnen (denn unter solchen Umständen trägt Faulheit die Hauptschuld an Mißerfolgen), neigte diese sich ihrem Ende zu.

Als es hell wurde, stiegen 28 von ihnen aus, während die übrigen als Wachen für die Boote zurückblieben. Diejenigen, welche an Land gegangen waren, entfernten sich so weit, bis sie eine hochgelegene Stelle erreichten, auf der sie merkten, daß sie von hier aus alle Teile bestens überblicken konnten.

Und indem sie ihre Augen, so gut sie konnten, gegen die Sonne schützten, die gerade aufzusteigen begann, sahen sie, daß Mauren und Maurinnen mit ihren Söhnen und Töchtern auf sie zukamen, die ihrer Schätzung nach etwa 70 oder 80 an der Zahl sein durften. Und ohne ein weiteres Wort oder irgendeine Art von Verabredung stürzten sie sich unter jene, wobei sie die üblichen Namen schrien, nämlich »São Jorge« und »Portugal«. Ihr Überfall verwirrte die Mauren derartig, daß die meisten von ihnen ihr Heil in der Flucht suchten, bis auf sieben oder acht, die sich zur Verteidigung bereitmachten, von denen aber gleich beim ersten Ansturm drei oder vier getötet wurden. Und nachdem diese gefallen waren, gab es dort keine weiteren Kampfhandlungen mehr, außer daß diejenigen, die flinke Beine hatten, ein Mittel darin zu sehen glaubten, ihr Leben zu retten. Jedoch die Unseren waren nicht müßig, denn wenn auch die Feinde sich beeilten zu entkommen, so ruhten sie keineswegs, denn in solchen Augenblicken dient Nachlässigkeit den anderen.

Auf diese Weise nahmen sie insgesamt 65 gefangen, die sie zu den Booten brachten.

Über ihre Freude muß ich nicht sprechen, denn der Verstand dürfte Euch sagen, wie groß sie gewesen sein muß, und zwar sowohl die Freude derer, welche sie brachten, als auch die der anderen auf den Karavellen, als sie mit ihnen ankamen.

Nach diesem Beutezug beschlossen sie, in das Reich zurückzukehren, denn sie merkten, daß sie aus jener Gegend nun keinen Nutzen mehr ziehen konnten, und das hauptsächlich des Mangels an Nahrungsmitteln wegen, die schon nicht mehr ausreichend waren, um länger für sie und die Gefangenen, die sie mit sich führten, zu genügen. Wobei hinzukam, daß der Weg weit war, und sie nicht wußten, was ihnen bei einer Fortsetzung der Fahrt noch begegnen würde. Deshalb brachten sie ihre Schiffe auf Kurs nach dem Reich, und zwar direkt auf Lissabon zu, wo sie höchst zufrieden über ihren Erfolg eintrafen.

Was müßte nun das wohl für einer gewesen sein, der nicht Begeisterung empfunden hätte beim Anblick der Menge, die ausströmte, um jene Karavellen zu sehen!? Denn sobald die Segel eingeholt waren, legten die Beamten, welche die Rechte des Königs einfordern, mit Booten vom Ufer ab, um zu erfahren, woher die Schiffe kamen und was sie brachten. Und kaum waren sie zurückgekehrt, da hatten sich die Neuigkeiten schon von den einen zu den anderen herumgesprochen, und innerhalb kürzester Zeit befanden sich so viele Menschen auf den Karavellen, daß diese nahezu versenkt wurden. Auch am nächsten Tag waren es nicht weniger, als man die Gefangenen von den Schiffen brachte und sie in verschiedene Paläste des Infanten führen wollte, die sich ziemlich weit vom Hafen entfernt befanden, denn aus allen anderen Teilen der Stadt kamen die Leute in jene Straßen gelaufen, durch welche die Gefangenen geführt werden mußten.

Gewiß – meint der Verfasser dieser Geschichte – könnte man nun leicht viele Menschen tadeln, von denen er eingangs sagte, daß sie über den Beginn dieser Unternehmungen murrten. Jedoch gab es hier inzwischen niemanden mehr, der für einen von jenen gehalten werden wollte, denn die Begeisterung des Volkes war riesig, als es sah, wie jene Gefangenen gefesselt die Straßen entlanggeführt wurden. Es lobte die großen Tugenden des Infanten, und hätte jemand gewagt, etwas dagegen zu sagen, so wäre er sehr rasch genötigt gewesen, seine Behauptungen zurückzunehmen, und auch dies hätte ihm möglicherweise wenig genützt, denn das Volk – insbesondere wenn es sich in Aufruhr befindet – kennt selten Pardon gegenüber jemandem, der eine andere Meinung hat als die, welche es selbst einmal in sich beschlossen trägt; mir scheint auch, daß niemand so boshafter Natur sein könnte, etwas derart Gutes zu schmähen, das unwahrscheinlichen Nutzen nach sich zog.

Der Infant hielt sich in Viseu auf, von wo aus er seinen Fünften einforderte, und die restlichen Gefangenen wurden von den Kapitänen in der Stadt verkauft, woraus im allgemeinen jedem ein großer Vorteil erwuchs.

Einundzwanzigstes Kapitel

ÜBER DIE WORTE, WELCHE GOMES PIRES SPRACH, UND WIE SIE NACH DEM LANDE GUINEA FUHREN.

Gomes Pires, der die Karavelle des Königs als Generalkapitän befehligte, und der ein Mann von Tatkraft und Autorität war, begann folgendermaßen vor versammelter Mannschaft über seine Absichten zu sprechen:

»Mir scheint«, sagte er, »die Kapitäne dieser kleinen Karavellen haben sich entschieden, ins Königreich zurückzukehren, weil sie die Gefahr fürchten, vom Winter überrascht zu werden, wenn sie sich noch weiter von hier entfernen. Aber weil Ihr, ehrenwerte Herren und Freunde, genau wißt, wie übermäßig der Wunsch des Infanten ist, Kenntnisse vom Land der Neger zu erhalten und dort besonders vom Fluß Nil, habe ich beschlossen, die Reise nach jenem Land anzutreten, und ich will mich bemühen, wie ich nur kann, diesen Fluß zu erreichen, um danach über die anderen Dinge so genaues Wissen als irgend möglich zu erlangen. Und ich setze all meine Hoffnung darein, daß ich auf dieser Fahrt am meisten darüber erfahren kann, was für mich nicht wenig bedeuten würde, denn ich weiß, daß mir der Herr Infant dafür Gunst und Ehre erweisen wird, die mir sehr zum Vorteil gereichen könnten. Und nachdem das Schiff für eine derartige Unternehmung bestens ausgerüstet ist, würde ich einen Fehler begehen, täte ich das Gegenteil. Wenn nun also irgendeiner von Euch mich begleiten will, werde ich zu Eurer vollen Verfügung stehen, sofern Eure Absichten diesem Zweck nicht zuwider laufen.«

»Wahrhaftig, ich muß Euch sagen«, antwortete Lançarote, »daß dies gänzlich meine ursprünglichste Anschauung war, noch bevor Ihr irgendein Wort davon gesprochen hattet; und es ist mir eine Freude, Eurem Vorschlag zu folgen, denn so wurde es mir vom Infanten, meinem Herrn, befohlen.«

»Nun«, sagte Álvaro de Freitas, »auch ich bin nicht der Mann, der sich von einem solchen Unternehmen ausschließen möchte. Fahren wir also, wohin auch immer Ihr wollt, und wenn es bis zum irdischen Paradies sein sollte.«

Damit waren auch noch drei weitere Kapitäne einverstanden, nämlich Rodrigo Anes de Travaços, Schildknappe des Regenten, Lourenço Dias, ebenfalls ein Schildknappe, aber des Infanten D. Henrique, und Vicente Dias, ein Händler. Und mit diesem festen Vorsatz nahmen sie sofort ihre Fahrt in Angriff.

Nach ihnen segelten noch zwei weitere Karavellen ab, nämlich eine aus Tavira und eine andere, die einem Mann aus Lagos gehörte, welchen sie den *Picanço* nannten. Aber von der Reise dieser beiden wollen wir an anderem Ort berichten, denn sie erreichten das Land der Neger nicht.

Nachdem nun diese sechs Karavellen ausgelaufen waren, nahmen sie ihren Weg der Küste entlang. Und sie fuhren so weit, daß sie die Sahara, das Land der Mauren, die *azanegues* genannt werden, passierten. Dieses Land ist äußerst leicht vom anderen zu unterscheiden, nämlich wegen des vielen Sandes, den es dort gibt und dann durch die Vegetation, die man in ihm nicht findet (und das aufgrund des Mangels an Wasser, der eine große Trockenheit verursacht).

In dieses Land ziehen für gewöhnlich alle Schwalben und so auch die anderen Vögel, die zu gewissen Zeiten in unserem Reich auftauchen, wie etwa Störche, Wachteln, Turteltauben, der Wendehals, Nachtigallen, *folosas* und noch andere mehr. Es gibt auch viele dort, die wegen des frostigen Winters aus unserem Land fortfliegen und jenes seiner Wärme halber aufsuchen; andere aber verlassen es im Winter, wie Falken, Reiher und *pombos trocazes*, Krammetsvögel und etliche weitere, die in jenem Land brüten und dann zu uns gezogen kommen, weil sie hier ihrer Natur angepaßtes Futter finden.

Und von diesen Vögeln sahen die Männer auf den Kara-

vellen eine Unmenge über dem Meer oder an Land in ihren Nestern.

Und nachdem ich nun schon einmal diese Materie angeschnitten habe, kann ich es nicht lassen, noch ein wenig mehr von der Mannigfaltigkeit weiterer Vögel und Fische zu berichten, über die ich erfahren habe, daß es sie in jenem Lande gibt. Unter denen befinden sich vor allem Vögel, die Flamingos genannt werden, welche die Größe von Reihern haben und diesen auch in der Länge der Hälse gleichen; sie haben jedoch weniger Federn und kleinere Köpfe im Verhältnis zum Körper, aber die Schnäbel sind stark, wenn auch kurz und so gewichtig, daß die Hälse sie beinahe nicht tragen können, weshalb die Vögel den Schnabel immer an die Ständer gelehnt halten oder die meiste Zeit unter das Federkleid stecken. Und hier finden sich auch die anderen Vögel, welche größer als Schwäne sind, Nashornvögel genannt werden, und von denen wir schon gesprochen haben.

Und auch Fische gibt es hier, die drei oder vier Handbreit lange Schnäbel haben, einige kürzere, andere längere, in denen sich im Unter- wie im Oberkiefer Zähne befinden, die so dicht stehen, daß kein Finger dazwischen passen würde; sie sind aus dünnem Bein, kaum größer als die einer Säge, haben aber weitere Zwischenräume untereinander. Die Fische sind riesig und länger als *cações*, ihre Kinnladen sind aber nicht breiter als bei anderen Fischarten. Man findet dort auch noch andere, die klein wie Meeräschen sind und auf dem Kopf so etwas wie Kronen haben, mit denen sie atmen, weil sie wie Kiemen funktionieren; und wenn man sie mit diesen Kronen nach unten auf irgendeinen Teller legt, dann saugen sie sich daran so fest, daß, will man sie abnehmen, sie den Teller mit sich aufheben, wie es die Neunaugen mit ihren Mäulern tun, wenn sie lebendig sind.

Und so gibt es noch viele andere Vögel, seltsame Tier- und Fischarten in jenem Land, von denen wir nicht genauer das Äußere beschreiben wollen, denn dies würde dazu führen, daß wir uns zu weit von der Geschichte entfernten.

Zweiundzwanzigstes Kapitel

WIE DIESE KARAVELLEN DEN FLUSS NIL ERREICHTEN UND ÜBER DIE GUINEER, DIE GEFANGEN WURDEN.

Nachdem diese Karavellen am Land der Sahara bereits vorbeigekommen waren, wie wir sagten, sahen sie die zwei Palmen, auf welche Dinis Dias früher schon einmal getroffen war, und durch die sie erkannnten, daß dort das Land der Neger begann, weshalb sie dieser Anblick sehr erfreute. Daher wollten sie gleich an Land gehen, aber sie fanden das Meer vor der Küste so aufgewühlt, daß sie unmöglich ans Ufer gelangen konnten.

Einige von jenen, die dabei waren, sagten später, daß der Duft, der vom Festland kam, deutlich die Güte der Früchte zeigte, denn er war so köstlich, daß es, als er sie erreichte, während sie sich auf dem Meer befanden, ihnen schien, als ob sie in irgendeinem lieblichen Obstgarten stünden, der nur zu ihrem Ergötzen geschaffen worden sei.

Und wenn die Unseren den starken Wunsch hatten, das Land zu erreichen, so zeigten seine Bewohner nicht weniger Verlangen, sie dort zu empfangen. Aber mit der Aufnahme will ich mich nicht abgeben, denn wie sich bei der ersten Gelegenheit herausstellen sollte, verstanden sie es nicht, das Ufer des Meeres zu verlassen, ohne daß einem Teil sehr großer Schaden zugefügt wurde.

Die Menschen dieses grünen Landes sind vollkommen schwarz, und deshalb wird es das Land der Neger oder Land von Guinea genannt, aus welchem Grund seine Männer und Frauen als Guineer bezeichnet werden (was soviel wie Schwarze bedeutet).

Und als die auf den Karavellen die ersten Palmen und hohen Bäume sichteten, wie wir bereits schilderten, da erkannten sie gleich, daß sie sich in der Nähe des Flusses Nil befanden, und zwar an dem Teil, der sich ins westliche

Meer ergießt, und welcher Fluß Sanaga genannt wird. Und sie wußten das, weil der Infant ihnen gesagt hatte, sie sollten, sobald sie jene Bäume erblickt hätten, etwa 20 Léguas weiter nach besagtem Fluß Ausschau halten, denn so hatte er es von einem der *azanegues* gehört, die seine Gefangenen waren.

Und wie sie so das Ufer absuchten, ob sie vielleicht den Fluß entdeckten, da gewahrten sie etwa zwei Léguas vor Land eine gewisse Färbung des Meerwassers, die sich von der übrigen unterschied und lehmfarben war. Sie dachten, es könne sich um irgendwelche Untiefen handeln, und loteten deshalb zur Sicherheit für ihre Schiffe die Tiefe, wobei sie aber keinen Unterschied zu anderen Orten fanden, an denen es diese Veränderung nicht gab, worüber sie hauptsächlich wegen der Verschiedenartigkeit der Farbe erstaunt waren. Dabei geschah es, daß einer von denen, die das Lot hinabließen, zufälligerweise und nicht aufgrund von Kenntnis, die Hand zum Mund führte und die Süße bemerkte.

»Wir haben noch ein Wunder«, sagte er zu den anderen, »denn das ist Süßwasser.«

Da warfen sie gleich ihren Eimer aus und kosteten das Wasser, von dem alle tranken, nachdem es keinen Mangel daran gab und es außerordentlich gut schmeckte.

»Wahrhaftig«, riefen sie, »wir befinden uns in der Nähe des Flusses Nil, denn dieses Wasser scheint von ihm zu kommen, und vermittels seiner ungeheueren Kraft durchbricht er das Meer, um sich auf diese Weise in es zu ergießen.«

Daraufhin sandten sie den anderen Karavellen Signale und steuerten auf den Fluß zu, dessen Mündung sie nicht weit entfernt fanden. Und als sie schon nahe der Einfahrt waren, warfen sie noch außerhalb Anker.

Die Leute auf der Karavelle des Vicente Dias ließen das Beiboot zu Wasser, auf das sich etwa acht Männer begaben, unter denen sich jener Schildknappe aus Lagos befand, Estevão Afonso mit Namen, von dem wir bereits sprachen (er kam später auf den Kanarischen Inseln um), und der zum Teil jene Karavelle ausgerüstet hatte. Wie sie so alle acht im Boot dahinfuhren und einer von ihnen die Flußmündung beobachtete, da sah er den Eingang einer Hütte, und sagte zu seinen Gefährten:

»Ich weiß nicht, wie in diesem Lande die Hütten gebaut werden, aber nach der Machart anderer, die ich schon gesehen habe, dürfte das, was ich jetzt sehe, eine Hütte sein; und ich vermute, daß es sich um die Hütte irgendwelcher Fischer handelt, die an diesen Fluß kommen, um Fischfang zu treiben. Und wenn es Euch recht ist, dünkt es mich, wir sollten über jene Stelle hinausgelangen, so, als ob wir die Öffnung der Hütte nicht entdeckt hätten; dann könnten einige von uns an Land gehen und später hinter den Dünen hervorkommen. Und sollten sich Leute in der Hütte befinden, so wäre es möglich, sie gefangenzunehmen, bevor sie Euch bemerken.«

Den anderen schien das, was jener sagte, gut, und so begannen sie, es in die Tat umzusetzen. Und sobald sie das Land angelaufen hatten, stiegen Estevão Afonso und mit ihm fünf weitere Männer aus, und sie gingen so vor, wie der andere vorher geraten hatte.

Wie sie solcherart versteckt in die Nähe der Hütte kamen, sahen sie einen schwarzen, völlig nackten Knaben heraustreten, der einen Speer in der Hand trug, und den sie sofort einfingen. Und als sie zur Behausung gelangten, fanden sie ein Mädchen, das seine Schwester und etwa acht Jahre alt war.

Diesen Knaben ließ der Infant später lesen und schreiben lernen und auch all die anderen Dinge, welche ein Christenmensch wissen mußte. Und es gibt noch viele Christen, die sie nicht so gut kennen, wie jener sie wußte: denn er wurde das Pater Noster und das Ave Maria gelehrt, die Glaubenssätze, die Vorschriften des Gesetzes und die Werke der Barmherzigkeit. Und ebenso viele weitere Sachen, wie auch jener, den der Infant (wie einige behaupte-

Schwarze Musikanten (1. Balafo, ein Instrument. 2. Hütten der Schwarzen in Senega.)

ten) auf die Priesterschaft vorbereiten ließ, weil er die Absicht hatte, ihn später in besagtes Land zu schicken, um den Glauben Jesu Christi zu verbreiten. Aber ich glaube, er starb dann, noch bevor er ganz erwachsen war.

Sie betraten also die Hütte, in der sie einen schwarzen, völlig runden Lederschild entdeckten, etwas größer als jene, die in diesem Lande benutzt werden, der in der Mitte einen erhabenen Schildbuckel aufwies, welcher aus demselben Leder gefertigt war, und zwar handelte es sich um das eines Elefantenohres, wie später einige Guineer feststellten, die es sahen, und sie sagten, daß alle Schilde aus der Haut dieser Tiere gemacht würden. Und sie ist viel dicker als nötig, so daß man sie der Länge nach halbiert und mit Werkzeugen dünner klopft, die eigens dafür geschaffen wurden. Und jene erzählten noch weiter, die Größe dieser Elefanten sei derartig, daß ihr Fleisch gut und gerne 2500 Menschen sättige, und sie selbst halten es für vortreffliches Fleisch, die Stoßzähne verwenden sie aber in keiner Weise, im Gegenteil, sie werfen sie weg. Ich hörte jedoch, daß diese Knochen in der Levante ohne weiteres tausend *dobras* wert sind, wobei es sich um das Elfenbein eines einzigen Elefanten handelt.

Nachdem sie nun jene Kinder und Dinge an sich genommen hatten, brachten sie sie gleich auf das Boot.

»Es wird gut sein«, sagte Estevão Afonso zu den anderen, »wenn wir hier in der Nähe die Gegend durchstreifen, um zu sehen, ob wir Vater und Mutter dieser Kinder finden, denn dem Alter und der Konstitution der beiden nach kann es nicht sein, daß die Eltern sie hier zurückließen, um sich weit zu entfernen.«

Die anderen sagten, daß er ruhig hingehen möge, wohin es ihn nützlich dünke, denn sie sähen kein Hindernis, ihm zu folgen.

Wie sie so ein Stück gegangen waren, hörte Estevão Afonso plötzlich die Hiebe einer Axt oder irgendeines anderen Werkzeuges, mit dem jemand Holz bearbeitete. Er hielt inne, um zu lauschen, und auch die anderen taten es ihm gleich. Solcherart wurden sie alle gemeinsam gewahr, daß sich das, was sie suchten, in der Nähe befand.

»Nun«, sagte er, »Ihr kommt nach und laßt mich alleine

vorausgehen, denn wenn wir alle zusammen gehen, und sollten wir noch so leise sein, wird man uns notgedrungen bemerken, weshalb jener, wer immer er sein mag, sich selbstverständlich in Sicherheit bringen wird, bevor wir ihn erreichen. Wenn ich mich jedoch geduckt an ihn heranschleiche, werde ich ihn plötzlich überrumpeln können, ohne daß er mich vorher bemerkt. Dennoch mögen aber Eure Schritte nicht so langsam sein, daß mich Eure Hilfe zu spät erlangte, wenn sie mir zufälligerweise vonnöten sein sollte, falls ich in äußerste Gefahr gerate.«

Nachdem sie sich darauf geeinigt hatten, machte sich Estevão Afonso auf den Weg. Und bei der Vorsicht, die er auf die Geräuschlosigkeit seiner Schritte verwandte, und der Aufmerksamkeit, mit welcher der Guineer seine Arbeit verrichtete, konnte dieser sein Kommen nicht bemerken, bis der ihn mit einem Satz ansprang. Ich sage »mit einem Satz«, denn Estevão Afonso war dick und von kleiner Statur, während der Guineer das völlige Gegenteil von ihm darstellte. Estevão Afonso packte ihn fest bei den Haaren, so daß er, versuchte der Guineer sich aufzurichten, mit den Beinen in der Luft baumelte.

Der Guineer war tapfer und kräftig, und es schien ihm eine Schmach zu sein, auf diese Weise von einem so kleinen Ding bezwungen zu werden (wenn er bei sich auch befürchtete, daß dies geschehen könnte); aber wie immer er sich mühte, er konnte ihn nicht abschütteln (mit solcher Kraft hatte der sich in des anderen Haar verkrallt, daß der Kampf der beiden nichts anderes schien, als die Dreistigkeit eines kühnen Windspiels, das sich in das Ohr irgendeines mächtigen Stieres verbissen hat).

Und um die Wahrheit zu sagen, die Hilfe der anderen schien dem Estevão Afonso schon zu spät zu kommen, und ich glaube, daß sein Herz den vorher gefaßten Entschluß ordentlich bereute, und wenn zu diesem Zeitpunkt eine Übereinkunft möglich gewesen wäre, so weiß ich, daß er es für vorteilhafter gehalten hätte, den Gewinn für die Sicherheit, die er durch den Verlust erlangen würde, fahren zu lassen. Und wie sie also beide hartnäckig blieben, da kamen die anderen und packten den Guineer bei den Armen und im Nacken, um ihn zu binden.

Und weil Estevão Afonso dachte, daß er schon in den Händen der anderen gefangen sei, ließ er dessen Haare los. Als der Guineer merkte, daß er seinen Kopf frei bekommen hatte, schüttelte er die übrigen von seinen Armen, schleuderte jeden auf seine Seite und ergriff die Flucht. Ihn zu verfolgen nützte ihnen wenig, da seine Behendigkeit den Bewegungen der anderen weit überlegen war. Wie er so lief, flüchtete er sich in einen Wald, den dichtes Gestrüpp durchsetzte, wo ihn jene nun suchten, da sie glaubten, hier seiner habhaft werden zu können; er jedoch hatte bereits seine Hütte erreicht und beabsichtigte, seine Kinder in Sicherheit zu bringen und die Waffen mitzunehmen, welche er bei ihnen zurückgelassen hatte.

Aber all seine vorherige Anstrengung war nichts im Vergleich mit dem großen Kummer, der ihn überkam, als er das Fehlen der Kinder bemerkte, die er nicht antraf. Und weil ihm der kleine Hoffnungsschimmer blieb, daß sie sich vielleicht irgendwo versteckt hätten, begann er nach allen Seiten hin Ausschau zu halten, ob er irgendwo etwas von ihnen sähe. In diesem Moment erschien Vicente Dias, jener Händler, der Erster Kapitän besagter Karavelle war, von der das Beiboot stammte, das die anderen benutzt hatten. Und es scheint, daß jener, weil der dachte, hier ein wenig am Strand spazierengehen zu können, wie er es in Lagos zu tun pflegte, keine andere Waffe bei sich trug als einen *bicheiro*.

Aber kaum hatte der Guineer ihn zu Gesicht bekommen, da griff er ihn – so wutentbrannt, wie Ihr Euch vorstellen müßt, daß er war – auch schon an. Und obwohl Vicente Dias sah, wie zornig er auf ihn zukam, und bemerkte, daß er für seine Verteidigung besser bewaffnet sein müßte und auch wußte, daß ihm Flucht nichts nützen, sondern ihn

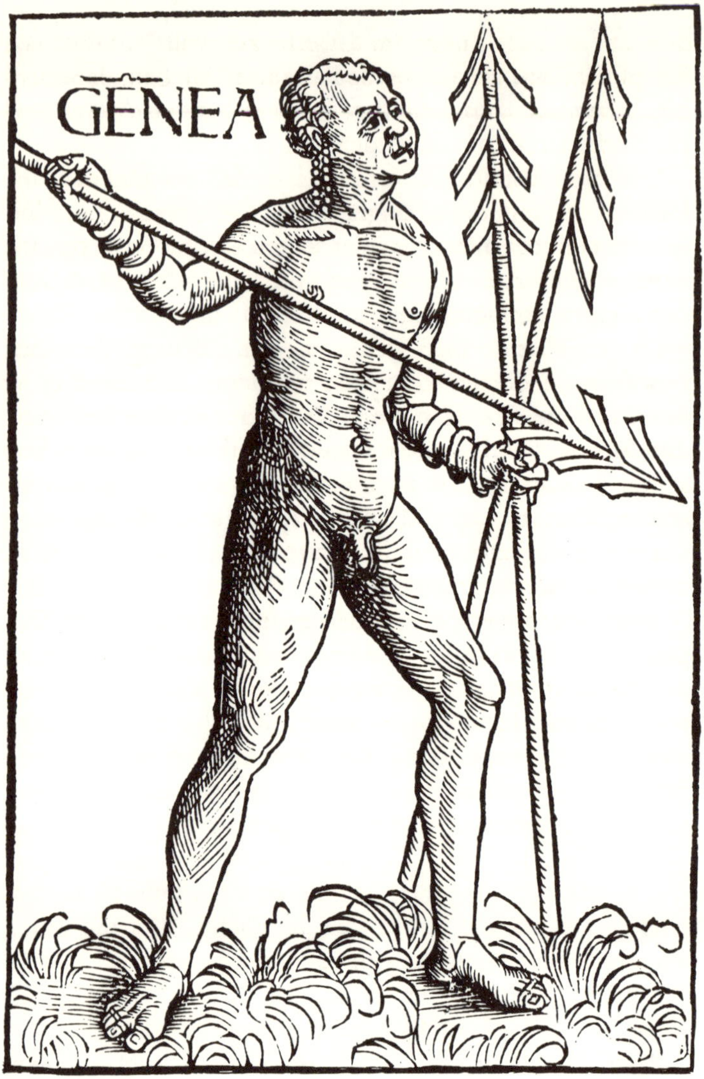

Bewaffneter, zum Angriff bereiter Guineer

eher auf viele Arten benachteiligen würde, erwartete er ihn, ohne ein Zeichen von Angst zu zeigen.

Der Guineer, der hart angriff, fügte ihm sogleich mit

dem Speer eine Wunde im Gesicht zu, wobei er ihm fast das ganze Kinn zerschnitt; dafür erhielt der Guineer ebenfalls eine Verletzung, die aber nicht so schwer war im Vergleich zu der, die er verursacht hatte.

Und weil die Waffen für einen derartigen Kampf nicht hinlänglich waren, warfen sie diese beiseite und wurden handgemein. Und so ging es eine ganze Weile, daß sie sich miteinander auf dem Boden wälzten, und jeder versuchte, den Sieg für sich zu erringen.

Da sah Vicente Dias einen zweiten Guineer, der noch kein Mann, aber auch kein Kind mehr war, und der dem ersten zu Hilfe eilte. Und wenn dieser auch sehr tapfer und stark war und so wild entschlossen kämpfte, wie wir schon sagten, so hätte er sich doch der Gefangennahme nicht entziehen können, wenn der andere nicht hinzugekommen wäre, und wegen diesem mußte er nun ersteren loslassen.

In dem Moment erschienen die Männer vom Schiff, der Guineer allerdings war schon frei. Und als Männer, die das Laufen zur Gewohnheit haben, brachten die Guineer sich in Sicherheit, wobei sie kaum fürchteten, daß es den Feinden einfallen würde, sie zu verfolgen.

Schließlich zogen sich die Unseren mit der mageren Beute, die sie schon vorher im Boot gehabt hatten, auf ihre Karavellen zurück.

Dreiundzwanzigstes Kapitel

ÜBER DIE DINGE, WELCHE RODRIGO ANES DE TRAVAÇOS UND DINIS DIAS ERLEBTEN.

Wir haben schon vorher davon gesprochen, wie Rodrigo Anes und Dinis Dias sich zusammenschlossen, aber der rechte Platz, um ihre Erlebnisse in einer genauen Schilderung wiederzugeben, ist hier.

Nachdem sie sich also auf die Weise zusammengetan hatten, wie wir schon sagten (wobei wir glauben, daß dies nach dem Untergang der *fusta* geschah), gelangten sie zum Kap Verde, von wo aus sie zu den Inseln[22]) weiterfuhren, um dort Wasser aufzunehmen; und an den Spuren, die sie fanden, erkannten sie deutlich, daß die anderen Schiffe auch schon hier angelegt hatten.

Daraufhin begannen sie die Guineer anzugreifen, die zu suchen sie hergekommen waren. Sie fanden diese jedoch so gut bewaffnet, daß sie, trotz häufiger Versuche, an Land zu gelangen, immer auf so starken Widerstand stießen, weshalb sie es nicht wagten, jenen entgegenzutreten.

»Möglicherweise«, sagte Dinis Dias, »sind diese Männer des Nachts nicht so stark in ihrer Verteidigung wie am Tage. Deshalb will ich herausfinden, ob ihre Kühnheit tatsächlich so groß ist, was ich in der kommenden Nacht leicht feststellen kann.«

Und das wurde auch wirklich in die Tat umgesetzt. Denn kaum hatte die Sonne ihre sämtlichen Strahlen ganz versteckt, begab er sich an Land und nahm zwei Männer mit; und er stieß auf zwei Siedlungen, die ihm aber so groß erschienen, daß er es für besser hielt, von ihnen abzulassen. (Denn sein Kommen hatte nicht den Zweck, irgendeine Sache zu unternehmen, sondern nur die Kameraden zu unterweisen, was sie zu tun hätten.) Also kehrte er zum Schiff zurück und sprach daraufhin mit Rodrigo Anes und den anderen über alles, was er gesehen hatte.

»Wir würden wenig Umsicht zeigen«, sagte er, »wollten wir einen derartigen Kampf herausfordern, denn ich habe ein Dorf gefunden, das aus zwei sehr großen Lagern besteht; und Ihr wißt bereits, daß die Menschen dieses Landes nicht so leicht zu fassen sind, wie wir es gerne hätten, denn diese Männer sind sehr stark, vorsichtig und gewandt im Kampfe, und das Schlimmste ist, daß sie ihre Pfeile mit einem sehr gefährlichen Kraut vergiften. Deshalb glaube ich, daß wir uns zurückziehen sollten, denn alle unsere Bemühungen würden unseren Tod verursachen, wollten wir uns mit diesen Leuten einlassen.«

Woraufhin die anderen sagten, daß dies sehr richtig sei, denn alle wußten, daß er die Wahrheit sprach. Danach setzten sie die Segel und begannen abzufahren.

Von einer Angelegenheit, die er auf jener Insel gesehen hatte, sagte Dinis Dias, daß sie ihm eigenartig erscheine im Vergleich zu dem, was er kenne; und zwar hatte er unter den Rindern zwei Tiere entdeckt, welche, verglichen mit dem übrigen Vieh, völlig anders aussahen. Weil sie aber mit ihm gemeinsam gehalten wurden, denke ich, daß es möglicherweise Büffel waren, welche Tiere sind, die zur Art der Rinder gezählt werden.

Und wie sie also umkehrten, sagte Rodrigo Anes, der von jenem Lande unzufrieden abfuhr, weil er keinen Ort fand, wo er den guten Willen, den er hatte, unter Beweis stellen und irgend etwas Ehrenhaftes vollbringen konnte, zu Dinis Dias, daß es ihn gut dünke, einige Leute an Land zu senden, denn es könne sein, daß irgendwelche Mauren kämen, um das Holz der *fusta* einzusammeln, die sie vorher zurückgelassen hatten, nachdem sie gesunken war; und wenn sie welche träfen, so könne es wohl nicht geschehen, daß keine gefangen würden.

Nachdem sich auch Dinis Dias dieser Meinung anschloß, ließen sie ihre Beiboote zu Wasser, in denen 20 Mann an Land geschickt wurden. Es scheint wohl, daß sich Rodrigo Anes in seiner Vermutung nicht täuschte, denn die Mauren liefen schon am Strand entlang, um jenes Holz aufzulesen. Wie sie nun sahen, daß die Boote auf das Land zuhielten, entfernten sie sich ein gutes Stück vom Meeresufer, wie jemand, der sich sagt: die sind gekommen, um uns zu holen, nun wollen wir eine Art und Weise suchen, durch die wir uns nicht nur retten, sondern ihnen auch noch Schaden zufügen können. Und sie legten sich in zwei Hinterhalte, um die Unseren vom Strand wegzulocken und ihre Kräfte in völliger Sicherheit vor eigener Gefährdung nützen zu können.

Die Christen kamen an Land, wo sie ein wenig innehielten, um sich über ihr Vorgehen zu beraten, und das, weil sie von den Mauren Spuren fanden, wegen derer ihnen schien, daß sie nicht weit entfernt sein mußten, wenn sich auch an der Zahl der Spuren erkennen ließ, daß es viel mehr waren, als ihre eigenen Kräfte aushalten konnten; deshalb wollten einige umkehren, denn das war keine Angelegenheit, der man sich anvertraute.

»Nun«, sagten andere, »hier gibt es nichts weiter zu überlegen, wir sind nun schon einmal an Land, und es wäre eine Schande, wollten wir umkehren. Die Boote sind es, die zurückfahren sollen, wir werden unsere Feinde suchen, und in der Hand Gottes möge alles liegen, was uns zustoßen wird.«

Und von den 20 Mann kehrten sechs auf die Boote zurück, um sie zu den Schiffen zu bringen; die übrigen 14 rückten vor, nachdem sie merkten, daß die Spur ins Landesinnere führte. Aber sie sollten nicht lange gehen müssen, denn der erste Hinterhalt begann sich ihnen gleich zu entdecken. Es handelte sich um etwa 40 Mauren, die sehr hitzig auf sie zuliefen, wie jemand, der seiner Überlegenheit wegen glaubt, den Sieg in Händen zu halten. Und das nicht nur aufgrund des zahlenmäßigen Vorteils dieser ersten Gruppe, sondern weil sich noch die anderen im zweiten Hinterhalt befanden, von denen sie sicher waren, daß sie zu Hilfe eilen würden.

Aber wenn auch die Mauren großen Mut durch diese Gewißheit in sich trugen, so kehrten ihnen die Christen dennoch nicht den Rücken. Sie machten im Gegenteil ihre Waffen bereit, und wie Männer ohne jegliche Angst erwarteten sie den Angriff ihrer Feinde. Deshalb gestaltete sich die Schlacht zwischen ihnen sehr erbittert, und Ihr sollt wissen, daß die Lanzen und Pfeile nicht zur Ruhe kamen, allerdings fanden sie keinen Harnisch und kein Panzerhemd, die ihnen nicht widerstanden hätten. Auf dem Boden fanden sich keine Steine, mit denen sich die Mauren hätten behelfen können, und nachdem sie entwaffnet waren und die Christen all ihre Kraft darein legten, sie zu verwunden und zu töten, merkten die Mauren, daß sie selbst nicht unbesiegbar waren, und entfernten sich von den Unseren so weit als möglich.

In dieser Schlacht tat sich ein Jüngling aus dem Haushalt des Infanten besonders hervor, der sich Martim Pereira nannte, und dessen Schild von den Waffen der Feinde nicht weniger bespickt wurde als das Rückgrat eines Stachelschweines, wenn es seine Stacheln aufstellt.

Vierundzwanzigstes Kapitel

WIE NUNO TRISTÃO IM LANDE GUINEA GETÖTET WURDE, UND WER MIT IHM STARB.

Oh! Wie finde ich mit so kurzen Worten den Bericht vom Tode eines derart edlen Ritters aufgezeichnet, wie es dieser Nuno Tristão war, von dessen raschem Ende ich in diesem Kapitel sprechen muß.

Ich könnte ihn gewiß nicht ohne Tränen ertragen, wüßte ich nicht um die ewige Ruhe, die seine Seele empfängt, und mir will scheinen, die wahren Katholiken würden es für Neid halten, beweinte ich den Tod jenes Mannes, für den Gott gesorgt hat, daß er an Seiner Unsterblichkeit teilhaben kann.

Und in der Tat, nachdem er der erste Ritter war, der in jenem Lande mit eigener Hand einen anderen zum Ritter schlug (mit dessen Beutezug ich dieses Buch begonnen habe), so wünschte ich nun fast, das Buch mit seinem Tode zu beenden, indem ich seiner göttlichen Seele den ersten Platz unter der himmlischen Gnade anweise, gleichermaßen als Einleitung für all die anderen, die im Dienste am Herrn in besagtem Lande umgekommen sind. Denn da dieser treffliche Ritter den starken Wunsch und das sehnliche Begehren unseres tugendhaften Prinzen genauestens kannte, nachdem er ja von Kind auf an dessen Hof erzogen worden war, und sah, wie der sich bemühte, seine Schiffe zum Land der Neger zu schicken und noch viel weiter hinunter, wenn es nur möglich war, und hörte, daß schon einige Karavellen den Fluß des Nil passiert hatten, und er die Dinge erfuhr, die man von dem Land der Neger erzählte: da schien ihm, wenn er nicht einer der Ausgezeichneten sein sollte, welche dem Infanten, seinem Herrn, dienten, und es in jenem Land nicht irgendeine hervorragende Sache geben sollte, die er tun oder finden konnte, so würde er den Namen eines Edelmannes nicht verdienen. Deshalb rüstete er sofort eine Karavelle aus, und kaum war sie bereit, trat er seine Reise an, und ohne sich irgendwo aufzuhalten, steuerte er immer auf das Land der Neger zu.

Nachdem er das Kap Verde passiert hatte, segelte er noch 60 Léguas weiter, wo er einen Fluß entdeckte, von dem ihm schien, daß sich an seinen Ufern Ansiedlungen befinden könnten. Aus diesem Grund ließ er zwei kleine Boote, die er mit sich führte, zu Wasser bringen, welche mit 22 Mann besetzt wurden, nämlich zehn im einen und zwölf im anderen. Wie sie aber in die Flußmündung einfuhren, begann die Flut zu steigen, mit der sie hineintrieben, und sie hielten auf einige Hütten zu, die sie rechter Hand erblickten. Und da geschah es, daß, bevor sie an Land gelangt wären, von der anderen Seite zwölf Schiffe ablegten, in denen sich einige 70 oder 80 Guineer befanden, die sämtlich schwarz waren und Bögen in den Händen hielten. Und weil das Wasser immer noch anstieg, setzte weiter vorne ein Schiff der Guineer über und brachte die, welche es mit sich führte, an Land, von wo aus sie begannen, jene, die sich in unseren Booten befanden, mit Pfeilen zu beschießen. Und die anderen, die noch in den Schiffen waren, beeilten sich, so sehr sie konnten, an die Unseren heranzukommen, und kaum hatten sie sich genügend genähert, da verschwendeten sie auch schon jene ganze unselige Munition, die voller Gift war, auf die Körper der Unseren.

Diese ruderten nun zur Karavelle zurück, die außerhalb des Flusses auf dem offenen Meere lag, obwohl sie alle von jenem Gift getroffen waren, und noch bevor sie auf das Schiff gelangten, gab es schon vier Tote in den Booten. Und so verwundet wie sie waren, vertäuten sie die kleinen Boote an ihrer Karavelle und rüsteten sie zur Fahrt, obwohl sie die gefährliche Situation erkannten, in der sie sich befanden. Aber sie konnten die Anker nicht einholen, weil sie von der großen Menge an Pfeilen bedroht waren, mit welchen sie angegriffen wurden, weshalb sie sich gezwungen sahen, die Ankertaue zu kappen, so daß ihnen kein einziger verblieb.

Sie gingen also unter Segel, mußten jedoch die Boote zurücklassen, weil es ihnen nicht gelang, sie heraufzuziehen. Und so entkamen von den 22, die ausgefahren waren, nicht mehr als zwei, nämlich André Dias und Álvaro da Costa, beide Schildknappen des Infanten und aus der Stadt Évora gebürtig; und 19 starben, weil jenes Gift so kunstvoll zusammengesetzt war, daß es bei einer kleinen Wunde, sofern nur etwas Blut austrat, den Männern den sicheren Tod brachte.

Dort wurde jener edelmütige Ritter Nuno Tristão getötet, der noch so begierig nach dem Leben war, weil er keinen Platz gefunden hatte, um seinen Tod als tapferer Mann zu erkaufen; ebenso ein anderer Ritter, der sich João Correia nannte, weiter ein Duarte de Holanda, ein Estevão de Almeida und Diogo Machado, alles Edelleute und Jünglinge, die der Infant an seinem Hofe erzogen hatte, und auch Schildknappen und Fußvolk, die derselben Erziehung entstammten, und schließlich kamen noch Seeleute und andere Besatzungsmitglieder um. Möge es genügen zu wissen, daß es im ganzen 21 waren, denn von jenen sieben, die sich auf dem Schiff befanden, wurden noch zwei verwundet, als sie die Anker lichten wollten.

Aber von wem verlangt Ihr, daß er nun das Schiff dazu gebracht hätte, die Reise anzutreten und von jenen verwünschten Leuten wegzukommen? Denn jene beiden Schildknappen, von denen wir sagten, daß sie noch lebten, waren der Gefahr nicht gänzlich entronnen, denn da sie verwundet waren, lagen sie auf den Tod darnieder, und diese Vergiftung warf sie für 20 Tage auf das Lager, ohne daß sie den anderen, die sich mühten, das Schiff zu lenken, irgendwie behilflich sein konnten; und jene anderen zählten nicht mehr als fünf Personen: nämlich ein Schiffsjunge, der in der Kunst der Schiffahrt sehr wenig unterrichtet war, ein Page vom Hofe des Infanten, genannt Aires Tinoco, der als Schreiber diente, ein Knabe aus Guinea, der gefangen worden war, als man die erste Beute in jenem Lande machte und noch zwei weitere ziemlich kleine Knaben, die bei einigen jener Schildknappen lebten, die hier den Tod fanden.

Gewiß muß man in jener Stunde Mitleid mit ihnen haben, als sie vor eine so schwere Aufgabe gestellt waren: beklagenswert und bekümmert blieben sie nach dem Tode eines derartigen Kapitäns und dem Verlust ihrer anderen Kameraden und Freunde zurück; Angst empfanden sie vor solcherart abscheulichen Feinden wie jenen, die sie in ihrer Nähe wußten, und durch deren tödliche Angriffe innerhalb kürzester Zeit so viele und so hervorragende Männer den Tod gefunden hatten, und zu allem Überfluß sahen sie kaum Mittel, um sich selbst zu retten! Nachdem der Schiffsjunge, in den sie all ihre Hoffnungen setzten, deutlich seine geringe Kenntnis zugegeben hatte, indem er sagte, daß er kein Schiff steuern noch sonst irgendwie bei dieser Arbeit hilfreich sein könne, fügte er nur hinzu, daß er, wenn ein anderer ihn anwies, alles tun würde, was man ihm in dieser Angelegenheit befehle.

O Du, Herr, große und höchste Hilfe der Verlassenen und Bekümmerten, der Du nie jene hilflos läßt, die Dich rufen in ihrer höchsten Not, der Du die Klagen derer hörtest, welche zu Dir flehten, indem sie ihre Blicke in die Unendlichkeit der Wolken richteten und wimmerten, daß Du ihnen beistehen mögest. Und so deutlich hast Du gezeigt, daß ihre Bitten erhört wurden, als Du ihnen innerhalb kürzester Zeit Deinen himmlischen Beistand sandtest, indem Du einem so jungen Knaben Mut und Geschick verliehst, der in Olivença (einer Ortschaft im Landesinneren, die sich sehr weit vom Meer entfernt befindet) geboren und aufgewachsen war, und der nun, durch göttliche Gnade klug, das Schiff führte, indem er dem Schiffsjungen befahl, direkt gegen Norden zu halten und etwas nach Osten abzufallen, in den Wind, der Nordost genannt wird, denn er wußte, daß in dieser Richtung das Reich von Portugal lag, zu dem sie auf dieser Route gelangen wollten.

Sie segelten also dahin, und nachdem ein Teil des Tages vergangen war, sahen sie nach Nuno Tristão und den anderen, die verwundet waren. Da fanden sie jene tot, weshalb es nötig wurde, sie im Meer zu versenken. An diesem Tag wurden 15 Mann über Bord geworfen, vier waren in den Booten zurückgeblieben, und die zwei restlichen kamen am nächsten Tag an die Reihe. Aber ich beschreibe nicht, was für Gedanken sie empfunden haben müssen, als sie jene Körper in die Weite des Wassers hinabließen und ihre sterblichen Hüllen in den Bäuchen der Fische begruben. Aber welchen Mangel erfahren wir schon durch die Bestattung des Körpers, denn in unserem eigenen Leib müssen wir unseren Erlöser erkennen, nach der Bestimmung der Heiligen Schrift. Was macht es also aus, ob wir im Meer oder in der Erde ruhen, und was kümmert es, ob wir von Fischen oder Vögeln gefressen werden?

Die wichtigste Vorahnung sind unsere Taten, durch die wir nach dem Tode die Bedeutung all der Dinge erkennen werden, die wir hier auf Erden abgebildet sehen. Und weil wir alle bekennen und glauben, daß der Papst der Stellvertreter Christi und der oberste Pontifex ist, durch dessen Macht wir Erlösung oder Verdammnis finden werden (gemäß der Autorität des Evangeliums), dürfen wir annehmen, daß jene, die er losspricht, wenn sie seinem Wort gefolgt sind, in die Gesellschaft der Heiligen aufgenommen werden. Weshalb wir nun zu diesen sagen können: »Beati mortui qui in Domino moriuntur.« [Glücklich diejenigen, welche in Gott sterben.] Deshalb werden auch alle jene, die diese Geschichte lesen sollten, von Gott belohnt werden, wenn sie besagter Männer in ihren Gebeten gedenken; denn nachdem sie im Dienste Gottes und ihres Herrn gestorben sind, ist ihr Tod ein glückseliger.

Dieser Knabe, wie ich sagte, war jener Aires Tinoco, von dem ich schon weiter oben sprach, und dem Gott solche

Gnade erwies, daß er zwei Monate hindurch ununterbrochen jenes Schiff lenkte, wenn man auch im Zweifel war, wie sein Ende aussehen würde. Denn in all den zwei Monaten sichteten sie nicht ein einziges Mal Land, bis sie schließlich eine *fusta* erblickten, die bewaffnet fuhr und vor der sie große Angst hatten, da sie dachten, es handle sich um Mauren. Aber nachdem sie erfahren hatten, daß es das Schiff eines galizischen Korsaren war, der sich Pedro Falcon nannte, da faßten sie neue Zuversicht. Und um wieviel größer war die Freude erst, als ihnen gesagt wurde, daß sie sich vor der Küste Portugals befänden, einer Ortschaft des Santiagoordens gegenüber, Sines genannt.

Und so gelangten sie nach Lagos, von wo aus sie sich zum Infanten begaben, um ihm das schlimme Erlebnis ihrer Fahrt zu berichten, wobei sie ihm die große Anzahl an Pfeilen zeigten, durch die ihre Kameraden getötet worden waren. Dieser Verlust verursachte beim Infanten äußerstes Mißfallen, denn sie waren fast alle bei ihm erzogen worden, so daß, selbst wenn er an die Erlösung ihrer Seelen dachte, er sich der Trauer um jene nicht erwehren konnte, die er durch so lange Zeit vor seinen Augen aufwachsen gesehen hatte. Und als Herr, der wußte, daß sie ihren Tod ihm zu Diensten erlitten hatten, kümmerte er sich ganz besonders um ihre Frauen und Kinder.

Fünfundzwanzigstes Kapitel

DER AUTOR ERLÄUTERT, WIE VIELE SEELEN SEIT DEM BEGINN DER EROBERUNG IN DIESES KÖNIGREICH GEBRACHT WURDEN.

Fünf Gründe habe ich am Anfang dieses Buches aufgeführt, was unseren edelmütigen Prinzen bewog, seine Schiffe so oft der Mühe dieser Eroberung zu unterziehen. Und da mir scheint, daß ich Euch von den vier Gründen in jenen Kapiteln ausreichend Kenntnis gegeben habe, in denen ich von der Aufteilung der Gebiete des Morgenlandes sprach, fehlt mir nur noch, den fünften zu nennen, indem ich eine genaue Zahl der Seelen der Ungläubigen angebe, die durch die Kraft und das Geschick unseres glorreichen Prinzen aus jenen Ländern hierher gekommen sind. Nachdem ich sie gezählt habe, sah ich, daß es 927 waren, von denen – wie ich schon früher sagte – der größte Teil auf den wahren Weg der Erlösung geführt wurde.

Nun bedenkt, wie groß die Anzahl der Generationen sein wird, die sich aus diesen Menschen entwickeln kann, oder welche Einnahme einer Stadt oder Ortschaft größere Ehre schaffen würde als die, über welche ich bis hierher geschrieben habe! Denn selbst wenn man diese Seelen wegläßt und jene, die von ihnen abstammen und noch von ihnen abstammen werden bis zum Ende der Welt, so kamen doch noch viele andere nach ihnen, wie Ihr aus dem folgenden Buch entnehmen mögt; denn es wurde für uns nötig, hier mit den Taten des Jahres seit der Geburt Christi 448 ein Ende zu setzen, denn zu dieser Zeit übernahm König D. Afonso von Portugal der V., was den Namen betrifft, und XII. in der Zahl der Herrscher, vollständig die Regierung seines Reiches, als er bereits im siebzehnten Lebensjahr stand und mit der äußerst tugendhaften und sehr erlauchten Prinzessin, der Königin Dona Isabel verheiratet war, der Tochter des Infanten D. Pedro, Herzog von Coimbra und Herr von Montemor, welcher in den vergangenen Jahren das Reich im Namen des Königs regiert hatte, was wir in manchen Teilen dieser Geschichte bereits erwähnten, wie Ihr es aber viel genauer in der Crónica Geral do Reino[23]) finden werdet.

Weil die anderen Angelegenheiten nun fast alle unter dem neuen Regenten begannen, schien es uns richtig, daß sämtliche Bücher mit seinen Taten und seiner Geschichte anfangen sollten; und weil wir meinen, daß dieser Band, den wir nun geschrieben haben, ausreichend ist, haben wir hier, wie bereits gesagt, ein Ende gemacht, allerdings mit der Absicht, ein weiteres Buch zu verfassen, das bis zu den letzten der Taten des Infanten führen soll, wenn auch die folgenden Angelegenheiten nicht mit so viel Mühen und Mut verbunden waren wie die vergangenen; denn von diesem Jahr an handelte es sich bei den Unternehmungen in jenen Gegenden mehr um Handelsinteressen und Tauschgeschäfte als um Mutproben und Waffentaten.

João de Barros

Die Fahrten entlang der Westküste Afrikas und die Entdeckung der Inseln Porto Santo und Madeira und des Cabo Verde

Nach der Übersetzung von E. Feust »Die Ásia«,
Nürnberg 1844,
bearbeitet von Gabriela Pögl

DA ASIA
DE
JOÃO DE BARROS
E DE
DIOGO DE COUTO
NOVA EDIÇÃO
OFFERECIDA
A SUA MAGESTADE
D. MARIA I.
RAINHA FIDELISSIMA
&c. &c. &c.

LISBOA
NA REGIA OFFICINA TYPOGRAFICA.
ANNO MDCCLXXVIII.
Com Licença da Real Meza Censoria, e Privilegio Real.

INHALT

Erstes Kapitel
Von den Gründen, welche den Infanten Dom Henrique bewogen, die westliche Küste des Landes Afrika zu entdecken, und wie João Gonçalvez und Tristão Vaz eines Sturmes wegen, der sie dorthin verschlug, die Insel Porto Santo entdeckten.
Seite 265

Zweites Kapitel
Wie João Gonçalvez und Tristão Vaz nach der Abreise des Bartolomeo Perestrello die Insel entdeckten, die man jetzt Madeira nennt und die der Infant Dom Henrique in zwei »Capitanias« teilte, die eine genannt Funchal, die er dem João Gonçalvez gab, die andere Machico, welche Tristão Vaz erhielt.
Seite 276

Drittes Kapitel
Von der Bitte, welche der Infant an den Papst richtete und die ihm dieser gewährte; sowie von der Schenkung des Fünften, die ihm der Infant Dom Pedro, sein Bruder, der Regent des Reiches im Namen des Königs, machte, und was dem Antão Gonçalves und Nuno Tristão auf den Fahrten, die jeder unternahm, widerfuhr.
Seite 282

Viertes Kapitel
Wie Gonçalo de Cintra mit anderen in der Bucht, die jetzt seinen Namen trägt, erschlagen wurde, und von der Fahrt, die Antão Gonçalves und nach ihm Nuno Tristão zum Rio do Ouro unternahmen, wobei dieser ein Dorf der Mauren einnahm, und wie Dinis Fernandes nach dem Lande der Neger kam und das Vorgebirge, das wir heute »das Grüne« nennen, entdeckte.
Seite 288

Fünftes Kapitel
Von der Fahrt, die Dinis Eanes mit den Karavellen von Lissabon, die in Gesellschaft mit ihm fuhren, machte; und von dem, was der Kapitän Lançarote mit den 14 Karavellen von Lagos unter seinem Befehl ausrichtete, auf welcher Reise sie mit dem Verlust einiger der Unseren viele Mauren töteten und gefangennahmen; und wie

Soeiro da Costa, nachdem er an den glorreichsten Taten in Spanien teilgenommen hatte, auf dieser Fahrt zum Ritter geschlagen wurde.
Seite 292

Sechstes Kapitel
Wie der Infant Gomez Pirez an den Rio do Ouro sandte, wo er 80 Gefangene machte, und desgleichen, wie er Diogo Gil, um eine Handelsverbindung herzustellen, nach Meza und Antão Gonçalves an denselben Rio do Ouro schickte; und wie ein Edelmann vom Hofe des Königs von Dänemark mit dem Wunsch, sich in Guinea umzusehen, in dieses Reich kam, und wie ihn der Infant in einem Schiff absandte und er dort starb.
Seite 306

Siebtes Kapitel
Von der Persönlichkeit des Infanten Dom Henrique und von dem Charakter, welchen er während des ganzen Verlaufes seines Lebens beibehielt.
Seite 310

Erstes Kapitel

VON DEN GRÜNDEN, WELCHE DEN INFANTEN DOM HENRIQUE BEWOGEN, DIE WESTLICHE KÜSTE DES LANDES AFRIKA ZU ENTDECKEN, UND WIE JOÃO GONÇALVEZ UND TRISTÃO VAZ EINES STURMES WEGEN, DER SIE DORTHIN VERSCHLUG, DIE INSEL PORTO SANTO ENTDECKTEN.

Seitdem der König Dom João glorreichen Angedenkens, der erste dieses Namens in Portugal, den Mauren auf dem Zuge, den er nach Afrika unternahm, die Stadt Ceuta mit Waffengewalt entrissen hatte, war in dem Infanten Dom Henrique, seinem drittgeborenen Sohn, der Wunsch immer heftiger geworden, die Ungläubigen zu bekämpfen. Und das angeborene Verlangen, das er immer gehegt hatte, diese Kriegspflicht zur Verherrlichung des christlichen Glaubens zu erfüllen, wurde nicht nur durch den Sieg gesteigert, den sein Vater bei der Eroberung dieser Stadt Ceuta (wobei wohl der Infant am maßgeblichsten daran beteiligt war, wie wir es in unserem anderen Werk mit dem Titel Afrika beschrieben haben) zur Ehre Gottes und zum Ruhm der Krone dieses Reiches erfochten hatte; sondern eine andere Ursache wirkte noch weit mehr auf ihn, und das war die Verpflichtung, die ihm sein Amt und seine Verwaltung als Großmeister des Ritterordens unseres Herrn Jesu Christi auferlegte, welchen der König Dom Dinis, sein Urgroßvater, zu diesem Krieg gegen die Ungläubigen bestimmt und neu konstituiert hatte[1]). Und wenn er diesen seinen angeborenen Wunsch nicht vor der Eroberung von Ceuta ins Werk setzte, so geschah dies nur, weil es in dem Reiche zu dieser Zeit schon keine Mauren mehr zu bekämpfen gab, da die Könige, seine Ahnen (wie wir berichteten), dieselben mit Waffengewalt über das Meer hinweg in die afrikanischen Lande gejagt hatten. Falls er sie aber dort hätte aufsuchen wollen, was ihm durch die Geburt übertragen worden war und ihm wegen seines Amtes zukam, so hätte er mit solcher Macht ausziehen müssen, wie es sein Vater bei der Eroberung von Ceuta tat, wozu er einen großen Teil seines Reiches aufbot. Außerdem wäre es nötig gewesen, mit all der Heimlichkeit, Vorsicht und Geschicklichkeit vorzugehen, wie es dort geschehen war. Überdies schuf ihm gerade dieser Zug, den sein Vater lange Zeit in der Brust getragen hatte, das größte Hindernis; denn dieser wollte durchaus nicht, daß die Mauren mit Streifzügen und Einfällen, die sie aufmerksam machen konnten, behelligt würden, und er eines so großen Unternehmens, wie der Angriff und die Eroberung jener Stadt Ceuta es waren, verlustig würde. Und obgleich durch den Besitz derselben (weil dadurch ein Eingang und eine Pforte offenstanden) die Mühe, die Mauren zu unterjochen, sehr gering schien, so fand doch der Infant Dom Henrique für seine Pläne gerade das Gegenteil vor. Und da er sah, daß die Mauren der Reiche Fez und Marokko wegen des neuen Titels eines Herrn von Ceuta, den sein Vater angenommen hatte, durch Eroberung in die Krone dieser Reiche inbegriffen waren, und daß aufgrund dieser königlichen Inbesitznahme die Führung jenes Krieges den Königen dieses Reiches zustand, und er nicht als Eroberer, sondern nur als ausgesandter Feldherr daran teilnehmen konnte und demnach im Verlauf eines solchen Krieges dem Willen des Königs und den Verfügungen des Reiches Folge leisten mußte, so beschloß er, diese Eroberung um anderer Länder willen aufzugeben, die Spanien ferner lägen als die Reiche Fez und Marokko. Dadurch würde der Aufwand für dieses Unternehmen sein eigener sein und nicht von jemand anderem überwacht werden und die Verdienste seines Strebens dem Ritterorden Christi verbleiben, dem er vorstand und über dessen Schatz er verfügen konnte. Auch würde ihm so unter den Menschen der Name des ersten Eroberers und Entdeckers des Heidenvolkes verbleiben; ein Unternehmen, das bis zu seiner Zeit kein Fürst gewagt hatte.

Und damit dieses Vorhaben erfolgreich sein möge, war er sehr fleißig und wißbegierig, um über die Länder und ihre Bewohner und alles, was mit der Geographie, die ihn sehr beschäftigte, zusammenhing, Erkundigungen einzuziehen; deshalb befragte er sowohl während der Eroberung von Ceuta als auch die anderen Male, da er hinüberzog, die Mauren stets über die Dinge im Inneren des Landes, besonders was die von den Reichen Fez und Marokko entlegeneren Provinzen betraf; ein Eifer, durch den ihm bald der Lohn ward, den er sich wünschte, indem er von ihnen nicht allein über die Lande der Araber, welche an die afrikanischen Wüsten, von ihnen Sahara genannt, angrenzen, sondern auch über diejenigen, welche von den Azeneguer-Völkern bewohnt werden, Kunde erhielt; diese letzteren aber stoßen an die Jalof-Neger, dort wo das Land Guinea anfängt, das dieselben Mauren, von welchen wir diesen Namen übernommen haben, Guinauha nennen. Als nun hierauf dem Infanten diese Kunde durch viele, welche in ein und derselben Sache übereinstimmten, bestätigt worden war, begann er das Werk, das ihm so sehr am Herzen lag, auszuführen, indem er jedes Jahr zwei oder auch drei Schiffe aussandte, auf daß sie die Küste jenseits des Cabo de Não, das über zwölf Meilen von dem Cabo da Guillo entfernt liegt, entdeckten. Dieses Cabo de Não war nämlich die Marke des entdeckten Landes, welche die spanischen Seeleute der Schiffahrt in jenen Breiten gesetzt hatten. Und obwohl er durch die Bestrebungen und Mittel, die er, bevor er noch die ersten Schiffe ausrüsten ließ, darauf verwendete, über die Beschaffenheit des Küstenlandes, das die Mauren bewohnen, durch diese selbst vollkommen aufgeklärt war, so wollten doch einige Leute behaupten, daß dieses Unternehmen, da er ein katholischer Prinz von sehr reinem und religiösem Lebenswandel war, ihm eher offenbart als von ihm angeregt worden sei. Denn da er gerade in einer Villa[2]) weilte, die er unlängst im Königreich Algarve in der Bucht von Sagres angelegt und der er den Namen

Terzanabal gegeben hatte (obwohl sie jetzt Vila do Infante heißt), habe er eines Tages, ohne daß mehr vorausgegangen wäre, als seine Bestrebungen, jene Länder zu erkunden, beim Aufstehen mit solcher Glut befohlen, daß zwei Schiffe, welche die ersten waren, ausgerüstet werden sollten, als ob ihm in jener Nacht verkündet worden sei, daß er ohne weiteren Verzug und Erforschung dessen, was er suchte, auf Entdeckung ausschicken müsse. Und nicht bloß in Anbetracht dieser Eile, sondern auch aufgrund anderer Zeichen, welche den Seinen auffielen, sagten sie, daß er von einem göttlichen Orakel gemahnt worden sei, dieses sofort zu tun.

Aber die Schiffe, welche nun und später abgesegelt und zurückgekehrt waren, hatten noch nichts weiter entdeckt als das Cabo Bojador, welches über 60 Meilen jenseits des Cabo de Não liegen mag, und dort hielten alle inne, ohne daß irgendeiner es zu umsegeln gewagt hätte. Denn da das Land bei diesem Vorgebirge eine sehr große Biegung zu machen beginnt und, bezogen auf die Küste, die sie zuvor entdeckt hatten, noch an die 40 Meilen vorspringt und heraustritt (wegen dieses bedeutenden Vortretens wurde es auch Bojador genannt), erschien es ihnen ganz ungeheuerlich, die Richtung, die sie bis dahin eingeschlagen hatten, zu verlassen und eine andere so viele Meilen gegen Westen zu verfolgen; besonders da sie vor dem Vorgebirge ein Riff fanden, das sich in derselben Richtung mehr als sechs Meilen nach Westen erstreckte, und an welchem sich die Wellen, die auf jene Stelle trafen, dergestalt in der Brandung brachen, daß sie zu hüpfen und zu kochen schienen, ein Anblick, der allen so schauderhaft vorkam, daß sie nicht wagten, jene Wasser zu befahren, namentlich als sie des Riffes gewahr wurden.

Diese Furcht verblendete alle, weil sie nicht erkannten, daß, wenn sie sich etwa jene sechs Meilen, die das Riff einnahm, von dem Vorgebirge entfernten, sie dasselbe wohl umsegeln konnten. Aber weil sie auf den Fahrten, die sie damals von Osten nach Westen machten, gewohnt waren, gemäß ihrer Richtung, stets die Küste wie einen Kompaß zur Hand zu haben, verstanden sie nun nicht, so weit in die See hinauszusegeln, daß sie das Riff umgingen; sondern da sie jene Wellen dergestalt kochen sahen und eine Untiefe fanden, bildeten sie sich ein, das Meer sei von da an durchaus voller Klippen und könne nicht weiter befahren werden, und das sei der Grund, weshalb die Bewohner dieses Teiles von Europa ihre Schiffahrt nicht bis in jene Breiten erstreckten.

Einige, welche sich auf die Naturkunde verstanden, wollten Gründe angeben, weshalb das Meer in jenen heißen Ländern nicht so tief sei wie in den kalten, und sagten, die Sonne verbrenne die Länder, die unter ihrer Bahn liegen, derartig, daß von allen Philosophen mit Recht behauptet worden sei, jene Länder könnten ihrer Hitze wegen gar nicht bewohnt werden. Und diese Hitze verzehre auch das Süßwasser, das sich für gewöhnlich im Schoß der Erde bilde, und das Salzwasser werde nur von dem kalten Meere nach diesen heißen Gestaden entsendet, so daß der Seeweg in diesen Breiten mehr über Küstenstrecken voller Untiefen als über schiffbares Meer führe.

Wenn dann die Kapitäne, welche der Infant auf diese Entdeckungen ausgesandt hatte, nach dem Reiche zurückkehrten, so fuhren sie in der Annahme, ihm einen Gefallen zu tun (da sie wußten, daß ihn Naturell und persönliche Neigung zum Kampf mit den Mauren trieben), bis zur Meerenge längs der Küste der Berberei, wo sie manchmal in die dortigen Ortschaften einfielen und Raubzüge unternahmen, um dann stolz auf ihre Siege vor ihm zu erscheinen.

Aber der Wunsch des Infanten wurde durch derartige Fänge nicht befriedigt, denn all sein Trachten war nur auf die Hoffnung gerichtet, die ihm der Geist versprach, wenn er in diesem Unternehmen ausharrte; von welchem er jedoch einige Male abstand, weil ihn die Geschäfte des Reiches und die Züge nach den Ortschaften in Afrika, die er mitmachte, hinderten, den Faden dieser Entdeckung so ununterbrochen fortlaufen zu lassen, wie er es wünschte.

Und als er von der großen Belagerung von Ceuta zurückkam (wie in dem Werke über Afrika zu lesen ist), und ihm diese Geschäfte etwas Muße gönnten, begehrten ihn zwei Edelleute seines Hauses zu sprechen, die ihm auf jenen Zügen über das Meer treffliche Dienste geleistet hatten, und baten ihn, da seine Hoheit Schiffe ausrüstete, um die Küste der Berberei und Guinea zu entdecken, daß sie in einem Schiff auf diese Entdeckung ausgingen, denn sie trügen das Gefühl in sich, daß sie ihm hierbei gute Dienste leisten könnten. Da der Infant ihren guten Willen sah und sie nach der Erfahrung, die er mit ihren Leistungen gemacht hatte, als Männer kannte, die jeder ehrenvollen Tat gewachsen waren, ließ er ihnen eine Art Schiff ausrüsten, die man zu jener Zeit *barca* nannte, und gab ihnen den Auftrag, längs der Küste der Berberei hinzufahren, bis sie jenes schreckliche Cabo Bojador umschifft hätten, und von dort aus soviel zu entdecken, als sie nur fänden. Denn er wußte wohl, obgleich er von der Schiffahrt an jener Küste keine Kenntnis besaß, daß dieses Land, wie die Tafeln des Ptolomäus[3]) zeigten, und wie er von den Arabern erfahren hatte, ein zusammenhängendes Ganzes bilde, bis es von der Äquinoktiallinie durchschnitten werde. Der Herr aber, der in seinem Erbarmen zur Errettung so vieler tausend Seelen, welche der Teufel in jenen barbarischen Ländern und Provinzen ohne Wissen um die Wohltaten unserer Erlösung gefangen hielt, die Pforten des riesigen Unglaubens und Götzendienstes aufstoßen wollte, begann, sobald diese beiden Edelleute in ihrer *barca* abgesegelt waren, auf dieser Fahrt seine Wunder zu wirken, wodurch er uns die Größe der Welten und Länder, die er für uns geschaffen hat, samt all den Schätzen und Reichtümern, die sie enthalten, zeigte und entdeckte. Länder, welche um unserer Sünden oder um der schändlichen und ungeheuren Abgötterei ihrer Bewohner willen oder irgendeines anderen Ratschlusses wegen versperrt und sogar von uns vergessen gewesen waren, ohne daß irgendein Prinz oder König, so viele es ihrer in Spanien auch gab, diese Entdeckung unternommen hätte. Denn wie wir lesen, haben sie andere Taten ausgeführt, welche weder der Kirche Gottes so zur Ehre noch ihren Kronen derart zum Ruhme und zur Vermehrung gereichten, als es durch diese der Fall sein konnte.

Es scheint, daß Gott, wie wir im Alten Testament lesen, seinen Tempel nicht von David, der ihm doch so angenehm war, erbaut haben wollte, da es sich um einen Herrscher handelte, dessen Hände aus den Kriegen, die er geführt hatte, mit Menschenblut befleckt waren, sondern daß er diesen materiellen Tempel von seinem Sohne Salomon habe bauen lassen, weil er ein friedfertiger König und von solchem Blute rein war.

Und ebenso wünschte er, daß jener Teil der Welt all die vielen Jahrhunderte unentdeckt und verborgen bleibe, damit ein so bedeutendes Werk wie die Errichtung seiner Kirche in jenen Ländern der Abgötterei von einem derart reinen, lauteren und in seinem Herzen so jungfräulichen Herrn, wie dieser Infant Dom Henrique es war, durchgeführt werde, indem er den Grundstock dazu legte; und ein anderer, höchst christlicher und für den Glauben und die Ehre Gottes begeisterter Herr, der König Dom Manuel[4]), sein Neffe und Adoptivenkel, welcher dann (wie wir unten sehen werden) an der Erbauung dieser östlichen Kirche eifrig arbeitete, sollte einen großen Teil des Heidenvolkes in den Stall des Herrn führen und seinen Namen (einem neuen Apostel gleich) unter allen Völkern verbreiten.

So ließ der Herr auch zu, daß diese Entdeckung durch seine Majestät gerade ihrer Bedeutung wegen nach dem Gesetz stattfinde, das alle großen Dinge einhalten, die, wenn sie uns offenbart werden sollen, unter so mühevollen Anfängen und so unerwarteten und gefährlichen Zwischenfällen geschehen, wie sie diese beiden Edelleute, die der Infant auf Entdeckungen ausgesandt hatte, erlebten.

Denn ehe sie die Küste von Afrika sichteten, erhob sich ein so entsetzlicher Sturm, daß sie alle Hoffnung auf ein Überleben verloren, nachdem das Schiff so klein war und das Meer so hoch ging, daß es sie beinahe zu verschlingen drohte, während sie, dieser Gewalt mit bloßen Masten preisgegeben, dahintrieben. Und weil die Seeleute zu jener Zeit nicht gewohnt waren, sich so weit in die offene See hinauszuwagen, und ihre ganze Schiffahrt auf kleine Tagfahrten mit ständiger Landsicht beschränkt war, sie sich aber nun, wie es ihnen schien, von der Küste dieses Reiches weit entfernt hatten: da gerieten sie in solche Bestürzung und waren derart von Sinnen, weil die Angst sie aller klaren Gedanken beraubt hatte, daß sie nicht zu beurteilen vermochten, in welcher Breite sie sich befänden. Aber es gefiel Gott in seinem Erbarmen, daß der Sturm sich legte; und obwohl die Winde sie von der Route, welcher sie dem Befehl des Infanten gemäß gefolgt waren, abtrieben, so entfernten sie jene doch nicht von ihrem guten Schicksal, denn sie entdeckten die Insel, die wir heute Porto Santo nennen; ein Name, den sie ihr damals gaben, weil sie durch dieselbe aus der Gefahr befreit wurden, die sie in den Tagen des Mißgeschicks bestehen mußten. Und es schien ihnen, daß Gott sie ein Land in einer so unverhofften Meeresgegend nicht nur zu ihrer Rettung, sondern auch zum Wohl und Nutzen dieses Reiches habe finden lassen, besonders als sie seine Beschaffenheit und Lage und ferner den Umstand in Betracht zogen, daß es nicht von einem so wilden Volk bewohnt wurde, wie das zu jener Zeit auf den Kanarischen Inseln, von denen sie bereits Kenntnis hatten, der Fall war.

Mit dieser Nachricht kehrten sie sodann, ohne weiter vorzudringen, in das Reich zurück. Und der Infant erlebte die größte Freude, die er bis dahin über sein Unternehmen empfunden hatte, denn ihm schien, er müsse Gott damit gedient haben, weil er bereits die Früchte seiner Arbeit zu sehen beginne.

G. F. Machado f.

João de Barros (1497–1562?)

Und dieses sein Vergnügen wurde noch gemehrt, als ihm jene beiden Edelleute, von denen der eine João Gonçalvez mit dem Beinamen Zarco und der andere Tristão Vaz hieß, sagten, sie seien mit dem Klima, der Lage und der Beschaffenheit des Landes so zufrieden, daß sie dorthin zurückkehren wollten, um eine Niederlassung zu gründen, denn sie hätten gesehen, daß die Insel sehr groß und geeignet sei, alle Getreidearten und nutzbaren Pflanzen hervorzubringen.

Und nicht allein sie und ihre Mannschaft, die dasselbe gesehen hatte, sondern auch viele andere, die bloß von ihr hörten, und auch solche, welche dem Infanten gefallen wollten, boten sich ihm in der Absicht an, sich dort niederzulassen.

Unter diesen war auch ein angesehener Mann namens Bartolomeu Perestrello, ein Edelmann im Hause des Infanten Dom João, des Bruders unseres Infanten. Und wie nun der Infant Dom Henrique die Begeisterung sah, mit der sich die Leute bereits diesem Werke hingaben, da sagte er Gott innigen Dank, daß es Ihm gefallen hatte, ihn den ersten sein zu lassen, der diesem Reiche den Anfang anderer Welten entdeckte, wohin sich der Mut des portugiesischen Volkes zu seinem Dienste verbreiten konnte.

Für diese Unternehmung ließ er dann sogleich in aller Eile drei Schiffe ausrüsten, wovon er das eine dem Bartolomeu Perestrello und die beiden anderen dem João Gonçalvez und Tristão Vaz, den ersten Entdeckern, unterstellte. Und sie machten sich mit allen Sämereien, Pflanzen und anderen Dingen auf den Weg, wie Leute, die da hoffen, eine Niederlassung zu gründen und im Lande zu bleiben. Darunter befand sich aber auch ein trächtiges Kaninchen, das Bartolomeu Perestrello in einem Käfig mitnahm, und das auf dem Meere Junge warf, was allen große Freude bereitete; denn sie hielten es für ein gutes Zeichen, daß der Samen, den sie mitgenommen hatten, schon unterwegs Früchte zu tragen begann, und jenes Kaninchen sie eine starke Vermehrung erhoffen ließ, die sie auf der Insel zu gewärtigen hätten.

Und wahrlich, diese Hoffnung der Vermehrung des Kaninchens täuschte sie nicht, aber das geschah allen eher zum Verdruß als zur Freude, denn als sie auf der Insel angekommen waren und das Kaninchen mit seinen Jungen freigelassen hatten, da vermehrte es sich innerhalb kurzer Zeit derartig, daß sie nichts zu säen oder zu pflanzen vermochten, was nicht sogleich abgefressen worden wäre. Und dies nahm im Verlauf zweier Jahre, die sie dort verweilten, dermaßen zu, daß ihnen, nachdem sie von dieser Plage so sehr belästigt wurden, ihre Arbeit und das Leben, welches sie dort führten, zuwider zu werden begannen, weshalb Bartolomeu Perestrello (oder auch aus irgendeinem anderen Grunde, der ihn dazu bewog) den Entschluß faßte, nach dem Reiche zurückzukehren.

Zweites Kapitel

WIE JOÃO GONÇALVEZ UND TRISTÃO VAZ NACH DER ABREISE DES BARTOLOMEU PERESTRELLO DIE INSEL ENTDECKTEN, DIE MAN JETZT MADEIRA NENNT UND DIE DER INFANT DOM HENRIQUE IN ZWEI »CAPITANIAS« TEILTE, DIE EINE GENANNT FUNCHAL, DIE ER DEM JOÃO GONÇALVEZ GAB, DIE ANDERE MACHICO, WELCHE TRISTÃO VAZ ERHIELT.

João Gonçalvez und Tristão Vaz, denen ein günstigeres Schicksal und mehr Glück beschieden sein sollten, wollten nicht nach dem Reiche zurückkehren, aber ebensowenig auf jener Insel bleiben; und als Bartolomeu Perestrello abgereist war, nahmen sie sich vor, einem großen Schatten, den die Insel, welche wir jetzt Madeira nennen, darstellte, auf den Grund zu gehen und zu untersuchen, ob es sich dabei um Land handle. Darüber waren sie viele Tage lang uneinig, weil sie es wegen der großen Feuchtigkeit, die sich durch die dichte Beholzung bildete, immer von jenen Dünsten eingehüllt sahen, weshalb ihnen schien, es seien nur dicke Wolken; andere Male aber behaupteten sie wieder, es müsse Land sein, denn sooft sie jene Stelle mit den Blicken aufsuchten, fanden sie diese nie frei wie den übrigen Raum.

Von diesem Wunsch getrieben, fuhren sie also in zwei Fahrzeugen, die sie aus dem Holz besagter Insel gemacht hatten, auf jene Insel hinüber, als das Meer gerade dafür günstig schien. Und wegen des großen und dichten Gehölzes, mit dem sie bewachsen war, gaben sie ihr den Namen Madeira, welcher wegen der Produkte, die wir alle mitgenießen, bereits in unserem ganzen Europa und in ebensovielen Ländern Asiens und Afrikas sehr berühmt und bekannt ist. Und sie zeigte sich so edel, fruchtbar und herrlich in ihren Bewohnern, daß sie mit Ausnahme Englands, welches der Bevölkerung nach sehr alt und durch die Majestät seiner Könige hoch erhaben ist, vor allen anderen die Fürstin des gesamten, unserem Europa westlich gelegenen Weltmeeres genannt werden kann.

Was das Gerücht von der Fahrt dieser zwei Kapitäne und ihrer Landung erzählt, beschränkt sich darauf, daß João Gonçalvez mit seinem Fahrzeug an dem Ort, den wir heute Câmara de Lobos nennen, nahe bei Funchal anlegte, und Tristão Vaz bei der Ponta de Tristão landete, der er bei dieser Gelegenheit seinen Namen gab, und daß ihnen nach der Landung, die sie jeder für sich an diesen Orten bewerkstelligten, jenes Gebiet zufiel, über das ihnen der Infant die *capitania* gab.

Die Erben des João Gonçalvez besitzen ein sehr ausführliches Dokument über diese Entdeckung und behaupten, daß ihm alle Ehre und alles Verdienst derselben zukomme, weil Tristão Vaz weder dem Alter noch der Tüchtigkeit nach ein solcher Mann gewesen sei wie João Gonçalvez, da ihn mit diesem nur Freundschaft und Kameradschaft verbunden hätten und er als ein junger Mensch von so geringer Bedeutung immer nur Tristão genannt worden sei. Diese beiden seien nun in einem Fahrzeug desselben João Gonçalvez angekommen und hätten an jenem Ort angelegt, der jetzt Ponta de Tristão heißt; und dort habe João Gonçalvez diesen verlassen, indem er sagte, er solle in das Innere der Insel vordringen, während er selbst in dem Fahrzeug das Eiland umrunden wolle, um einen anderen Hafen zu suchen.

Während nun Tristão dort geblieben sei, habe er in seiner *barca* einen Ort erreicht, den man heute Funchal nennt, und der ihn durch seine Lage und die Beschaffenheit des Bodens, soviel man im Augenblick beurteilen konnte, zufriedengestellt habe. Er sei sodann an den Ort zurückgekehrt, wo er Tristão gelassen hatte, und habe diesem all das Land gegeben, über das ihm später die *capitania* verliehen worden sei, und zwar im Namen des Infanten, weil er Anweisung und Auftrag gehabt habe, die ihn dazu ermächtigten.

Gomezeanes de Zurara, der ehemalige Chronist dieser Reiche, aus dessen Schrift wir fast den ganzen Verlauf der Entdeckungen von Guinea entnehmen (wie unten zu lesen), sagt jedoch nur in Kürze, beide Edelleute hätten diese Insel entdeckt; wobei er aber Tristão Vaz, als die minder bedeutende Person, immer schlechtweg Tristão nennt.

Für unsere Geschichte genügt es, ohne auf die Einzelheiten dieses Vorganges weiter Rücksicht zu nehmen, wenn wir wissen, daß zu der Zeit, als João Gonçalvez das Land betrat, dieses von derart dichtem und starkem Gehölz bewachsen war, daß kein anderer Fleck als nur eine große Höhle davon frei blieb, die unter einem über das Meer hängenden Felsen gleichsam eine gewölbte Kammer bildete. Der Boden dieser Höhle war von den Füßen der Seehunde, die sich zeitweise darin herumtrieben, stark aufgewühlt, weshalb er diesen Ort Câmara de Lobos nannte. Und er nahm diesen Beinamen an, zum Andenken, daß dort die erste Landung seiner Kolonie stattgefunden hatte. Dieser Beiname verblieb allen seinen Erben, von denen sich einige bloß *da Câmara* nennen, und darum führen alle einen grünen Schild und einen silbernen Turm nebst zwei Seehunden, sowie ein goldenes Kreuz auf der Spitze der Turmzinne in ihrem Wappen (wenn es dasjenige ist, welches João Gonçalvez erhalten hat).

Als diese Kapitäne mit der Nachricht von jener Insel in das Reich zurückgekehrt waren, wurde sie vom Infanten mit Bewilligung des Königs Dom João, seines Vaters, in zwei *capitanias* geteilt; dem João Gonçalvez gab er diejenige, die wir Funchal nennen, worin die Stadt gleichen Namens liegt, nebst dem dazugehörigen Bezirk (was später seine Erben als Kapitäne[5]) zu Erb und Lehen erhielten, wie ihren Urkunden zu entnehmen ist). Und die andere, in der die Stadt Machico liegt, gab er dem Tristão Vaz, dessen Nachfolger sie bis zum Jahre 540 besaßen, in welchem seine rechtmäßigen Erben erloschen, die sie durch seine Schenkung innehatten; worauf der König Dom João III.[6]), unser Herr, diese *capitania* im selben Jahr dem António da Silveira de Meneses, dem Sohn des Nuno Martinez da Silveira, Herr von Goes, zu Erb und Lehen schenkte, zur Belohnung der Dienste, die er in Indien während der Belagerung der Stadt Diu im Königreich Guzarat geleistet hatte, deren Statthalter er war, als sie von Soliman Bassa, dem Oberbefehlshaber der Flotte des Türken (wie man an anderem Ort sehen wird) belagert wurde.[7])

Und außer dem Verdienst, das diese Kapitäne bei jener Entdeckung hatten, wofür sie mit besagten *capitanias* belohnt wurden, hatten sie auch andere Verdienste ihrer Person und Leistungen aufzuweisen, für die ihnen alle Ehre zuteil ward. Denn beide hatten sich in den Zügen übers Meer, besonders bei der Belagerung von Ceuta, als die Mauren am Tag der Ankunft vor dieser Stadt auf das Haupt geschlagen wurden, und desgleichen bei der Belagerung von Tanger ehrenvoll hervorgetan, und der Infant hatte sie zu Rittern geschlagen. Und wenn auch bei dieser Gelegenheit die Verdienste beider gleich waren, so hatte doch João Gonçalvez die des Adels seines Blutes für sich, was zu erklären scheint, daß ihm bei der Aufteilung der Insel der größere Teil zufiel, und seitdem überflügelte er auch immer die Kapitäne von Machico an Ehre. Was jedoch den Eifer betrifft, mit dem jeder von ihnen das, was ihm zugefallen war, zu kolonisieren trachtete, so verdienen beide hohes Lob; und sie begannen dieses Werk der Besiedelung im Jahre der Geburt unseres Herrn Jesus Christus 1420.

Als zu Anfang dieser Kolonisierung João Gonçalvez an jenem Ort, den wir heute Funchal nennen, bei einer Rodung, die er durchführte, Feuer anlegte, um das Land von den Bäumen und dem Gesträuch, welches darunter wuchs, zu befreien, damit er es besäen könne, da griff das Feuer in der Rodung und in dem meisten Gehölz so mächtig um sich, daß es sieben Jahre lang in der Wildnis jener riesigen

Waldungen, welche die Natur vor soviel hundert Jahren geschaffen hatte, hellauf brannte.

Obzwar die Zerstörung des Holzbestandes anfänglich förderlich war, da die ersten Ansiedler sofort die Erzeugnisse des Bodens gewinnen konnten, so fühlen doch die jetzigen diesen Schaden sehr, weil es ihnen an jeglichem Bau- und Brennholz mangelt, da jener erste Brand mehr verzehrte, als von damals bis heute die Kraft des Armes und der Axt hätten fällen können.

Dieser Vorfall tat dem Infanten sehr leid, und es scheint sogar, daß er die Holznot, die nun auf der Insel herrscht, vorausgesehen hat, denn wie man sagt, befahl er, daß alle Siedler Bäume pflanzen sollten, da zum Zweck des Anbaues von Zuckerrohr, welches die Insel rasch hervorbrachte, so viel vernichtet worden war, daß es sicherlich zu dieser Not kommen mußte.

Und die erste Kirche, welche der Infant erbauen ließ, war die Unserer Lieben Frauen vom Kiesel, und als die Besiedelung auf der Insel zunahm, wurde auch Unsere Liebe Frau zur Himmelfahrt gegründet, welche jetzt die Erzbischöfliche Kathedralkirche von Indien ist. Später, im Jahre 1433, schenkte sie der König Dom Duarte am 26. September in der Vila de Sintra auf Lebzeiten diesem Infanten, seinem Bruder, und im folgenden Jahr vermachte er alle geistlichen Güter derselben am 26. Oktober in der nämlichen Vila dem Orden Christi; Schenkungen, welche später von dem König Dom Afonso, seinem Neffen, im Jahre 1439 bestätigt wurden.

Und da alles, was diese Insel betrifft, uns sehr bekannt und offenkundig ist, unterlassen wir es, von ihrer Fruchtbarkeit zu schreiben; es möge nur bemerkt werden, wie erstaunlich sie ist, da der fünfte Teil des Zuckers einige Jahre hindurch dem Großmeister des Christusordens über 60 000 *arrobas* abwarf; und dieses unglaubliche Ergebnis wurde auf einer Fläche erzielt, die wenig mehr als drei Meilen einnahm.

Die Insel Porto Santo gab der Infant dem Bartolomeu

Perestrello, damit er dort eine Niederlassung gründe; was ihm aber wegen der Kaninchen, derer die Siedler nicht Herr werden konnten, sehr schwerfiel. Von diesen findet sich auf einer kleinen Insel, die jener anderen sehr nahe liegt, noch heutzutage eine solche Menge, daß sie von ihnen nur so wimmelt. Und schon bei einer einzigen Jagd, die man auf diese Tiere anstellte, wurden mehr als 3000 erlegt.

Es war auch noch ein weiterer Grund vorhanden, daß die Ansiedelung auf dieser Insel nicht so gedeihen konnte wie auf Madeira, und der bestand darin, daß sie keine Bäche mit frischem Wasser für die Bedürfnisse der Bewohner darbot, so daß Bartolomeu Perestrello durchaus ein minder günstiges Los gezogen hatte als die anderen Kapitäne. Wiewohl der Infant damals glaubte, ihm sei das glücklichste zugefallen.

Drittes Kapitel

VON DER BITTE, WELCHE DER INFANT AN DEN PAPST RICHTETE UND DIE IHM DIESER GEWÄHRTE; SOWIE VON DER SCHENKUNG DES FÜNFTEN, DIE IHM DER INFANT DOM PEDRO, SEIN BRUDER, DER REGENT DES REICHES IM NAMEN DES KÖNIGS, MACHTE, UND WAS DEM ANTÃO GONÇALVES UND NUNO TRISTÃO AUF DEN FAHRTEN, DIE JEDER UNTERNAHM, WIDERFUHR.

Da die hauptsächliche Absicht des Infanten bei der Entdekkung dieser Länder darauf zielte, die barbarischen Nationen unter das Joch Christi zu beugen, wie auch nebst der Mehrung des königlichen Erbes die Ehre und den Ruhm dieser Reiche zu fördern, und er nun durch die Gefangenen, welche Antão Gonçalves und Nuno Tristão mitbrachten, über die Bewohner jener Länder unterrichtet war, wollte er dem Papst Martin V., welcher damals der Kirche vorstand, diese Nachricht kundtun, gleichsam wie Erstlinge, die ihm gebührten, weil diese Werke zur Ehre Gottes und zur Verbreitung des christlichen Glaubens vollbracht worden waren. Und er wollte ihn auch bitten, da er seit so vielen Jahren diese Entdeckung fortgesetzt und dabei (wie die Leute dieses Reiches, die daran mitwirkten, nicht minder) einen großen Teil seines Vermögens dafür verschwendet hatte, daß es ihm gefallen möge, der Krone dieser Reiche eine ewige Schenkung all des Landes zu machen, das auf diesem Weltmeer jenseits des Cabo Bojador bis einschließlich Indien entdeckt würde; und denjenigen, welche im Verlauf dieser Eroberung den Tod fanden, solle er einen vollständigen Ablaß für ihre Seelen gewähren, da ihn doch Gott auf den Stuhl des heiligen Petrus gesetzt habe, so daß er über die zeitlichen Güter, die in der Gewalt ungerechter Besitzer seien, wie über die geistigen Güter des Schatzes der Kirche zum Frommen seiner Getreuen verfügen könne.

Auch habe das portugiesische Volk sowohl durch seine Taten in diesem Teile Europas, als später, da es durch die Einnahme von Ceuta in Afrika eindrang, wie nicht minder durch die Entdeckung und Eroberung von Äthiopien den Tagelohn verdient, den man jenen Arbeitern gebe, die sich im kriegerischen Weinberg des Herrn eifrig abmühten.

Mit dieser Angelegenheit betraute er, da sie von so großer Wichtigkeit war, einen Ritter des Christusordens, Fernão Lopes de Azevedo genannt, der dem Rat des Königs angehörte, ein Mann von äußerster Klugheit und Ansehen, welcher später Großkomtur des genannten Ordens wurde.

Und infolge dieser Sendung, welche er ausführte, bewilligte man dem Infanten nicht allein dieses sein Begehren, sondern auch eine Bulle für die heilige Maria von Afrika, die er in Ceuta gegründet hatte, und noch viele andere Gnaden und Privilegien, in deren Besitz der Orden ist. Auf diese Weise würdigten der Papst und das Kollegium der Kardinäle die Nachricht über jene Entdeckung.

Später bewilligten der Papst Eugen IV. und der Papst Nikolaus V. sowie der Papst Sixtus dem König Dom Afonso und dem König Dom João[8]), seinem Sohn, auf deren Bitte hin, für sich und ihre Nachkommen durch Bullen die ewige Schenkung alles dessen, was sie auf diesem Weltmeer von Cabo Bojador angefangen bis einschließlich zur Ostküste Indiens entdeckten, samt allen Königreichen, Herrschaften, Ländern, Eroberungen, Häfen, Inseln, Handelsschaften, Tauschverkehren und Fischereien, unter unzähligen und schweren Exkommunikationen, Verboten und Interdikten, auf daß andere Könige, Fürsten, Herrschaften oder Gemeinden in diese Länder und anliegenden Meere weder eindringen sollten oder eindringen könnten, wie es in ihren Bullen ausführlicher enthalten ist. Und gegen Ende der Friedensverhandlungen, die zwischen dem König Don Fernando von Kastilien und dem König Dom Afonso von Portugal stattfanden[9]), wurde die allgemeine Schenkung dieser Entdeckung noch stärker durch Papst Sixtus IV. bekräftigt, wobei als der Anteil dieses Reiches die Entdekkung, die wir jetzt besitzen, vom Cabo de Não an bis einschließlich Indien et cetera, bestimmt wurde, wie in der Chronik desselben Königs Dom Afonso steht, und weitläufiger aus der eigenen Bestätigung, Begründung und Bekräftigung des Friedensvertrages kraft der ad perpetuam rei memoriam erlassenen Bulle des genannten Papstes zu ersehen ist. Desgleichen schenkte der Infant Dom Pedro, der damals für den König Dom Afonso, seinen Neffen, Regent dieser Reiche war, dem Infanten Dom Henrique, um ihn für seine Anstrengungen und Ausgaben während dieser Entdeckung zu entschädigen, den Fünften der Eroberung, welcher dem König gehörte; ferner stellte er ihm auch einen Brief aus, daß niemand ohne seine besondere Erlaubnis sich dorthin begeben dürfe.

Aufgrund dieser Gnaden und Schenkungen, welche dem Infanten den Lohn seiner Bemühungen sicherten, und auch weil er sah, daß diese Unternehmungen in der Meinung der Leute schon für eine vorteilhafte Sache und größeren Lobes wert gehalten wurden, als man ihm, dem Infanten, zu Anfang derselben erteilt hatte, begann er, die Schiffe und den Aufwand zu verdoppeln. Und da ihm Antão Gonçalves erzählte, daß der vornehme Maure, den er zugleich mit den übrigen gefangengenommen hatte, gesagt habe, wenn sie ihn in sein Land zurückbrächten, wolle er sechs oder sieben Guinea-Sklaven für sich geben, und daß unter jenen Gefangenen auch zwei Jünglinge, die Söhne zweier Edler jenes Landes, seien, welche auf gleiche Weise ein ähnliches Lösegeld geben würden, so befahl der Infant, ihn sogleich in einem Schiff abzusenden. Und zwar deshalb, weil er, wenn auch Antão Gonçalves nicht so viele Neger im Tausch gegen jene drei Mauren erhalten könne, doch die Seelen derselben rettete, da sie sich zum Glauben bekehren würden, was er bei den Mauren nicht erreichen konnte; und ferner, weil er bei diesen, da sie aus dem Inneren jener

Länder seien (von deren Hitze die Leute so viel fabelten), eine genaue Erkundigung einziehen könnte.

Und es geschah, daß zu der Zeit, als dieses Schiff, auf welchem Antão Gonçalves absegeln sollte, ausgerüstet wurde, ein Edelmann vom Hof des Kaisers Friedrich III. namens Baltasar am Hofe des Infanten weilte, den jener Kaiser zu dem Zweck, daß er Ehre erwerbe, an den Infanten abgesandt hatte, damit er ihn in Ceuta zum Ritter schlagen lasse, was in der Tat seiner persönlichen Verdienste wegen geschah. Und da dieser Baltasar ein wißbegieriger Mann war, der neue Länder zu sehen wünschte, und man zu der Zeit in ganz Europa von dieser Entdeckung Guineas als von der merkwürdigsten Sache sprach, von der man nur reden könnte, und die Männer, welche sie verfolgten und daran teilnehmen, in der Achtung der Ritter standen und für sehr mutig gehalten wurden, bat er den Infanten, er möge gestatten, daß er sich in Gesellschaft des Antão Gonçalves auf den Weg mache, denn er wünsche einen großen Seesturm zu erleben, damit er später in seinem Lande davon erzählen könnte, weil, wie ihm die Seeleute, welche jene Breiten befahren, gesagt haben, daß die Stürme und Strömungen dort von den unseren sehr verschieden seien.

Dieser Wunsch des Baltasar wurde erfüllt; denn als Antão Gonçalves ausgelaufen war, erhob sich unterwegs ein solcher Sturm, daß Baltasar sagte, er habe nun gesehen, was er wollte, aber er wisse nicht, ob er davon werde erzählen können; so ungewiß schien ihm die Hoffnung auf ein Überleben, daß auch Antão Gonçalves wieder in das Reich zurückkam.

Nachdem er sich jedoch von neuem mit Proviant und anderen Dingen, die er während des Sturmes über Bord werfen mußte, versehen hatte, machte er sich bei günstigem Wetter wiederum auf den Weg; und mit ihm Baltasar, der sagte, da er bereits die Meeresstürme erlebt habe, so wolle er nun auch von dem Land Kenntnis erhalten.

Als Antão Gonçalves an dem Ort angekommen war, wo

sich die Mauren zur Auslösung der Gefangenen einfinden sollten, setzte er, weil es ihm vom Infanten so befohlen worden war, jenen Mauren, der die Reise dahin veranlaßt hatte, an Land, weil er dachte, daß er wegen der guten Behandlung, die ihm auf Geheiß des Infanten zuteil geworden war, seinen Versprechungen treu bleiben würde. Aber der sah sich kaum frei, als er die Treue, die er verpfändet hatte, auch schon vergaß. Doch scheint es, daß er in den Ortschaften von der Ankunft des Schiffes Nachricht gab, und auch daß es die Jünglinge zum Loskauf mitbringe; denn als bereits acht Tage vergangen waren, kamen mehr als 100 Personen, um sie auszulösen, da sie Söhne der Edelsten unter jenen Arabern waren. Sie gaben für dieselben zehn Neger aus verschiedenen Ländern und eine ziemlich bedeutende Menge Goldstaub, den ersten, den man in jenen Landen eintauschte, weshalb dieser Ort den Namen Rio do Ouro erhielt, obwohl er nur ein Arm des Salzwassers ist, das über sechs Meilen in das Land dringt. Ferner erhielt man bei Gelegenheit dieses Tausches einen Schild aus rohem Antaleder und Straußeneier, welche nach der Rückkehr des Antão Gonçalves in dieses Reich, ohne daß irgend etwas mit ihnen vorgenommen worden wäre, so frisch an der Tafel des Infanten aufgetragen wurden, daß er sie für die beste Speise auf der Welt erklärte.

Und wegen der Nachrichten, die ihm Antão Gonçalves, nach dem, was er von den Arabern erfahren hatte, über die Beschaffenheit des Landes gab und besonders wegen der Menge Goldes, das er mitbrachte, und welches ein Vorzeichen für weiteres darstellte, das man in Zukunft entdecken könnte, schickte er sogleich den Nuno Tristão ab, denselben, der, wie oben beschrieben, bis zum Cabo Branco vordrang.

Dieser Nuno Tristão gelangte auf seiner Reise bis zu einer Insel, deren Namen bei den Eingeborenen Adeget lautet, und welche eine von denen ist, die wir jetzt Arguim nennen. Als er an ihr entlang steuerte, sah er, daß vom gegenüberliegenden Festland, das sich sehr nahe befindet, über 25 *almadias* ablegten, und daß auf jeder derselben drei oder vier nackte Männer rittlings saßen, wobei ihnen die Beine als Ruder dienten, was unter den Unsrigen nicht wenig Erstaunen hervorrief; und ehe sie erkannten, worum es sich handelte, schien ihnen, es seien Seevögel. Aber als sie sahen, was es war, hoben sie ein Boot aus, in das sieben Mann sprangen, und diese beeilten sich derart, daß sie 14 Eingeborene in ihre Gewalt brachten, mit denen sie das Boot füllten. Die anderen entkamen zwar auf dem Meere, wurden aber auf der Insel gefangen, weil das Boot, nachdem es jene aufs Schiff gebracht hatte, die anderen überfiel, die sich dorthin geflüchtet hatten.

Als dieser Fang getan war, aufgrund dessen die Insel nun für sie uninteressant wurde, segelten sie nach einer anderen Insel, die in der Nähe lag, und der sie den Namen Reiherinsel gaben, weil sie dort viele von diesen und auch andere Vögel fanden, welche jenen gleichen, und die sich dort versammelten, weil gerade ihre Brutzeit war; und da sie die Menschen nicht scheuten, so fingen die eine derartige Menge mit den Händen, daß sie dem Schiff zur Auffrischung der Lebensmittelvorräte diente.

Und während der Zeit, die Nuno Tristão dort verweilte, unternahm er mehrere Streifzüge auf dem Festland, aber er konnte keinen weiteren Fang tun als jenen ersten auf dem Meer. Und da das Land bereits sehr in Aufregung war, kehrte er im Jahr 443 nach dem Reich zurück.

Viertes Kapitel

WIE GONÇALO DE CINTRA MIT ANDEREN IN DER BUCHT, DIE JETZT SEINEN NAMEN TRÄGT, ERSCHLAGEN WURDE, UND VON DER FAHRT, DIE ANTÃO GONÇALVES UND NACH IHM NUNO TRISTÃO ZUM RIO DO OURO UNTERNAHMEN, WOBEI DIESER EIN DORF DER MAUREN EINNAHM, UND WIE DINIS FERNANDES NACH DEM LANDE DER NEGER KAM UND DAS VORGEBIRGE, DAS WIR HEUTE »DAS GRÜNE«[10]) NENNEN, ENTDECKTE.

Im Jahr 445 ließ der Infant ein Schiff ausrüsten, zu dessen Kapitän er einen gewissen Gonçalo de Cintra, einen Knappen seines Hauses, ernannte, welcher ihm, wie man erzählte, früher als Stallbursche gedient hatte, und den er, da er ein sehr fähiger Mann und seiner Person nach ein Ritter war, immer zu ehrenvollen Aufträgen verwendete. Dieser Gonçalo de Cintra segelte, nachdem er aus dem Reich abgefahren war, auf den Rat eines Azeneguer-Mauren hin, den er als Dolmetscher bei sich hatte, und um sich vor den anderen, die schon dahin gesegelt waren, hervorzutun, nach der Insel Arguim, welche mehr als zwölf Meilen jenseits des Cabo Branco liegt, da ihm der Maure große Beute auf dem Lande versprach.

Aber dies fiel ganz anders aus, als er erwartete; denn bevor sie das Kap erreichten, entwich ihm in einer Bucht, die (wie wir sehen werden) seinen Namen erhalten sollte, dieser Dolmetscher, und ebenso entfloh auch ein alter Maure, der an Bord gekommen war, um die Fahrt mit ihm zu machen, weil er sagte, daß dort von den früheren Schiffen einige Mauren, seine Verwandten, gefangengenommen worden seien, und er aus Liebe zu ihnen eher mit ihnen in der Sklaverei als ohne sie in der Freiheit seines eigenen Landes sterben wolle. Was sich jedoch als große Lüge herausstellte, denn seine Absicht ging nur dahin, das Schiff, auf das sie ihn geschickt hatten, genauest auszukundschaften; aber mit seinen Worten machte er Gonçalo de Cintra so sicher, daß er wieder nach dem Lande entkam.

Als dieser nun sah, daß ihm seine Unachtsamkeit zur Last gelegt werden konnte, bestieg er in derselben Nacht mit dem Wunsche, jenen Fehler durch eine ehrenvolle Tat wieder gutzumachen, mit zwölf Mann ein Boot, um nach dem Festland zu rudern und irgendein Dorf zu überfallen. Aber sein Mißgeschick wollte, daß er in einen Meeresarm geriet, der, wenn die Ebbe eintrat, trocken lag; und als der Morgen kam und das Boot von den Mauren gesehen wurde, da liefen über 200 herbei, so daß Gonçalo de Cintra, während er sich verteidigte, mit folgenden sieben Männern dort im Schlamm umkam: Lopo Caldeira, Lopo de Alvellos, beides Kammerdiener des Infanten, Jorge, ein Stallbursche, und der Steuermann Álvaro Gonçalvez nebst drei Matrosen; die übrigen aus dem Boot entkamen, weil sie schwimmen konnten. Und da nun niemand auf der Karavelle war, der die restliche Mannschaft hätte befehligen können, und alle Matrosen waren, kehrten sie mit Maurinnen, die sie an jener Küste gefangengenommen hatten, was jene Männer das Leben kostete, in das Reich zurück. Das waren also die ersten, die in jenem Lande durch Gewalt umkamen, und man gab dem Ort ihrer Bestattung den entsprechenden Namen, denn er heißt jetzt *Angra de Gonçalo de Cintra* und dürfte etwa 14 Meilen jenseits des Rio do Ouro liegen.

Der Infant empfand dies zwar als schmerzlich, da es der erste Verlust an Menschen war, den er in jenen Ländern erlitt, allein er unterließ es darum doch nicht, gleich im folgenden Jahr drei Karavellen auszusenden, deren Kapitäne Antão Gonçalves, von dem wir schon gesprochen haben, Diogo Affonso und Gomez Pirez, ein Schiffspatron des Königs, waren. Diesen schickte der Infant Dom Pedro, der damalige Regent dieser Reiche; und alle hatten die Instruktion, in den Rio do Ouro einzulaufen und den Versuch zu unternehmen, jenes barbarische Volk zum christlichen

Glauben zu bekehren, und wenn sie die Taufe nicht annähmen, sollten sie Friedens- und Handelsverträge mit ihnen abschließen; allein, jene ließen sich auf nichts von all dem ein.

Da die Kapitäne nun sahen, daß ihre Mühe in dieser Angelegenheit vergeblich war, kehrten sie (ob man ihnen solches befohlen hatte oder aus irgendeinem anderen Grund) nur mit einem Neger, den sie eingetauscht hatten, und mit einem alten Mauren, der aus eigenem Antrieb mitkommen wollte, um den Infanten zu sehen, von dem er später wieder in seine Heimat geschickt wurde, nach dem Reiche zurück.

Und so wie dieser Maure in das Reich kommen wollte, um zu erfahren, wie es darum stünde, so hegte ein Knappe namens João Fernandes denselben Wunsch, die Dinge im Inneren des Landes, welches die Azeneguer bewohnen, genau zu sehen und dem Infanten davon Bericht zu geben; dieser Knappe verließ sich dabei auf ihre Sprache, die er verstand, und kehrte später, wie wir sehen werden, in das Reich zurück.

Und zur selben Zeit unternahm Nuno Tristão eine andere Fahrt und erbeutete in einem Dorf jenseits dieses Rio do Ouro, das er überfiel, 20 Gefangene, mit denen er kurz darauf nach dem Reiche zurückkehrte.

Desgleichen rüstete Dinis Fernandez, ein Bewohner von Lissabon und Knappe des Königs Dom João, durch die Gunst und Gnadenbezeigungen bewogen, die ihm der Infant angedeihen ließ, und auch weil er ein wohlhabender Mann und zu ehrenhaften Taten willig war, in demselben Jahr ein Schiff aus, um auf diese Entdeckung zu gehen, mit der Absicht, über das Ziel, welches die anderen Kapitäne erreicht hatten, hinauszufahren, was er auch wirklich tat. Denn nachdem er über den Fluß hinausgefahren war, der jetzt *Sanaga* heißt, und welcher das Land der Azeneguer-Mauren von den ersten Negern von Guinea, Jalofen genannt, trennt, bekam er einige *almadias* zu Gesicht, worin etliche Neger zum Fischfang fuhren, und von denen er eine mit vier Mann darin gefangennahm, die ersten, welche in dieses Reich kamen.

Und obwohl Dinis Fernandez viele Anzeichen eines Dorfes fand, so wollte er, da seine Absicht mehr dahin ging, Land zu entdecken, um dem Infanten zu dienen, als zum eigenen Vorteil Gefangene wegzuschleppen, sich nicht mit Einfällen und Sklavenjagd aufhalten, sondern er segelte weiter, bis er an ein bedeutendes Vorgebirge kam, welches das Land gegen Westen vorschiebt, und das er wegen seines Aussehens und des Anscheins, unter dem er es damals fand, Cabo Verde nannte. Ein Vorgebirge und ein Name, die jetzt zu den bedeutendsten und berühmtesten gehören, die wir in diesem großen westlichen Weltmeer haben, und was wir in unserer Geographie ausführlich behandeln.

Und da dieses Kap bereits bei seiner Biegung Stürme erregte, welche Dinis Fernandez hinderten, weiter vorzudringen, wie er es gewünscht hätte, so begnügte er sich für diesmal, auf einer nahe gelegenen kleinen Insel zu landen, wo sie viele Ziegen töteten, die sie dort fanden, und welche ihnen eine sehr angenehme Aufbesserung bedeuteten; und daraufhin kehrte er ohne weitere Ereignisse in das Reich zurück, wo er vom Infanten mit vielen Ehren und Gnaden, die jener ihm bezeigte, aufgenommen wurde.

Die Nachricht über dieses Land, das er entdeckt, und die Leute, die er mitgebracht hatte, und die nicht wie die anderen Neger, welche man in dieses Reich gebracht hatte, aus den Händen der Mauren eingetauscht, sondern in ihrem eigenen Lande gefangen worden waren, erfreuten den Infanten so sehr, daß ihm immer schien, er tue nur wenig für diejenigen, welche mit solchen Zeichen und Beweisen einer anderen, größeren Hoffnung, die er hegte, zu ihm kamen.

Fünftes Kapitel

VON DER FAHRT, DIE DINISEANES MIT DEN KARAVELLEN VON LISSABON, DIE IN GESELLSCHAFT MIT IHM FUHREN, MACHTE; UND VON DEM, WAS DER KAPITÄN LANÇAROTE MIT DEN 14 KARAVELLEN VON LAGOS UNTER SEINEM BEFEHL AUSRICHTETE, AUF WELCHER REISE SIE MIT VERLUST EINIGER DER UNSEREN VIELE MAUREN TÖTETEN UND GEFANGENNAHMEN; UND WIE SOEIRO DA COSTA, NACHDEM ER AN DEN GLORREICHSTEN TATEN IN SPANIEN TEILGENOMMEN HATTE, AUF DIESER FAHRT ZUM RITTER GESCHLAGEN WURDE.

Es lebte zu der Zeit, als diese Dinge ihren günstigen Fortgang nahmen, in Lissabon ein angesehener Mann namens Gonzalo Pacheco, der Diener des Infanten Dom Henrique gewesen und nun mit dem Amt eines obersten Schatzmeisters der Kammer von Ceuta betraut war; und dieser erhielt als ein Mann von bedeutendem Vermögen, der nach verschiedenen Orten Schiffe ausrüstete, von dem Infanten die Erlaubnis, ein Schiff auf Entdeckung auszusenden.

Den Befehl darüber gab er einem Diniseanes de Graã, einem Knappen des Infanten Dom Pedro und Neffen der Frau desselben Gonçalo Pacheco im ersten Grad, in dessen Gesellschaft Álvaro Gil, ein Münzwart aus Lissabon, und Mafaldo, ein Bürger von Setúbal, jeder auf seiner Karavelle, fuhren. Und weil zu jener Zeit alle am Cabo Branco anlegten, fanden sie, als sie dort ankamen, eine Inschrift, die Antão Gonsalvez an einem deutlich sichtbaren Pfosten befestigt hatte, in der er allgemein warnte, sie sollten sich nicht die Mühe machen, an Land zu gehen und das Dorf aufzusuchen, welches dort einmal stand, weil er es zerstört habe.

So segelten sie auf den Rat eines gewissen João Gonsalvez, eines galizischen Steuermannes, hin nach der Insel Arguim, wo sie sieben Gefangene machten. Und nach der Anleitung eines dieser Mauren überfiel der Kapitän Mafaldo ein Dorf auf dem Festland, eine Unternehmung, die ganz allein auf dem Rat jenes einen beruhte, und bei der sie 47 Gefangene machten.

Später landeten sie noch einige Male, ohne mehr als einen alten Mauren erbeuten zu können, den sie eher deshalb mitnahmen, daß er durch die Taufe zum Heile gelange, als weil sie von seinen Kräften irgendeinen Nutzen erwarteten. Und da die Mauren sie bereits durch ihre Schildwachen beobachten ließen, fuhren sie über 80 Meilen an der Küste weiter, und auf der Hin- und Herfahrt landeten sie noch einige Male und machten bis zu ihrer Rückkehr nach der *Ilha das Garzas*, wo sie frisches Fleisch an Bord nahmen, auf dem Festland 50 Gefangene, was einer Bootsmannschaft von sieben der Unsrigen das Leben kostete, die unglücklicherweise auf dem Trockenen festgehalten wurden und durch die Hand der Mauren fielen.

Und auf dieser *Ilha das Garzas* trafen sie einen gewissen Lourenzo Diaz mit einem Schiff, das in Gesellschaft anderer segelte, die noch nicht eingetroffen waren. Die Ursache ihrer Fahrt aber war folgende: Die Bewohner der Stadt Lagos hatten vom Infanten, der seine sämtlichen Ausrüstungen dort bewerkstelligte, und dem sie dabei und in anderen Dingen Dienste geleistet hatten, die Erlaubnis erhalten, Schiffe nach diesen Landen von Guinea auszurüsten, zu welchem Zweck sie sich mit 14 Karavellen in einem Verband bereit machten.

Über diese gab der Infant dem Lançarote, von dem wir vorher sprachen, den Oberbefehl, weil er diese Route kannte und sie immer glücklich befahren hatte; obwohl auch mehrere Edelleute und unter ihnen in Waffentaten sehr erprobte Männer als Kapitäne mitsegelten, wie etwa Soeira da Costa, der Schwiegervater des Lançarote, der in seiner Jugend Kammerdiener des Königs Dom Duarte gewesen war, und nachdem er später dieses Land verlassen hatte, die

Schlacht bei Monvedro unter dem König Don Fernando von Aragon gegen die von Valencia und die Belagerung von Balanguer, während welcher so ehrenvolle Taten geschahen, mitmachte; und der auch unter dem König Luis von Provence während seines ganzen Krieges diente und weiter der Schlacht von Ajancourt beiwohnte, die zwischen den Königen von Frankreich und England stattfand; auch die Schlacht bei Sansoens und die Belagerung von Ras und drüben die von Ceuta machte er mit, alles Waffentaten, in denen er sich stets als tapferer Kriegsmann bewährte.

Desgleichen befand sich auf einem anderen Schiff Álvaro de Freitas, Komtur von Aljazur, ein sehr edler Mann, der den Mauren von Granada und Bellamarim große Beute abgenommen hatte. Die übrigen Kapitäne waren Rodrigeanes Travazos, ein Diener des Infanten Dom Pedro, sowie Palazano, der den größten Teil seines Lebens im Kampf gegen die Mauren zugebracht hatte, weiter Gomez Pirez, ein Schiffspatron des Königs, und noch andere geachtete Männer von Lagos.

Und außer jenen 14 Schiffen waren Tristão Vaz, der Kapitän von Machico und Álvaro Dornelas (jeder auf seiner Karavelle) von der Insel Madeira dabei; diese jedoch kehrten, ehe sie das Cabo Branco erreichten, infolge eines Sturmes um. Diesem Beispiel schloß sich hingegen Álvaro Fernandes mit einer anderen Karavelle seines Oheims João Gonsalvez, des Kapitäns von Funchal auf derselben Insel Madeira, nicht an; im Gegenteil, wie wir später sehen werden, tat er es auf dieser Fahrt sogar allen anderen voraus.

Und die weiteren Kapitäne waren Dinis Fernandes, der erste, der in das Land der Neger gesegelt war, auf einer Karavelle des Dom Álvaro de Castro, Oberkämmerer des Königs Dom Afonso, der später Graf von Monsanto wurde; und João de Castilha in einer anderen Karavelle des Álvaro Gonsalvez de Taide, des Hofmeisters des Königs, der Graf von Touguia wurde; und noch weitere Karavellen waren dabei, so daß es ihrer ohne die *fusta*, auf der Palazano fuhr, im ganzen 26 waren, und jede segelte von dem Hafen ab, in dem sie ausgerüstet worden war.

Die 14, die aus Lagos kamen, segelten zusammen am 10. August des Jahres 445 ab; aber als sie die Küste des Algarve aus den Augen verloren, überraschte sie ein Sturm, der sie zerstreute. Da der Kapitän Lançarote vorher festgelegt hatte, daß sie, wenn dieser Fall einträte, alle nach der Reiherinsel steuern sollten, wo sie sich sammeln müßten, war der erste, der vor dieser Insel Anker setzte, ein gewisser Lourenzo Dias, den wir vorhin erwähnten, und der gerade dort Wasser aufnahm, als Diniseanes da Graã mit den drei Karavellen eintraf. Als nun Diniseanes von der großen Flotte hörte, welche nachkäme, um jene Arguim-Inseln, auf denen ihm sieben Mann getötet worden waren, zu verheeren, da beschloß er, die Ankunft der Karavellen abzuwarten, um den Tod derer, die er verloren hatte, zu rächen.

Und sein Schicksal wollte, daß zwei Tage darauf der Kapitän Lançarote und mit ihm Soeiro da Costa, Álvaro de Freitas, Rodrigueanes, Gomez Pirez »o Picanzo« und andere ankamen, so daß sie im ganzen neun Karavellen stark waren. Nachdem sie auf die Erklärungen hin, die Diniseanes von der Beschaffenheit des Landes gab, beschlossen hatten, was als nächstes (ehe man all der Schiffe vom Lande aus ansichtig wurde) zu geschehen hätte, setzten jedoch die Mauren (infolge allzugroßer Vorsicht, die die Unseren hierbei walten ließen) alle nach dem Festland über, und sie fanden auf der Insel Arguim nur zwölf Seelen, von denen sie vier gefangennahmen und acht, die sich nicht ergeben wollten, erschlugen, bei welcher Gelegenheit einer der Unseren so gefährlich verwundet wurde, daß er wenige Tage darauf starb.

Und obgleich diese Tat nicht mit jenen zu vergleichen war, an welchen, wie oben gesagt, Soeiro da Costa teilgenommen hatte, so schien es ihm doch, daß er die Ehre des Ritterschlages im Krieg gegen Christen nicht verdiene, und daß er bei der Belagerung von Ceuta nichts vollbracht habe, weshalb man sie ihm hätte verleihen können, daß er aber an diesem Ort (sowohl weil es den Mauren galt als auch der Dinge wegen, die er hier und namentlich in so fremdem Land geleistet hatte) wohl verdiene, von Álvaro de Freitas, Komtur von Aljazur, zum Ritter geschlagen zu werden; was dieser auch zur großen Freude und Erbauung aller tat, die da wußten, daß Soeiro da Costa diese Ehre unter so mächtigen Fürsten verschmäht hatte, und der sich hier dadurch für besonders geehrt hielt; und zugleich mit ihm wurde auch Diniseanes da Graã zum Ritter geschlagen.

Und da, nachdem diese Tat vollbracht war, die anderen Karavellen vom Geschwader des Lançarote ankamen, und Diniseanes schon fast alle Lebensmittel verbraucht hatte, kehrte er mit seinen drei Karavellen, mit denen er ausgelaufen war, nach dem Reich zurück.

Lançarote aber beschloß sogleich in einer Beratung mit den übrigen Kapitänen, welche bei ihm blieben, die Insel Tider anzugreifen, und befahl, daß sich drei Karavellen zwischen ihr und dem Festland in einem Kanal aufstellen sollten, auf welchem die Mauren hinüber und herüber fuhren. Aber sie hatten vor den Waffen der Unseren solche Angst, daß sie alle während der Nacht zum Festland übersetzten, ohne daß es die Unseren bemerkten, so daß die Mauren, als der Morgen kam und sie sie zurückkehren sahen, wie Leute, welche die Beute, die sie suchten, auf der Insel nicht gefunden haben, am Strand angesichts der Unseren wie zur Verhöhnung ein lautes Geschrei erhoben.

Es gab in diesem Kanal (in dem die drei Karavellen vor Anker lagen, welche Lançarote hingeschickt hatte, um die Überfahrt abzuschneiden) zwischen der Insel und dem Festland eine Stelle, die über einen Steinwurf breit war, welche man nicht durchwaten konnte, und eine andere von derselben Breite, an der zur Zeit der Ebbe das Wasser bis zum Knie reichte. Auf einer jener Karavellen befand sich ein Kammerdiener des Infanten namens Diogo Gonsalvez, der in der Kühnheit seines Geistes, die ihn trieb, die Mauren wegen des Hohnes und der Verachtung, die sie ihnen entgegenbrachten, anzugreifen, zu einem gewissen Pedro Alemão, der aus Lagos stammte, sagte, ob er nicht mit ihm an Land schwimmen wolle, um die Beleidigungen zu rächen, welche die Mauren ihnen zufügten. Worauf Pedro Alemão antwortete, daß er dies sehr gerne täte; und ohne den anderen etwas davon zu sagen, nahmen sie die Waffen, die sie zum Angriff benötigten, und schwammen hinüber. Als die Mauren sie kommen sahen, liefen sie ihnen mit lautem Geschrei entgegen, was die anderen auf der Karavelle, die schwimmen konnten, in Bewegung setzte, so daß sie, von edlem Wetteifer getrieben, ihnen zu folgen begannen, und die ersten unter diesen waren Gil Gonsalvez, ein Knappe des Infanten, und Leonel Gil, ein Sohn des Trägers der Kreuzzugsfahne. Als diese sich mit den ersten zu einem Haufen vereint hatten, entspann sich unter ihnen, als sie an Land stiegen und die Mauren ihnen dies verwehren wollten (als Leute, die Frauen und Kinder bei sich hatten), ein so hartnäckiger Kampf, daß dort mitten im Uferschlamm zwölf und danach auf festem Grund noch weitere Mauren liegenblieben und 57 gefangengenommen wurden. Und trotz dieser Mühe am Tage überfielen einige von ihnen mit anderen, welche ausgeruht waren, noch in derselben Nacht ein Dorf, das sieben Meilen von da entfernt an der Küste lag, weil sie glaubten, daß diejenigen, welche den Händen der Schwimmer entgangen waren, sich dorthin zurückgezogen hätten, wie einige der Gefangenen versicherten. Aber bei der Flucht hatten sie sich nicht allein von der Meeresküste entfernt, sondern auch die, welche im Dorf wohnten, gewarnt, so daß die Unseren sich auf diesem Zug vergeblich bemühten. Doch fanden sie, als sie am anderen Tag zurückkehrten, noch gegen fünf Mauren, die sich am vorhergehenden Tag auf der Flucht im Gebüsch versteckt hatten.

Und da das Unternehmen, weshalb sie nach der Insel gesegelt waren, somit beendet war, versammelte der Kapitän Lançarote am nächsten Tag alle Kapitäne und bedeutenden Personen der Flotte und hielt folgende Ansprache:

»Wohl wißt Ihr, Herrn und Freunde, daß der Hauptgrund, weshalb es dem Herrn Infanten gefallen hat, daß wir alle in einem Geschwader und ich als Kapitän dieser Flotte aussegeln sollten, der war, diese Insel Arguim, von der die Unseren, wenn sie hierher kamen, Schaden erlitten, leichter zerstören zu können. Nun habt Ihr solches, Gott sei Dank, so ehrenvoll und so sehr zu seinem Dienste und zum Wohlgefallen des Infanten vollbracht, daß er Euch dafür zur Ehre und zum Dank verpflichtet ist, welche Ihr alle, jeder nach seinem Rang, erwarten dürft; denn dieses Gesetz haben die Dienste, die nach dem Willen dessen, der sie auferlegt, ausgeführt wurden, besonders wenn der Herr dankbar und freigebig ist. Diese Dinge sind also von seiten Eurer Verdienste erworben und von seiten der königlichen Gesinnung des Infanten bewilligt; was uns nun zu tun bleibt, ist, dasjenige zu erfüllen, was er uns weiter in seinem Auftrag gebietet, nämlich daß nach Beendigung dieser Unternehmung, die wir ausgeführt haben, ein jeder sich auf den Weg machen könne, seinem Handel und Nutzen nachzugehen, worin ihm Gott helfen möge. Ich verbleibe von heute an ohne den Oberbefehl, welchen mir der Herr Infant in bezug auf die Leitung dieses Unternehmens, weshalb wir hauptsächlich gekommen sind, übertragen hatte. Und was mich betrifft, kann ich Euch sagen, daß es nicht wegen der Ehre – weil ich solche, Gott sei Dank, mit Eurer Hilfe in diesem Land erworben habe, so daß ich zufrieden nach dem Reich zurückkehren könnte –, sondern in Anbetracht der geringen Beute, die wir mitbringen, da der Karavellen viele und der Gefangenen wenige sind, meine Absicht ist, noch nicht so schnell zurückzukehren, und wenn einer seinen Vorteil an der Küste weiterverfolgen will, so werde ich ihm Gesellschaft leisten.«

Soeiro da Costa, der Schwiegervater dieses Lançarote, Vicente Diaz, Rodrigeanes, Martim Vicente und »der Picanzo«, welche die kleinsten Karavellen der ganzen Flotte hatten, antworteten, daß sie den Winter, der bereits dort beginne, nicht abwarten könnten, und daß, wie sehr sie auch ihr Wunsch triebe, ihn zu begleiten, doch die Not sie zwinge umzukehren. Gomez Pirez dagegen, der Kapitän der Karavelle des Königs, und Álvaro de Freitas, Rodrigeanes Travazos und Lourenzo Diaz, der Kaufmann, waren alle in dem Entschluß einig, dem Kapitän Lançarote zu folgen, mit der Absicht, über das Land der Azeneguer, die Sahara, hinauszufahren und das Land der Neger, Guinea, zu sehen, weil man ihnen gesagt hatte, es sei fruchtbarer und habe an allen Dingen mehr Überfluß.

Als sie sich auf diese Weise getrennt hatten, die einen, um nach dem Reich, die anderen, um nach Guinea zu segeln (wobei Soeiro da Costa und Lançarote die jeweiligen Anführer waren), schlug jeder seinen Weg ein. Weil Soeiro da Costa *alcaide* von Lagos war, dem alle auf dem Lande gehorchten, so hatten sie ihm auch, weil die meisten aus dieser Stadt kamen, auf dem Meere gehorchen wollen; nun veranlaßte er sie, am Cabo Branco anzulegen. Hier fuhren sie sodann in Booten über vier Meilen einen Meeresarm aufwärts und überfielen ein Dorf, in dem sie jedoch nur neun Mauren fingen, weil die meisten geflohen waren, da man sie, bevor jene im Dorf anlangten, gewarnt hatte. Und da ihm diese Beute nicht genügte, sagte er zu den anderen Kapitänen (obwohl ihm geraten wurde, solches nicht zu tun), er müsse durchaus nach der Insel Tider zurückkehren, da unter den Gefangenen, die er mit sich führe, eine Maurin und ein Knabe, der Sohn eines vornehmen Mannes, seien, die ein großes Lösegeld versprächen.

Als sich Soeira da Costa nun zu diesem Zweck von den übrigen Kapitänen getrennt hatte, kam er auf der Insel an, wo sogleich einige Mauren zur Auslösung herbeieilten, und zur Sicherheit beider Beteiligter gaben die Mauren einen Mann von ihren Vornehmen als Geisel, und Soeiro da Costa stellte seinen Schiffsmeister und einen Juden, der ihn vom Reich aus begleitet hatte. Und als der Knabe, der ausgelöst werden sollte, bereits bei den Seinen war, stürzte sich die Maurin, da sie dazu eine Gelegenheit gefunden hatte und sich mehr auf ihr Schwimmen, das sie sehr gut beherrschte, als auf das Vermögen der Ihren verließ, von denen sie das hohe Lösegeld erwartete, in das Meer und entkam so in Sicherheit. Die Mauren aber wollten, da nun diese Maurin und der Knabe unter ihnen waren, den Schiffsmeister und den Juden, die sie in ihrer Gewalt hatten, nicht gegen den vornehmen Mauren zurückgeben, außer für drei andere. Soeiro da Costa, dem es zwar sehr schwerfiel, tat es dennoch, um seinen Schiffsmeister zu retten, und kehrte, ohne weiter etwas zu erreichen, was ihm den Verdruß über diesen Handel vertreiben konnte, nach diesem Reich zurück.

Und da sie mit dem Vorhaben segelten, auf den Kanarischen Inseln einen Einfall durchzuführen, begegneten sie der Karavelle des Álvaro Gonsalvez de Taide, welche João de Castilha befehligte. Und als sie von ihm die Route, die er vorhatte, erfuhren, sagten sie ihm, seine Reise scheine ihnen vergeblich, da das Unternehmen auf Arguim beendet sei und der Winter in jenen Landen beginne, wodurch er Gefahr liefe, zugrunde zu gehen; sie beabsichtigten, nach den Kanarischen Inseln zu segeln und auf der Insel Palma einen Einfall zu machen, wobei sie einen erfreulichen Fang zu tun hofften, und er solle ihnen Gesellschaft leisten, da er zu spät komme, um nach den Landen von Guinea zu fahren.

João de Castilha ließ sich von den Gründen dieser Kapitäne der Karavellen verleiten und folgte ihrem Rat. Der erste Hafen, in den sie einliefen, war der auf der Insel Gomeira, wo sogleich zwei Kapitäne, welche über das Land herrschten, zu ihrem Empfang herbeikamen und den Unsrigen alles anboten, was sie nötig haben sollten, indem sie sagten, sie schuldeten all dies, was sie zu ihren Diensten vollbrächten, dem Infanten Dom Henrique, denn sie seien am Hof des Königs von Spanien und des Königs von Portugal gewesen und hätten von keinem von ihnen so viel Gunst und Gnade erfahren wie von ihm, dem Infanten.

Da nun die Kapitäne der Karavellen sahen, daß sie nach jenem Anerbieten wirklich Hilfe erhielten, und da sie wußten, daß die Bewohner dieser Insel große Feinde derer der Insel Palma waren, welche sie aufsuchen wollten, so entdeckten sie ihnen ihren Plan und baten, sie möchten für gut halten, mit einigem Volk gegen jene ihre Feinde auszuziehen, über welche der Infant sehr aufgebracht sei, weil sie sich schlimm und aufrührerisch verhielten, und sie würden in Gemeinschaft mit ihnen ziehen.

Diese beiden kanarischen Kapitäne, welche Piste und Brucho hießen, bestiegen, da sie ihre Bereitwilligkeit, dem Infanten zu dienen, zeigen wollten, sogleich mit einem beträchtlichen Haufen an Leuten die Schiffe, und nachdem sie unter Segel gegangen waren, setzten sie mit Tagesanbruch im Hafen von Palma Anker. Und auf ihren Rat gingen die Unseren, noch ehe sie bemerkt worden waren, an Land, und die ersten Leute, denen sie begegneten, waren einige wenige Hirten, welche eine große Menge Schafe hüteten. Sobald diese Hirten die Unsrigen erblickten, begann das Vieh (wie sie es ihm beigebracht hatten), auf ein gewisses Zeichen hin, das sie ihm durch Pfeifen gaben, samt und sonders eine Schlucht hinaufzulaufen, welche zwischen zwei Reihen steiler Felsen lag, als ob ihm gesagt worden wäre: hier sind die Feinde. Und wie die Unseren bemerkten, daß die Kanarier mit ihren Kapitänen den Hirten, welche flohen, über die Felsen nachkletterten, folgten sie ihrem Beispiel. Aber da sie an jene Sprünge nicht gewöhnt waren, stürzten einige an gefährlichen Stellen, darunter auch ein junger Mensch, der, als er am Fuß der Höhe, von der er herabfiel, ankam, ganz zerschlagen war. Und auf diese Weise rannten auch einige Kanarier in ihr Verderben, denn da sie sich auf die Bekanntschaft mit solchen Orten verließen, liefen sie mit weniger Achtsamkeit. Derjenige von den Unseren aber, der sich auf diese Art, Beute zu erwischen, am besten verstand, war Diogo Gonsalvez, jener Kammerdiener des Infanten, derselbe, welcher auf Arguim

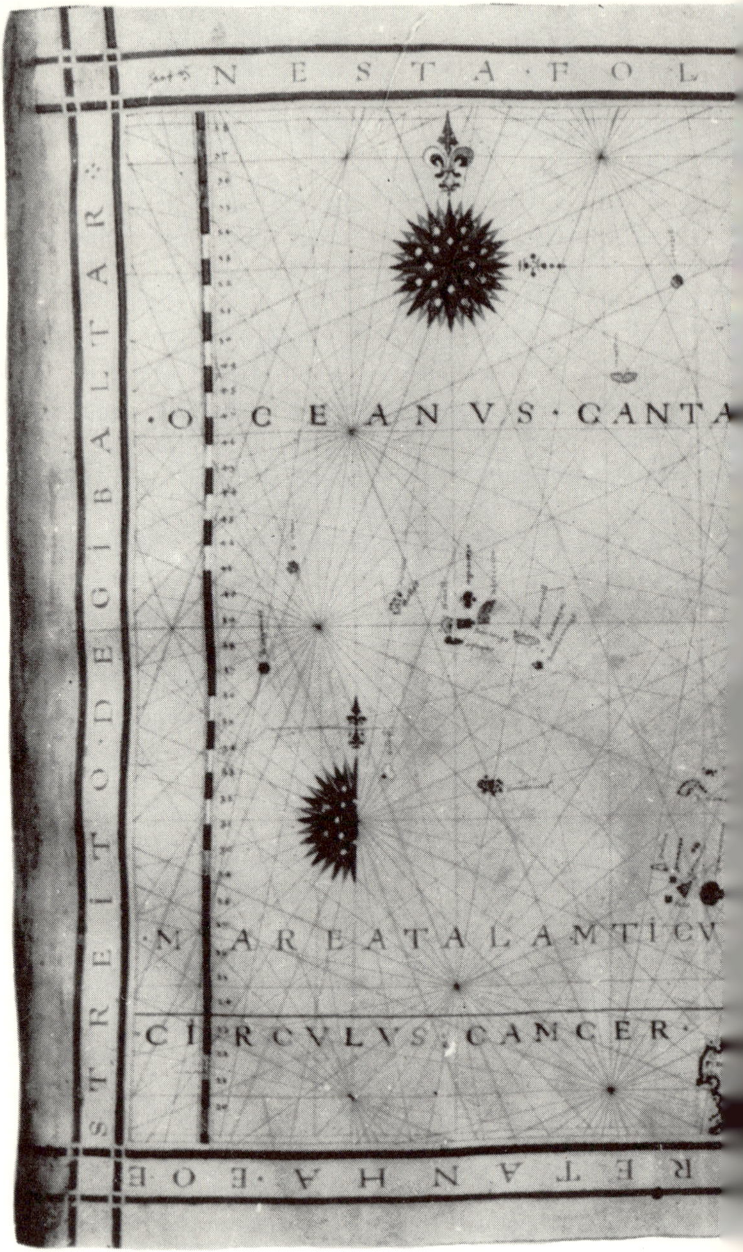

Aus dem Atlas des Fernão Vaz Dourado, 1571

PA RS
FRACA
GENOA
ICVS
AVRITANIA
GINE

angesichts der Mauren, die am Ufer ihr herausforderndes Geschrei erhoben, ins Meer sprang.

Die Kanarier, denen jene Herden gehörten, liefen, sobald sie den Einfall ihrer Feinde bemerkten, mit vielen Leuten herbei, aber wie sie die Waffen der Unseren gewahrten, wagten sie es nicht, sie in der Nähe zu erwarten, sondern stellten sich hinter die Felsen, von wo aus sie ihre Lanzen warfen, und wenn die Unseren auf sie schossen, waren sie dabei so schnell, ihren Körper zu verbergen, daß sie nur selten verwundet werden konnten. Dennoch waren derer, die sie bei der Verfolgung erbeuteten, und der anderen, die später in ihre Hände fielen, als das Volk zusammenlief, ihrer 17 Gefangene, unter ihnen auch eine Frau von erstaunlicher Größe, welche, wie sie behaupteten, die Königin eines Teiles ihres Landes war. Und als die Unseren nach der Insel Gomeira zurückgekehrt waren, setzten sie die kanarischen Kapitäne an dem Ort an Land, wo sie diese an Bord genommen hatten. Und derjenige, welcher Piste hieß, starb später in diesem Reich, wo er Geschäfte der Insel besorgte; der Infant aber empfing ihn immer freundlich und gnädig.

Da João de Castilha mit der geringen Beute, die ihm bei der Verteilung zufiel, nicht zufrieden war, und er sich auch für den Verlust entschädigen wollte, den er dadurch erlitten hatte, daß er an der Unternehmung auf Arguim, woher die anderen kamen, nicht teilgenommen hatte, beredete er sie, sie möchten auf demselben Gomeira, wo sie vor Anker lagen, einige Beute machen. Und obwohl es allen schändlich schien, denjenigen Gewalt anzutun, von denen sie Freundschaft erfahren hatten, so vermochte doch die Habsucht mehr über sie, als diese Erinnerung. Und da sie solcherart weniger Schuld auf sich luden, gingen sie von diesem Hafen nach einem anderen auf der Insel, wo sie 21 Gefangene machten, mit welchen sie nach dem Reich zurücksegelten.

Als der Infant diesen Streich erfuhr, wurde er gegen die Schiffskapitäne sehr aufgebracht, und er schickte alle Gefangenen, nachdem er sie auf seine Kosten hatte einkleiden lassen, später dahin zurück (wie man sehen wird), wo sie geraubt worden waren; denn da der Infant für diese Bewohner der Kanarischen Inseln (wie wir im folgenden Kapitel sehen werden) sehr viel getan hatte, so war ihm jede Beleidigung, die ihnen zugefügt wurde, äußerst zuwider.

WIE DER INFANT GOMEZ PIREZ AN DEN RIO DO OURO SANDTE, WO ER 80 GEFANGENE MACHTE, UND DESGLEICHEN, WIE ER DIOGO GIL, UM EINE HANDELSVERBINDUNG HERZUSTELLEN, NACH MEZA UND ANTÃO GONÇALVES AN DENSELBEN RIO DO OURO SCHICKTE; UND WIE EIN EDELMANN VOM HOFE DES KÖNIGS VON DÄNEMARK MIT DEM WUNSCH, SICH IN GUINEA UMZUSEHEN, IN DIESES REICH KAM, UND WIE IHN DER INFANT IN EINEM SCHIFF ABSANDTE UND ER DORT STARB.

Wie wir oben gesehen haben, hatten die Mauren, die dem Gomez Pirez am Rio do Ouro die Seehundsfelle gaben, diesem versprochen, wenn er dahin zurückkehrte, einen Tausch von Gold und Sklaven mit ihm einzugehen. Da nun die Zeit dieser Verabredung gekommen war, ließ ihm der Infant zwei Schiffe ausrüsten, mit denen er den Fluß erreichte, aber erkennen mußte, daß die Wahrhaftigkeit der Mauren ihrem Glauben entsprach; denn anstatt des Friedens und Handels, die sie versprochen hatten, schmiedeten sie viele verräterische Pläne gegen ihn, was Gomez Pirez veranlaßte, sie dadurch zu züchtigen, daß er 80 Personen gefangennahm, mit denen er in demselben Jahr 446, in dem er ausgelaufen war, nach dem Reich zurückkehrte.

Und im folgenden Jahr sandte er den Diogo Gil, einen Mann von hervorragendem Verstand, ab, um mit den Mauren von Meza, das zwölf Meilen jenseits des Cabo de Gue und sechs diesseits des noch vor kurzem in der Meinung der Seeleute so fürchterlichen Cabo de Não liegt, einen Handelsverkehr anzuknüpfen; und zwar weil die Mauren am Rio do Ouro sich aufgelehnt hatten und ihm bekannt geworden war, daß die von Meza Frieden und Verkehr mit uns wünschten. Und damit dies leichter vonstatten ginge, boten von den Mauren, die aus jenen Landen gekommen waren, einige, die aus dem Bezirk von Meza stammten, eine ziemlich große Anzahl Neger für sich.

Ihn begleitete João Fernandez, der in dem Lande Arguim unter den Mauren gelebt hatte; und nachdem Diogo Gil auf dessen Vermittlung hin für die 18 Mauren, die er mit sich führte, 50 Neger eingetauscht hatte, erhob sich plötzlich ein so fürchterlicher Querwind von der Küste her, daß sie unter Segel gehen mußten, während João Fernandez noch an Land war. Und sie brachten dem Infanten einen Löwen, den er einem englischen Edelmann, der ihm ein ergebener Diener war und zu Galway lebte, schickte.

Da das Gerücht von diesen Schiffen, die neue Länder und Völker entdeckten, die ganze Christenheit durchlief, drang es auch an den Hof des Königs von Dänemark, zu dessen Haushalt ein Edelmann namens Balarte, der nach neuen Dingen sehr begierig war, gehörte; und da er wünschte, in dieser Entdeckung aufzutreten, kam er mit Erlaubnis des Königs von Dänemark und mit Empfehlungen an den Infanten Dom Henrique nach diesem Reich.

Auf Bitten dieses Balarte ließ ihm der König ein Schiff ausrüsten, und um ihn mehr zu ehren, sandte er einen Ritter des Christusordens namens Fernão Affonso mit, der als Gesandter an den König des Cabo Verde die Reise machte und zwei Neger als Dolmetscher mitnahm, vermittels derer er, wie ihm der Infant befohlen hatte, die Bekehrung jenes heidnischen Volkes versuchen sollte.

Balarte, der begierig war, die Küste, welche die Unseren entdeckt hatten, zu erkunden, weil sie von Mauren und Negern bewohnt wurde, bat den Fernão Affonso, sie möchten längs derselben segeln. Und sowohl aus diesem Grund als auch weil die Winde widrig waren, brauchten sie von ihrer Abreise bis zur Ankunft am Cabo Verde sechs Monate.

Die Neger des Landes aber, die schon gewöhnt waren, unsere Schiffe zu sehen, blickten oft auf das Meer wie Leute, die auf der Hut sind, und wie sie dieses Schiffes ansichtig wurden, da ruderten sie mit gewaffneter Hand und in der Absicht, wenn sie könnten, einen Streich zu verüben, in ihren *almadias* an dasselbe heran. Aber als die Dolmetscher sie entdeckten, welche sie ansprachen und ihnen den Grund nannten, weshalb der Infant dieses Schiff geschickt hatte, und daß ein Gesandter mit einigen Geschenken für ihren König an Bord sei, ließen sie ihren Zorn einigermaßen beschwichtigen und gaben Rat und Antwort, so daß sie eine Botschaft an den Beherrscher dieses Landes übernahmen, da sich der König wegen eines Krieges, den er führte, acht Tagereisen weit im Landesinneren befand. Als der Gouverneur des Landes, den sie Farin nennen, diese Nachricht erhalten hatte, kam er mit großem Geleit ans Ufer, wo Fernão Affonso und Balarte mit ihm Frieden schlossen; und während er den König von der Ankunft der Unseren benachrichtigte, stellten sie einander Geiseln. Von seiner Seite wurde einer der Vornehmen des Landes und von unserer einer der Dolmetscher gestellt, worauf der Handelsverkehr zwischen allen begann. Und unter den Dingen, welche die Neger brachten, waren auch einige Elefantenzähne, welche Balarte solche Freude machten, daß er sich mit den Negern besprach, ob er nicht einen lebenden Elefanten sehen könnte, und wenn nicht, sollten sie ihm die Haut oder das Gerippe von einem bringen, wofür er ihnen großen Lohn versprach. Die Neger, denen somit ein Lohn versprochen war, sagten, sie wollten ihm sogleich einen Elefanten an den Ort schaffen, wo er ihn sehen könnte, und drei Tage darauf kamen sie zurück und holten Balarte, indem sie vorgaben, sie hätten gebracht, was sie ihm zugesagt hatten.

Balarte stieg nur mit den Matrosen, die ruderten, in das Boot des Schiffes und kam an Land; und indem ein Matrose eine Kalebasse Wein nahm, die ihm ein Neger reichte, beugte er sich so weit über die Seite des Bootes, daß er ins Wasser fiel. Und durch die Eile, den Matrosen herauszuholen, gaben sie nicht auf das Boot acht, so daß es die Wellen, weil die See etwas hoch ging, auf den Strand warfen.

Da nun die Neger sahen, daß die Unseren vom Schiff aus keine Unterstützung erhalten konnten, fielen sie über sie her, und es entwischte nur ein einziger, der schwimmen konnte und diesen Unfall berichtete, und daß er während des Schwimmens zurückgeschaut und Balarte auf dem Heck des Bootes stehen gesehen habe, wie er als tapferer Mann kämpfte.

Auf diese Weise fand dieser Edelmann durch den Wunsch, außerhalb seines Vaterlandes Ruhm zu erwerben, seinen Tod; so hoch versteigen sich die Wünsche der Menschen, daß besagter Balarte, der in Dänemark geboren war, aus freiem Antrieb sein Grab in Guinea suchte, einem Land, das ihm in jeder Hinsicht so fern lag.

Nach seinem Tod, der alle tief betrübte, sowohl seiner Person wegen, die es verdiente, als auch weil ihm so viele ins Grab folgten, kehrte Fernão Affonso nach dem Reich zurück, und die Neger blieben in demselben Zustand, in dem sie früher gewesen waren, ohne daß die Unseren irgend mit ihnen verkehren konnten, weil wegen der Schlechtigkeit, die sie begangen hatten, keine Fahrzeuge mehr ans Schiff kamen, und die Unsrigen wegen des Bootes, das verloren war, nicht mehr an Land gehen konnten.

Und da in diesem Jahr der König Dom Affonso, der Neffe dieses Infanten, aus der Vormundschaft des Infanten Dom Pedro, seines Oheims, trat und den Zügel der Regierung seiner Reiche ganz und gar ergriff, so wollen wir, obgleich der Infant bis zum Jahr 463[11]) lebte und diese Entdeckung immer fortsetzte, mit dem neuen König die Taten, die zu seiner Zeit geschahen, beginnen, da doch dieses selbe Werk in seinem Namen seinen Fortgang fand. Aber bevor wir diese Grundlage unseres Asien[12]), die wir wohl die Bestrebungen und Beschwerden dieses Infanten nennen können, verlassen, und obwohl man aus den Chroniken des Reiches einen Teil seiner Taten ersehen kann, wollen wir hier (als an dem geeignetsten Ort) besonders von ihm handeln.

Siebtes Kapitel

VON DER PERSÖNLICHKEIT DES INFANTEN DOM HENRIQUE UND VON DEM CHARAKTER, WELCHEN ER WÄHREND DES GANZEN VERLAUFES SEINES LEBENS BEIBEHIELT.

Dieser vortreffliche Prinz war der dritte Sohn des Königs Dom João I. glorreichen Angedenkens und der Königin Dona Filippa, seiner Gemahlin, Tochter des Herzogs von Lancaster und Schwester des Königs Heinrich IV. von England. Und da von der Vortrefflichkeit des Blutes meistenteils alle persönlichen Begabungen herkommen, so können wir glauben, daß Gott in ihm auf diesen Grund die der Seele baute, die er, solange er lebte, in seinen Werken bewährte.

Der Körperbeschaffenheit nach war er, wie man sagt, von mittlerer Größe und von runden, starken und fleischigen Gliedern; die Farbe seiner Haut war weiß und blühend, und er zeigte darin deutlich die richtige Mischung der Säfte. Er hatte etwas struppige Haare und auf den ersten Blick (durch die Ernsthaftigkeit seiner Person) für jeden, der ihn nicht kannte, ein etwas zurückweisendes, ehrfurchtgebietendes Wesen. Und wenn er in Zorn gebracht wurde, hatte er ein wildes Aussehen; aber das nur selten, denn in der größten Hitze eines Verdrusses, den man ihm verursachte, waren dies die schlimmsten Worte, die er sprach: geht mit Gott, möget ihr glücklich sein. Der Ausdruck seines Antlitzes war ruhig, seine Rede mild und in dem, was er sagte, fest und stets keusch und ehrbar, und dieses Gesetz der Ehrbarkeit hielt er nicht nur in den Werken, sondern auch in der Kleidung, dem Äußeren seiner Person und in dem Dienst seines Hauses ein. All dies entsprang aus der Reinheit seiner Seele, denn man glaubt, daß er jungfräulich war.

In seinen Bestrebungen und Streitigkeiten war er in hohem

Maße geduldig und Herr über sich. Im Glück wie im Unglück war er demütig und so geneigt, Fehler zu verzeihen, daß es ihm zum Vorwurf gemacht wurde. Er hatte ein vortreffliches Gedächtnis und Entschlossenheit in seinen Geschäften und genoß bei ernsten und wichtigen Dingen Ansehen. Im Aufwand und in den Bauten war er prachtliebend und fand Vergnügen daran, neue Erfahrungen zum Vorteil aller zu erproben, wenn es auch mit der Aufwendung seines eigenen Vermögens geschah. Er liebte es sehr, Edelleute zu erziehen, um sie in guten Sitten zu unterrichten, und auf diese Erziehung war er so bedacht, daß man wohl sagen konnte, sein Haus sei eine Schule tugendlichen Adels, wo der größte Teil der Edelleute des Reiches erzogen wurde, welche er freigebig unterhielt und für ihre Dienste belohnte. Und er setzte in die Erziehung und Person eines jeden solches Vertrauen, daß er in seinem Testament (in dem er König Dom Affonso und dem Infanten Dom Fernando, den er an Sohnes statt adoptiert hatte, empfahl, sie möchten es für gut befinden, daß seine Diener die Pensionen und Löhne, die sie bei ihm erhalten hatten, fortbezögen) sagte, er bitte sie, ihre Dienste als Diener anzunehmen, weil sie, Gott sei Dank, solche Leute seien, daß man jede Gnade, die ihnen erwiesen würde, für gut angewendet erachten könne.

Aber obgleich in der Zucht seiner Kleidung, in seinen Reden, Fasten, in seiner Andacht während des Gottesdienstes und in den Einrichtungen seiner Kapelle sein ganzes Leben lang eine vollkommene Religiosität herrschte, so ermangelte er doch nicht der Gedanken an hohe Unternehmungen und edelmütige Taten, wie sie Menschen von königlichem Geblüt ziemen. Zum Teil erkannte man das, als er sich in Afrika befand, besonders bei der Einnahme von Ceuta, von der wir schon im Teil von Afrika handelten, und desgleichen in dem so neuen Unternehmen, zu entdekken, was bis zu seiner Zeit unbekannt war, wobei er die Dinge nicht bloß ihrem glücklichen Gelingen anheimstellte, sondern auch mit allem Eifer und Klugheit bestrebt war, daß sie zu einem glücklichen Ende gedeihen möchten.

Denn er ließ zwecks dieser Entdeckung von der Insel Mallorca einen Meister Jacane[13]), einen in der Schiffahrtskunde sehr gelehrten Mann, kommen, der Karten erstellte, und der ihn viel kostete, bis er ihn in dieses Reich holte, um die portugiesischen Beamten dieses Fach seiner Kunst zu lehren. Desgleichen ließ er auch Zuckerrohr, um es dort anzupflanzen, und Meister, die sich darauf verstanden, von Sizilien nach der Insel Madeira kommen; und in diesen und anderen Dingen, die er zwecks der öffentlichen Wohlfahrt unternahm, zeigte er wohl, daß er das Verlangen, Gutes zu tun, im Herzen eingeprägt habe, wie er als Motto seiner Devise die französischen Worte führte: *talent de bien faire.*

Was ferner die Wissenschaften, nicht zu reden von den heiligen, die er aus Frömmigkeit und Andacht sehr liebte, sondern was die weltlichen betrifft, war er sehr fleißig, besonders in der Wissenschaft der Kosmographie, als deren Frucht dieses Reich nun das Hoheitsrecht über Guinea nebst all den weiteren Titeln, welche später zu seiner Krone kamen, besitzt. Und nicht allein hierin hinterließ er dieses Zeugnis der Liebe und Neigung, die ihn zu den Wissenschaften zogen, sondern auch in der Freigebigkeit, mit der er gegen die Studenten von Lissabon verfuhr, indem er seine eigenen Häuser nebst anderen Dingen für sie zur Verfügung stellte; die Erinnerung daran aber wird von ihnen am Anfang jeden Jahres, wenn die Ferien vorüber sind, feierlich begangen.

Zu seinen Lebzeiten machte man vom Cabo Bojador, das unter dem 37. Grad nördlicher Breite liegt, bis zur Serra Lioa, unter 7⅔ Grad, Entdeckungen, was 360 Meilen Küstenland bedeutet; der letzte Entdecker der Serra aber war ein Pedro de Cintra, ein Ritter aus seinem Haus.

Und obwohl er am Beginn dieser Unternehmungen mit großen Schwierigkeiten zu kämpfen hatte und viele ungünstige Reden laut wurden (wie oben erwähnt), so bewahrte er doch solche Standhaftigkeit und solchen Glauben an die Hoffnung, die ihm sein von Gott begünstigter Geist verlieh, daß er (so viel in seinen Kräften lag) im Laufe von 40 Jahren nie von dieser Entdeckung abstand. Vom Jahre 420 an (um die anderen, die fruchtlos waren, nicht zu rechnen), in welchem die Insel Madeira entdeckt wurde, bis zum 13. November 463[14]), wo er im Alter von 67 Jahren zu Sagres starb. Er wurde in der Stadt Lagos bestattet und von dort nach dem Kloster St. Maria da Victória, welche man »die zur Schlacht«[15]) nennt, in die Kapelle des Königs, seines Vaters, gebracht.

Wir aber müssen glauben, daß dieser Infant und Fürst von hohen Unternehmungen, seinen Taten und seinem Lebenswandel gemäß, unter den Auserwählten Gottes im Paradies ist.

NACHWORT

Portugal war zu Beginn des 15. Jahrhunderts ein kleiner, in beinahe jeder Hinsicht abseits gelegener Randstaat an der südwestlichsten Ecke Europas. Zu Beginn des 16. Jahrhunderts aber erstreckte sich seine Präsenz über vier Kontinente, was auch der Grund dafür ist, daß diese Leistung heute nicht mehr als Werk von einzelnen betrachtet werden kann. Denn die Tatsache, daß sich eine derart bedeutende, wenn auch kurzlebige maritime Weltherrschaft innerhalb eines so geringen Zeitraumes aufbauen ließ, ist das Ergebnis des vielgestaltigen Einsatzes einer ganzen Nation. Ihren Anfang nahm diese Entwicklung in den nahezu fünfzig Jahren der Regierungszeit König Joãos I. (1385–1433), als Portugal vermittels eines kraftraubenden Kap- und Inselspringens begann, die westafrikanische Küste Zoll für Zoll, Légua für Légua zu entdecken und zu erobern.

Um aber erfaßbar zu machen, wie es gelingen konnte, einer kleinen Nation den Antrieb für derart weitreichende und weltverändernde Aktivitäten zu geben, scheint in der Geschichtsschreibung die mythenumwobene Gestalt des Infanten Henrique als Spiritus rector allgegenwärtig auf. Dabei ist es nicht ganz einfach, die bereits im Vorwort behandelte Bedeutung dieser zweifellos faszinierenden und schillernd aus ihrem Zeitalter herausragenden Persönlichkeit für die Rolle Portugals als einer Nation der Eroberer und Entdecker abzugrenzen. Denn die mit der Materie beschäftigten Hofchronisten, deren Werke für uns den einzigen Zugang darstellen, befleißigten sich im allgemeinen einer einseitigen, auf Verklärung ausgerichteten Schilderung der Fakten.

Ein Beispiel hierfür ist Gomes Eanes de Zurara (oder Azurara, ca. 1420–1473/74), der als Sohn eines Domherrn an den Hof kam und eigenen Angaben zufolge seine Erziehung Dom Afonso V. verdankte, was jedoch als schmeichelhafte Übertreibung angesehen werden muß, da der König kaum achtzehn Jahre zählte, als der Chronist sein erstes Werk publizierte. Allerdings kam seine humanistische Bildung tatsächlich erst in reiferem Alter zur vollen Ausformung, so daß er diesbezüglich von Dom Afonso V. beeinflußt worden sein dürfte.

Seine Laufbahn als Hofchronist begann mit der Ablösung des bedeutendsten mittelalterlichen Chronisten Portugals, Fernão Lopes (1380/90–ca. 1459), denn Zurara beendete noch etliche Jahre vor dessen Tod die von Lopes in zwei Teilen vorliegende »Crónica de D. João I.«, auch »Crónica da Tomada de Ceuta« genannt, indem er ihr einen dritten Teil hinzufügte und sie 1450 herausgab. Ihr folgten Chroniken über hochgestellte Persönlichkeiten des Adels, die er auf deren Wunsch oder im Auftrag des Herrscherhauses verfaßte. Zu diesen zählen die »Crónica dos Feitos da Guiné« (1463), ein Panegyrikus für den Infanten Henrique, die »Crónica do Conde D. Pedro de Meneses«, des ersten Statthalters von Ceuta, welche auf die Bitte seiner Tochter, der Herzogin von Bragança, geschrieben wurde; weiters die »Crónica de D. Duarte de Meneses« (1468), des Sohnes von ersterem, und möglicherweise auch die »Crónica de D. Fernando«, des Grafen von Vila Real, welche jedoch heute verloren ist.

Aus den Titeln dieser Werke ist nun schon zu ersehen, daß sich geistige Orientierung und Mentalität dieses zweiten Hauptchronisten des Reiches von denen seines Vorgängers grundlegend unterscheiden. Sie entsprechen den auf Dezentralismus und Feudalismus ausgerichteten Tendenzen und der ritterlichen Ideologie, welche nach der Schlacht von Alfarrobeira die portugiesische Hofhaltung unter König Afonso V. zu dominieren beginnen.

Die »Crónica dos Feitos da Guiné«, welche vom König in Auftrag gegeben wurde, war als Panegyrikus geplant, wie Zurara selbst in seinem Prolog andeutet, indem er wissen läßt, daß es der Zweck der Chronik sei, den Ruhm jener

Männer, die sich durch bedeutende Taten ausgezeichnet haben, zur allgemeinen Kenntnis zu bringen, damit sie, beziehungsweise ihre Nachfahren, in den Genuß der ihnen gebührenden königlichen Belohnung oder Entschädigung kämen. Doch die beinahe ausschließliche Bezugnahme auf höfische Taten, auf die Durchführung kriegerischer Handlungen und die Beutezüge an den Küsten, deren Hauptakteure im allgemeinen dem Adelsstand entstammende Ritter waren, führte dazu, daß sich seine historische Schau etwas eng und einseitig entwickelte und er die nationale Realität völlig außer acht ließ. Durch diese Einseitigkeit mußte es zu einer Verschiebung der Perspektive kommen, und sie verleitete ihn letztlich auch dazu, im Infanten Henrique den einzigen und ausschließlichen Grund für die Entdekkungen zu sehen. Die Leistungen, welche von anderen, untergeordneten Personen, sei es als Individuum, sei es im Kollektiv, erbracht wurden, die Voraussetzungen und Motivationen, die gegebenen Umstände, welche zu dem ungeheuren Unternehmen auf jeden Fall beitrugen, konnte er gar nicht mehr beachten. Denn der Chronik wohnte auch die Funktion inne, den Krieg in Marokko, der mit der Eroberung Ceutas im Jahr 1415 begonnen hatte und der das Hauptanliegen des Hofes und des Adels zur Regierungszeit von Dom Afonso V. darstellte, zu rechtfertigen. Dieser Krieg gab Anlaß zu schweren Auseinandersetzungen, bei denen auch die Frage, ob er vom religiösen Gesichtspunkt aus überhaupt legitim sei, nicht vergessen wurde. Durch die Glorifizierung der von Dom Henrique angeregten Expeditionen und Kaperzüge wie durch die neuerliche Aktualisierung des traditionellen Themas »religiöser Kreuzzug« sollte Zurara diese Rechtfertigung erbringen. Dabei ging er sogar so weit, daß er den Sklavenhandel in sie einbezog, dessen europäische Premiere in Lagos stattgefunden hatte.

Der panegyrische Charakter dieses Werkes manifestiert sich auch in Zuraras Stil, der sich durch eine Überfülle an Hyperbeln und Hinweisen auf die antike Mythologie und

Geschichte auszeichnet. Griechische und römische Autoren werden zitiert, wobei die Zitate manchmal nicht sehr passend gewählt sind und nachweisbar aus zweiter Hand stammen. Die Gelehrsamkeit des Chronisten tritt in der Verwendung von indirekter Rede, die sich über weitgedehnte Passagen hinzieht, deutlich zutage. Und die Bevorzugung langer, reichlich mit Konjunktionen und Pronomen versehener Sätze zeigt an, daß dieser Chronist, verglichen mit Fernão Lopes, einer neuen Phase der portugiesischen literarischen Kunst zuzurechnen ist.

All diese Faktoren samt der auf Panegyrik ausgerichteten Konzipierung erschweren es somit, aus Zuraras Bericht eine moralische und charakterliche Bewertung der Person des Infanten abzuleiten. Jedoch kann sich auch einer der hervorragendsten Historiographen der portugiesischen Klassik, nämlich João de Barros, welcher neben Damião de Goís und Diogo do Couto dem kleinen Kreis der humanistisch gebildeten Chronisten dieses Landes angehörte, nicht der Panegyrik enthalten, wenn er seine Darstellung von den ersten maritimen Expeditionen der Portugiesen gibt und die Verdienste, die hierbei dem Infanten Henrique als Initiator zukommen, würdigt. So schuf er seine »Ásia«, in der er den Verlauf der portugiesischen Entdekkungsgeschichte schildert und die das Fragment einer monumental geplanten, jedoch unvollendet gebliebenen historisch-geographischen Enzyklopädie ist, mit der Absicht, dem außergewöhnlichen Mut und Tatendrang seines Volkes ein literarisches Denkmal zu setzen.

João de Barros (1497–1562, laut anderer Version 1496–1570), der als Kind einer Beamtenfamilie am Hof des Königs Manuel I. (1495–1521) erzogen wurde, hatte verschiedene Ämter in der überseeischen Administration inne. So hielt er sich als Faktor in São Jorge da Mina an der Goldküste auf, avancierte später zum Schatzmeister und schließlich zum Generalfaktor der Casa da India, der portugiesischen Handelskammer, wodurch er dem gesamten

Überseehandel, dessen Güter in den Hafen von Lissabon verbracht wurden, vorstand. Als ihm 1539 König João III. (1521–1557) in Anerkennung seiner treuen Dienste die brasilianische Provinz Maranhão schenkte, war dies mit der Auflage verbunden, dort zu Zwecken der Kolonisierung eine Niederlassung zu gründen. Barros rüstete eine Flotte aus, die jedoch vor der brasilianischen Küste sank, was für ihn zum Verlust eines Großteiles seines Vermögens führte. Dieser Vorfall und die Tatsache, daß er als Generalfaktor besonders gute Kenntnisse und genaue Informationen besaß, was die Hintergründe und tatsächlichen Begebenheiten der einzelnen Schiffsexpeditionen betrifft, lassen ihn prädestiniert erscheinen, die Vor- und Nachteile der Unternehmungen darzustellen.

Neben seiner Laufbahn als Beamter übte Barros eine äußerst fruchtbare Tätigkeit als Literat aus. Er war ein im humanistischen Sinne gebildeter und denkender Mann, der das Schrifttum der hervorragendsten Denker seiner Zeit kannte, wie etwa jenes des Erasmus von Rotterdam. Darüber hinaus besaß er ein profundes Wissen über das klassische Altertum, seine Geschichte und Literatur. Als glühender Verehrer des römischen Historiographen Titus Livius nahm er dessen Geschichtsschreibung zum Maßstab für seine eigenen Arbeiten auf diesem Gebiet.

Mit der »Crónica do Imperador Clarimundo« (1520) veröffentlichte Barros seine erste literarische Arbeit, die der Autor selbst jedoch nur als eine Vorübung für sein historiographisches Werk betrachtete. In seinem darauffolgenden, reichen Schaffen findet sich eine Anzahl von Büchern erzieherischen Inhalts, die zum Teil für den Unterricht von überseeischen Völkerschaften gedacht waren, wie etwa die »Cartinha (Cartilha) para aprender a ler«, eine Art Lesebüchlein, das gleichzeitig mit der ersten (nach anderen Literaturhistorikern der zweiten) Grammatik seiner Muttersprache, der »Gramática da Língua Portuguesa« und dem »Diálogo da Viciosa Vergonha«, einem in Gesprächsform aufgebauten Buch, im Jahr 1450 erschien. Ebenso wurden von ihm polemische und belehrende Werke verfaßt, wobei zu ersteren der »Diálogo da Doutrina Cristã« (1532) zählt, eine Auseinandersetzung Barros' mit der Judenfrage. »Rópica Pnefma« (1531), ein Dialog zwischen allegorischen Figuren, gilt als das wichtigste Werk des jungen Barros und zugleich als äußerst signifikant für die portugiesische Renaissance. Eine Anzahl von Arbeiten, so möglicherweise ein Traktat über die Kosmologie, sind nur durch Erwähnungen des Autors in anderen, aus seiner Feder stammenden Werken bekannt. Zu seiner Beschäftigung mit historischen und geographischen Themenkreisen sind die der Infantin Maria und dem König João III. gewidmeten »Panegíricos« zu rechnen, welche posthum veröffentlicht wurden. Und hier auch muß das Hauptwerk Barros', die »Ásia«, eingeordnet werden. Wie aus diversen Zitaten und Hinweisen, welche sich in ihr befinden, hervorgeht, trug er sich mit dem Plan, eine umfassende historisch-geographische Enzyklopädie zu erstellen, die neben der Schilderung des Verlaufes der portugiesischen Kolonisierungstätigkeit und ihrer Ergebnisse eine allgemeine, in Latein abgefaßte Geographie der gesamten bekannten Welt und eine Darstellung des portugiesischen Handelssystems in den Kolonien enthalten sollte. Der erste Teil dieses ehrgeizigen Projektes wurde nach Kontinenten gegliedert, nämlich »Europa«, »África«, »Ásia« und »Santa Cruz« (Brasilien). Davon ist uns einzig die »Ásia«, besser bekannt unter dem Namen »Décadas«, erhalten geblieben. Von den vier Teilen, sogenannten Dekaden, aus denen sie besteht, vollendete Barros nur die ersten drei selbst, welche 1552, 1553 und 1563 posthum in Lissabon herausgegeben wurden. Die vierte Dekade erschien, vom portugiesischen Historiographen João Baptista Lavanha überarbeitet und erweitert, im Jahr 1615 in Madrid. Auch der Chronist Diogo do Couto (1542–1616) befaßte sich mit der »Ásia«, indem er sie von der vierten bis zur zwölften Dekade fortsetzte.

Die drei von Barros beendeten Dekaden beschreiben die Expeditionen, angefangen bei den ersten Versuchen der portugiesischen Seefahrer entlang der westafrikanischen Küste über die Entdeckung des Seeweges nach Indien bis hin zum Tode des Gouverneurs Henrique de Meneses (dem Nachfolger des Vizekönigs von Indien, Vasco da Gama), also den Zeitraum von 1415 bis 1526. Die vierte Dekade setzt mit der Geschichte der indischen Besitzungen bis zum Tod des Gouverneurs Nuno da Cunha im Jahre 1539 fort.

Obwohl Barros bei der Abfassung dieser Chronik entschieden den nationalen Standpunkt Portugals als Kolonialmacht vertrat, kommt ihr eine große Authentizität als historiographische Quelle zu, da dem Verfasser, wie bereits erwähnt, aufgrund seines Amtes als Generalfaktor Originalberichte über die vorangegangenen Schiffsexpeditionen zur Verfügung standen. Außerdem zeugt das Werk von sorgfältigen Recherchen und einer wahrheitsgetreuen, nüchternen Darstellung und Wertung der Begebenheiten.

Die »Ásia« diente in der Folge vielen Chronisten als Vorlage – so etwa dem Italiener Maffei, der für sein Werk »Historiarium Indicarum libri XVI.«, das 1588 in Florenz erschien, eine große Anzahl an Fakten aus ihr übernahm. Aber auch Geographen und Ethnologen bot sie interessante und vor allem korrekte Informationen, denn seine geographischen Hinweise sind klar abgefaßt und geben einen Einblick in sein für damalige Verhältnisse außergewöhnliches Wissen auf diesem Gebiet. Ebenso waren seine Naturschilderungen und die deutliche Charakterisierung der verschiedenen Völkerschaften in den entdeckten Gegenden von wissenschaftlicher Bedeutung.

Barros war jedoch vor allem auch Stilschöpfer. Indem er einen Prosastil kreierte, mit dem zwar Fakten prägnant dargelegt werden konnten, der aber dennoch eine klassische Gemessenheit und eine gewisse ursprüngliche Eleganz bewahrte, gelang es ihm, der Historiographie als einer literarischen Gattung in Portugal Geltung zu verschaffen.

Will man nun diesen Chronisten zu Zurara in ein Verhältnis setzen, so soll nicht übersehen werden, daß die Zeitspanne eines ganzen Jahrhunderts, welches zwischen den Werken beider liegt, João de Barros gewiß eine objektivere Schau ermöglichte. Auch ergaben sich für ihn nicht in so hohem Maße situationsbedingte Gründe, wie sie Zurara beschieden waren, die ihn gezwungen hätten, die Gestalt des Infanten und die Leistungen seiner Kapitäne in einen allzureich bestickten Mantel des Heroismus zu hüllen. Dennoch darf auch das Werk des älteren Chronisten, welches noch zu Lebzeiten des Infanten verfaßt worden war, als zeitgeschichtliches Dokument nicht unterschätzt werden, denn Zurara erstellt in den siebenundneunzig Kapiteln seiner »Crónica dos Feitos da Guiné« eine Auflistung sämtlicher portugiesischer Unternehmungen, die bis zum Jahr 1448 durchgeführt wurden und somit den Sockel für eine anfangs unfaßbare und schließlich folgenschwere Entwicklung bilden. Und hier stellte sich für uns das Problem, aus dieser Fülle die signifikantesten und informativsten Begebenheiten herauszulösen, wobei das direkte Zusammenhängen einzelner Kapitel, in denen immer wieder Bezug auf vorangegangene genommen wird, eine derartige Auswahl erschwerte.

Durch letzte historische Erkenntnisse mag ein wenig am Ruhm der Persönlichkeit des Infanten gekratzt worden sein. Und tatsächlich müssen wohl einige der ihm unterstellten Aktivitäten und Initiativen einem übertriebenen Nationalstolz der portugiesischen Historiographen zugeschrieben werden, die bewußt den Mythos vom epochemachenden Genius und Weltveränderer schufen. So ist zum Beispiel die verbreitete Annahme, daß sich Dom Henrique ständig in der südportugiesischen Stadt Sagres aufhielt, um von dort aus die Expeditionen zu organisieren und bis zu seinem Tode im Jahre 1460 die westafrikanische Politik zu leiten, nicht haltbar. Auch die Behauptung mancher portugiesischer und anderer Historiker, er habe eine Militärakademie und eine Stadt gegründet sowie ein bedeutendes Observatorium errichtet, müssen in dieser Form in den Bereich der Legende oder zumindest der Übertreibung verwiesen werden. Unbestritten hingegen ist das ungeheure Ausmaß der wirtschaftlichen und politischen Umwälzungen, welche der durch seine Initiative geweckte portugiesische Entdeckerdrang auslöste.

Dom Henrique muß das Verdienst zugesprochen werden, aus beinahe jahrzehntelangen Mißerfolgen erkannt zu haben, daß nur mit exakter Organisation und härtestem Einsatz Positives zu erreichen war. So sollten schließlich vierzig Jahre später die Ergebnisse einer sorgfältigen Planung und einer mit Zähigkeit durchgeführten Konzeption König Manuel I., »dem Glücklichen«, zufallen. Nach außen hin stellt die Herrschaft des Nachfolgers König Joãos II. (1481–1495) den glanzvollen Höhepunkt der portugiesischen Geschichte dar, denn sie ist die Stunde der Weltmacht, der Errichtung eines Seereiches von Brasilien über Afrika bis zu den Molukken.

Zunächst aber gerät die Fortsetzung von Dom Henriques Werk etwas ins Stocken. Hatte sein Bruder, Dom Pedro, dem es oblag, während der Minderjährigkeit des Thronfolgers Dom Afonso die Regierungsgeschäfte zu führen, die Interessen des Infanten tatkräftig unterstützt, so wandte König Afonso V., der von 1446 an allein regierte, den Entdeckungsfahrten wenig Augenmerk zu. Ihm war an einem Vorantreiben der Eroberungen in Nordafrika gelegen, was zu der Einnahme von Alcácer Ceguer 1458 sowie Arzila und Tanger 1471 führte, und wodurch er sich den Namen »der Afrikaner« erwarb. Sein Sohn, João II., ein Großneffe des Infanten Henrique, der ihm 1481 auf dem Thron folgt, nimmt die konsequente Weiterführung der Entdeckungen und der Suche eines Seeweges nach Indien wieder auf, sodaß Bartolomeu Dias im Jahr 1488 das »Kap der Stürme« zu umsegeln vermochte, dem der König jedoch in weiser Voraussicht, wie sich später zeigen sollte, den Namen »Kap der Guten Hoffnung« verlieh.

Die Tatsache aber, daß König João II. einzig an der Entdeckung der um Afrika herumführenden Südostpassage nach Indien interessiert war, war ausschlaggebend, daß er Columbus, der in portugiesischen Diensten eine Guineaexpedition unternommen hatte, abwies, als dieser ihm seinen Plan unterbreitete, eine Fahrt nach Westen zu versuchen. Als er nun aber im Jahr 1492 erfuhr, daß Columbus unter spanischer Flagge Land gefunden hatte, ließ er sofort erklären, das entdeckte Gebiet gehöre Portugal. Er drohte eine Flottenauffuhr an, vermittels welcher die Besitzergreifung durchgeführt werden sollte, was in Spanien verständlicherweise Unruhe aufkommen ließ. Diese konnte aber beigelegt werden, als Papst Alexander VI., selbst von spanischer Herkunft, Verhandlungen vorschlug, deren Ergebnis im Jahr 1494 zum Vertrag von Tordesillas führte. Dieser lusospanische Staatsvertrag, ein wahres Meisterwerk diplomatischer Verhandlungskunst, sah vor, daß auf Grund einer Demarkationslinie, die 370 Léguas westlich der Kapverdischen Inseln von Pol zu Pol verlief, der östlich von ihr gelegene Bereich den Interessen der Portugiesen zufallen, der westliche aber spanischer Besitz sein sollte. Auf diese Weise hatte sich Dom João II. die internationale Garantie für eine spätere, ausschließlich Portugal zustehende, um Afrika herumführende Seeverbindung nach Indien in freier Vertragsvereinbarung erworben und den unanfechtbaren Anspruch auf Brasilien zugunsten der portugiesischen Krone gesichert.

Von diesem König wurden aber auch Erkundungsfahrten ins Innere Afrikas angestrengt, wie etwa die von Pedro de Évora und Gonzalo Álvares nach Timbuktu. Und um ein Vorhaben Dom Henriques endlich in die Tat umzusetzen, welches darin bestanden hatte, das Reich des legendären Priesterkönigs Johannes aufzufinden, ließ er eine Expedition nach Äthiopien ausrüsten. Im Zuge dieser Unternehmung gelangte Pedro de Covilhã an den Hof des Negus Eskander, wo er die Überzeugung gewann, seinen Auftrag im positiven Sinne ausgeführt zu haben und diplomatische Beziehungen zwischen Äthiopien und Portugal herstellte, die jedoch von ersterer Seite bald wieder abgebrochen wurden.

Da Bartolomeu Dias nach der gelungenen Umsegelung des »Kaps der Stürme« von seiner Mannschaft zur Umkehr gezwungen worden war, sah sich Dom João II. veranlaßt, eine weitere Flotte auszusenden, die von neuem den Versuch unternehmen sollte, endlich das begehrte Ziel Indien zu erreichen. Der Oberbefehl wurde einem Edelmann des Königshofes übertragen, doch noch während der Expeditionsvorbereitungen verstarb der König im Jahr 1495, und sein Schwager, Dom Manuel I., trat die Thronfolge an. Unter diesem Regenten sollte sich nun die große Überseemission erfüllen, denn bei besagtem Oberbefehlshaber handelte es sich um Vasco da Gama, der im Juli des Jahres 1497 den Hafen Lissabons mit drei Schiffen verließ, mühelos das Kap umsegelte und Moçambique erreichte. (Hier ist nun bemerkenswert, daß die Portugiesen, welche als erste Europäer die ostafrikanische Küste berührten, auf arabische Handelskolonien stießen, womit sich die häufig aufgestellte Behauptung, der sogenannte »Kolonialismus« sei von Europa ausgegangen, widerlegen ließe.) Unter Zuhilfenahme eines arabischen Lotsen namens Achmad Ibn Majid, welcher als profunder Kenner der zu überwindenden Gewässer galt und selbst Werke über die Nautik verfaßt hatte, wurde der Indische Ozean auf kürzestem Wege überquert. Als Vasco da Gama am 20. Mai 1498 in Calicut an der Küste Vorderindiens landete, mußte er jedoch feststellen, daß er sich einer bereits hochentwickelten und der europäischen überlegenen Kultur gegenübersah. Diesem Faktum war bei der Vorbereitung der Expedition nicht Rechnung getragen worden, sodaß der Versuch, mit den Potentaten der indischen Küstenstaaten Handelsbeziehungen herzustellen, am Mangel von adäquaten Tauschobjekten, wie auch an Störaktionen arabischer, ägyptischer und jüdischer Händler scheiterte. Diese Umstände brachten Vasco da Gama zu der Überzeugung, daß Unternehmungen so großen Ausmaßes für Portugal erst dann rentabel würden, wenn man die arabischen Handelsmächte aus dem Indischen Ozean verdrängte und die indischen Stadtstaaten auf gewaltsamem Wege ausbeutete. Aber als er am 9. 9. 1499 in Lissabon eintraf, war es ihm gelungen, die Seeverbindung Europas zu Indien herzustellen, und damit die venezianische und genuesische Handelsvormacht im gesamten Orient zu brechen.

Zur Verdrängung der Araber stach im Jahr 1500 Pedro Álvares Cabral mit einer 13 Schiffe zählenden Flotte und dem königlichen Auftrag in See, die Macht der Moslems im arabischen Meer zu zerstören. König Manuel I. hatte ihm jedoch noch den weiteren Auftrag erteilt, seine Reiseroute westlich der von Vasco da Gama befahrenen zu halten, was am 22. April 1500 zur Entdeckung Brasiliens führte. Als man sich von hier aus nach Indien aufmachte, wurde das Schiff des Diogo Dias im Südatlantik von einem Sturm zu weit nach Osten getrieben, dies hatte aber zur Folge, daß er Madagaskar entdeckte.

Portugal war das Glück beschieden, zu dem Zeitpunkt im Indischen Ozean einzutreffen, als sich die mächtigeren Herrscher von Arabien, Ägypten, Persien und Indien gerade gegenseitig bekämpften oder eigener Unruhen nicht Herr zu werden vermochten. So gelang es während der Amtszeit Francisco de Almeidas, welcher 1505 zum ersten Vizekönig der indischen Besitzungen ernannt worden war, Colombo und Ormuz zu erobern. Als unter seinem Nachfolger, Afonso de Albuquerque (1509–1515), die Stadt Goa fiel, wählte dieser sie zum Regierungssitz.

Nun drängten die Portugiesen immer weiter gegen Osten. Mit der Einnahme Malakkas im Jahr 1511 wurde der

Weg zu den Molukken und ins Chinesische Meer frei. Schließlich gelangte 1546 die Stadt Diu, welche allgemein als der Schlüssel zu ganz Indien galt und jahrzehntelang schwer umkämpft worden war, in die Hände der Eroberer. Als diese auch noch die Gründung einer ständigen Handelsstation in Macau für notwendig erachteten, wurde es ihnen vom chinesischen Kaiser 1557 zum Geschenk gemacht, und das Land hatte somit den weitest entfernt gelegenen Punkt seiner unglaublichen Ausdehnung an der Küste Chinas erreicht.

Dennoch war der Höhepunkt der Bedeutung Portugals als Kolonialmacht schon seit einiger Zeit überschritten. Denn bereits der Glanz des manuelinischen Imperiums trug den Keim des Niederganges in sich. Die Schwäche der Basis, auf welcher dieses Weltreich gegründet war, mußte früher oder später zur Machteinbuße führen. Denn ein Volk wie das portugiesische, das damals kaum mehr als eine Million Menschen zählte, konnte auf die Dauer den Anforderungen einer weltweiten Kolonialpolitik nicht gewachsen sein. Dieser Menschenmangel führte auch dazu, daß sich Portugal mit der Errichtung befestigter Stützpunkte an den Küsten begnügte, um die Kontrolle und Aufrechterhaltung seines Überseehandels zu sichern. Und eben in der weiten, küstenstrichartigen Ausdehnung eines Überseereiches ohne Hinterland lag die verwundbare Stelle dieses riesigen Unternehmens. Auch hatten sich nur dreißig Jahre nach der Landung Vasco da Gamas in Ostindien die Verhältnisse bereits sehr gewandelt. Auf das heroische Geschlecht der großen Seefahrer und kühnen Entdecker war ein Geschlecht der unfähigen und bestechlichen Verwalter, der Mittelmäßigen und Gewinnsüchtigen gefolgt. Aus dieser Tatsache erwuchsen Schwierigkeiten mit der Eingeborenenbevölkerung, deren Selbstbewußtsein erstarkte, je deutlicher sie die Dekadenz der Eroberer mitverfolgen konnte. Dadurch war der Handel mit Ostindien schon 1531 so unrentabel geworden, daß König João III.

(1521–1557), der Sohn Manuels I., sein wirtschaftliches Interesse Brasilien zuwenden mußte. Bislang hatten die Schätze Afrikas und Indiens gelockt, weshalb dieses Land nicht weiter erforscht worden war, denn in ihm gab es keine Reiche zu erobern und keine Schiffsladungen voller Edelmetalle nach dem Mutterland abzusenden. Hier erwarb sich nun Dom João III. den Ruhm, der Begründer des portugiesischen Kolonisationssystems zu sein, indem er 1534 das System der »donatárias«, lehensrechtlicher Landschenkungen, einführte. Dadurch ging Brasilien vom Status der bloßen Handelsfaktorei in den einer Siedlungskolonie über.

Inzwischen aber erwachte und erstarkte der Islam. Wegen der Einigung Marokkos unter einem einheimischen Herrscher und der zunehmenden Schwächung der portugiesischen Wirtschaftskräfte sah sich Dom João III. gezwungen, auf die Besitzungen in Nordafrika zum größten Teil zu verzichten. Sein Enkel Sebastião, der ihm 1557 als Dreijähriger auf dem Thron folgte und ab 1568 selbständig regierte, wollte diesen Prestigeverlust nicht hinnehmen und hielt sich für berufen, Portugals alte Macht und Größe in Afrika wieder herzustellen. Von fanatisch-religiösem Sendungsbewußtsein durchdrungen brach er 1578 nach Marokko auf, wo jedoch das portugiesische Heer am 4. August in der Schlacht von Alcácer-Quibir eine vernichtende Niederlage durch die Mauren erlitt und König Sebastião getötet wurde.

Dies war das Hornsignal für den endgültigen Zusammenbruch des einstigen Imperiums. Denn König Sebastiãos Nachfolger, der kranke Kardinal und Großinquisitor Dom Henrique verstarb nach nur zweijähriger Amtsführung. Da mit ihm die Dynastie Aviz erlosch und die Frage der Thronfolge in Europa starke Beunruhigung auslöste, wurde schließlich eine Personalunion mit Philipp II. von Spanien, dem Onkel Dom Sebastiãos, eingegangen.

Solcherart hörte Portugal im Jahr 1580 auf, eine große

Macht zu sein, und wurde eine Nation zweiten Ranges. Und die Tragik dieses Niederganges mag vielleicht darin liegen, daß Portugals Heldenepoche, die mit Ceuta in Afrika begonnen hatte, eineinhalb Jahrhunderte später wiederum in Afrika mit Alcácer-Quibir enden sollte.

Gabriela Pögl

ANMERKUNGEN ZUM VORWORT

1) Diffie. Foundations of the Portuguese Empire. S. XV
2) ebenda
3) Zur Formationsgeschichte Portugals vgl. Salentiny. Aufstieg und Fall des portugiesischen Imperiums. S. 9ff.; G. G. Kinzel, Die rechtliche Begründung der frühen portugiesischen Landnahmen, S. 1ff.
3a) Zu den wirtschaftlichen Motiven wie Währungsprobleme aufgrund des Goldmangels etc. vgl. Salentiny, a. a. O., S. 21ff.
4) Diffie, a. a. O., S. XIV
5) E. Prestage, Die portugiesischen Entdecker, S. 9
6) Diffie, a. a. O., S. 21/22
7) Prestage, a. a. O., S. 10
8) Hierzu und zum Streit zwischen Portugal und Kastilien um diese Inselgruppe vgl. Diffie, a. a. O., S. 27ff.
9) Prestage, a. a. O., S. 12/13
10) Diffie, a. a. O., S. 37ff.
11) Prestage, a. a. O., S. 15
12) Diffie, a. a. O., S. 39–41
13) R. Romano, Die Grundlegung der modernen Welt, S. 69ff.
14) Zitiert nach Prestage, a. a. O., S. 19
15) Diffie, a. a. O., S. 45
16) Zitiert nach ebenda, S. 52
17) ebenda, S. 45 u. 53
18) Zitiert nach ebenda, S. 53
19) Prestage, a. a. O., S. 15
20) Zitiert nach ebenda, S. 23
21) ebenda, S. 54ff.
22) ebenda, S. 55
23) ebenda, S. 56
24) vgl. Diffie, a. a. O., S. 58; Kinzel, a. a. O., S. 241ff.
25) Diffie, a. a. O., S. 57f; Salentiny, S. 40ff.
26) So der Titel der Heinrich-Biographie von A. Born: Alexander Born, Hinaus über das Ende der Welt. Heinrich der Seefahrer, München 1980
27) J. Ure, Heinrich der Seefahrer, S. 64/65
28) Diffie, a. a. O., S. 64–66; zur völkerrechtlichen Komplexität dieser Frage und zu den entsprechenden Papst-Bullen vgl. Kinzel, a. a. O., S. 220ff., S. 241ff.
29) 1 leagues entspricht 4,8 km.

30) Diffie, a.a.O., S.67.; Salentiny, a.a.O., S.42ff.; zur Bedeutung der Umschiffung von Kap Bojador in bezug auf die damaligen Weltvorstellungen vgl. Salentiny, a. a. O., S. 30ff. und G. Hamann, Der Eintritt der südlichen Hemisphäre, S. 49ff.
31) Diffie, a. a. O., S. 70ff.; Ure, a. a. O., S. 77ff.
32) Zur Diskussion um das Tanger-Unternehmen vgl. Kinzel, a. a. O., S. 189–215
33) Diffie, a. a. O., S. 70
34) Kinzel, a. a. O., S. 211/212
35) ebenda, S. 224
36) Einzelheiten siehe Ure, a. a. O., S. 84ff.; Kinzel, a. a. O., S. 232/33
37) Vgl. hierzu Ure, a. a. O., S. 91ff.
38) Zitiert nach Kinzel, a. a. O., S. 248
39) Ure, a. a. O., S. 95
40) Diffie, a. a. O., S. 113ff.
41) Ure, a. a. O., S. 97
42) ebenda; zu den wissenschaftlichen Erfolgen der »Schule von Sagres« vgl. Hamann, a. a. O., S. 33ff.
43) Ure, a. a. O., S. 107/08
44) ebenda, S. 109
45) ebenda
46) Diffie, a. a. O., S. 78
47) ebenda
48) ebenda, S. 76ff.
49) Ure, a. a. O., S. 117
50) Kinzel, a. a. O., S. 282
51) ebenda, S. 301ff.
52) Zitiert nach Ure, a. a. O., S. 120
53) ebenda, S. 121
54) ebenda, S. 122/23
55) ebenda, S. 123
56) ebenda, S. 128
57) Vgl. hierzu Diffie, a. a. O., S. 82ff.; Salentiny, a. a. O., S. 46ff.
58) Ure, a. a. O., S. 129
59) ebenda, S. 131
60) Diffie, a. a. O., S. 88
61) Vgl. hierzu Ure, a. a. O., S. 144ff.
62) ebenda, S. 154
63) Zitiert nach ebenda, S. 156
64) ebenda
65) ebenda, S. 157
66) Vgl. dazu Diffie, a. a. O., S. 92ff.

67) Vgl. hierzu Salentiny, a. a. O., S. 50ff.; Diffie, a. a. O., S. 96ff.
68) Zur Indien-Problematik vgl. Hamann, a. a. O., S. 39ff.; Kinzel, a. a. O., S. 316ff.
69) Diffie, a. a. O., S. 35–37
70) ebenda, S. 107ff.; Ure, a. a. O., S. 174ff.; Prestage, a. a. O., S. 110ff.
71) Zum sog. »Krieg der Rosen«, des Bürgerkriegs zwischen dem Haus York und Lancaster, vgl. Romano, a. a. O., S. 71ff.
72) Vgl. oben S. 10
73) Zitiert nach Prestage, a. a. O., S. 183
74) J. Bensaude, A Cruzada do Infante D. Henrique, Lissabon 1943
75) Ure, a. a. O., S. 183
76) Vgl. hierzu Diffie, a. a. O., S. 113ff., 123ff.
77) Ure, a. a. O., S. 73
78) ebenda, S. 75
79) ebenda, S. 76
80) ebenda, S. 185
81) ebenda, S. 96

LITERATUR ZUM VORWORT

Born, A.: *Hinaus über das Ende der Welt. Heinrich der Seefahrer.* München/Wien 1980.

Diffie, B. W.; G. W. Winius: *Foundations of the Portuguese Empire, 1415–1580.* Minneapolis 1977.

Hamann, G.: *Der Eintritt der südlichen Hemisphäre in die europäische Geschichte.* Wien 1968.

Hassert, K.: *Die Erforschung Afrikas.* Leipzig[2] 1943.

Kinzel, G. G.: *Die rechtliche Begründung der frühen portugiesischen Landnahmen an der westafrikanischen Küste zur Zeit Heinrichs des Seefahrers.* Göppingen 1976.

Prestage, E.: *Die portugiesischen Entdecker.* Bern/Leipzig/Wien 1936.

Romano, R.; Tenenti, A.: *Die Grundlegung der modernen Welt. Spätmittelalter, Renaissance, Reformation.* Frankfurt/M. 1967.

Salentiny, F.: *Aufstieg und Fall des portugiesischen Imperiums.* Wien/Köln/Graz 1977.

Skelton, R. A.: *Explorers' Maps.* London 1958.

Ure, J.: *Heinrich der Seefahrer. Der Aufbruch ins Zeitalter der Entdeckungen.* Wiesbaden 1979.

ANMERKUNGEN ZU CÀ DA MOSTO

1) Das südlich von Arabisch-Nordafrika gelegene, damals noch weitgehend unbekannte Schwarzafrika
2) König Duarte (1433–38)
3) Bei den hier beschriebenen Expeditionen handelt es sich um die von Gil Eanes, der das Kap Bojador umsegelte, und um die von Nuno Tristão, der 1443 den Golf von Argium erreichte.
4) Reposera lag ungefähr 5 Meilen landeinwärts von Sagres an der Spitze von Kap St. Vinzenz in der Provinz Algarve, der Heinrich als Gouverneur vorstand. Hier hatte er sich nach der Eroberung von Ceuta im Jahr 1415 niedergelassen, und von hier aus dirigierte er auch die Entdeckungsfahrten.
5) Patrizio di Conti arbeitete dort als Geograph.
6) Drachenblut ist ein Harz, das aus der Dracaena draco gewonnen wird, früher zu medizinischen Zwecken verwendet wurde und heute vor allem als Färbemittel dient.
7) 2 Buthen entsprechen einer modernen Tonne.
8) Ein Kaufmann, der 1445 an einer Expedition nach Westafrika teilgenommen hatte.
9) Schellfisch und Dorsch
10) Machico
11) Das heutige Santa Cruz
12) Das heutige Camera de Lobos
13) Dies entspricht 70 000 Bushels.
14) In der englischen Ausgabe ist von 400 Cantara die Rede, wobei 1 Cantaro etwa 3 Gallonen entspricht.
15) Dieser Wein stammt ursprünglich aus der Gegend um Napoli di Malvasia (Monemvasia).
16) Teil des Franziskaner-Ordens, der sich besonders streng dem Armutsgebot verpflichtet hat.
17) Pflanze, aus der man braunen Farbstoff gewinnt.
18) Die heutige Hafenstadt Cádiz in Südspanien
19) Das Herzogtum Sevilla im damaligen Königreich Kastilien
20) Es handelt sich hier um Ziegenleder.
21) Hierbei handelt es sich um den Pico de Teide, der 3716 m hoch ist.
22) Alter Ausdruck für Orange
23) Wadan, wichtigster Handelsplatz in der West-Sahara, 350 Meilen östlich vom Golf von Argium gelegen

24) Kleidungsstück aus grobem Stoff
25) Zur Sklavenjagd in den Nachbargebieten waren sie von den Portugiesen angestiftet worden.
26) Historisch wichtigster Stamm der Tuareg, weit verbreitet über die West-Sahara
27) Es handelt sich hier um das »litham«, das von den Tuareg noch heute getragen wird.
28) Taghaza in der West-Sahara, berühmt wegen seiner Salzminen
29) Tagundnachtgleiche
30) 1 »mitigal« entspricht etwa $\frac{1}{8}$ Unze Gold.
31) Es handelt sich hier wohl um das Überschwemmungsgebiet des Nigers etwas oberhalb von Timbuktu.
32) Tuat, Oase in der nordwestlichen Sahara
33) Fes, Morocco, Arzila, Safi, Massa
34) »Spanien«, »Spanier«, »spanisch« ist hier bezogen auf die gesamte Iberische Halbinsel.
35) Senegal-Fluß
36) Es handelt sich hier um den Stamm, den man heute »Jalof« oder »Wolof« nennt.
37) Gemeint ist entweder der Sultan von Kairo oder der von Bagdad.
38) Gemeint sind die Azanaghi.
39) Hier ist das mittelalterliche Königreich Tekrur im heutigen Senegal gemeint.
40) Entdeckt wurde der Senegal-Fluß 1445 von Dinis Dias.
41) Gewählter Fürst des mittelalterlichen Jalof-Reiches Cayor
42) Dinkel ist eine heute kaum mehr angebaute Weizensorte.
43) Wahrscheinlich Früchte der Ölpalme
44) Bei diesem Berg handelt es sich um den Pic Estancia (387 m hoch).
45) Eine Zuba ist eine Art Mantel.
46) Fettige Substanz, die aus den Körperdrüsen der Zibetkatze gewonnen wird.
47) Die Herzogin von Burgund war eine Schwester von Prinz Heinrich.
48) Es handelt sich hier um die Flüsse Bliss oder Suta.

ANMERKUNGEN ZU GOMES EANES DE ZURARA

1) König Afonso V. (1432–1481), Sohn des Königs Duarte I.; regierte ab 1448 selbständig, nachdem sein Onkel, der Infant Pedro, während seiner Minderjährigkeit die Regierung geführt hatte.
2) Gemeint ist Marcus Tullius Cicero (106–43 v. Chr.), römischer Staatsmann und berühmter Redner.
3) Es handelt sich dabei wohl um die nach 43 v. Chr. entstandene Monographie »Über die Verschwörung des Catilina« von Gaius Sallustius Crispo (86–35 v. Chr.), dem als Sallust bekannten römischen Geschichtsschreiber.
4) Am 14. August 1385 bezwang König João I. in der Entscheidungsschlacht von Aljubarrota die Kastilier, wodurch sich Portugal endgültig von der damaligen Bedrohung durch Kastilien befreite.
5) König Duarte I. (1391–1438) folgte 1433 seinem Vater João I. auf dem Thron.
6) Die über den Infanten vermittelte Kenntnis in den nicht aufgenommenen Kapiteln IV–VI ist folgenden Inhaltes: Kapitel IV enthält eine detaillierte Schilderung des Äußeren des Infanten D. Henrique wie auch seiner alltäglichen Gewohnheiten.
In Kapitel V zählt der Chronist zusammenfassend die Taten auf, welche der Infant zu Diensten Gottes und des Reiches unternommen hat.
Kapitel VI benutzt der Chronist, um vermittels Zitierung griechischer und römischer Philosophen und Redner vergleichend die Tugenden des Infanten aufzuzeigen und zu würdigen.
Besagte Kapitel wurden nicht aufgenommen, da sie in belehrendem und sehr weitschweifigem Ton nur ein Geringes an interessanter Information bieten.
7) Brandanus (ca. 484–ca. 578), betätigte sich als Missionar und starb als Abt des irischen Klosters Clonfert; er gilt als sagenumwobener Seefahrer.
8) Hier bezieht sich der Chronist offenbar auf die genuesischen Brüder Vadino und Ugolino Vivaldi, die 1291 mit zwei Galeeren von Genua absegelten, um durch die Meerenge von Gibraltar in den Südatlantik vorzustoßen. Verschiedentlich wird behauptet, sie hätten Afrika umrundet und seien an der Kü-

ste von Somalia gestrandet, wofür jedoch keine eindeutigen Beweise vorliegen.

9) Unter »Spanien« wird hier die gesamte Iberische Halbinsel verstanden.

10) Der Chronist dürfte sich auf die »Libysche Wüste« beziehen, den nordöstlichen, wasser- und pflanzenärmsten Teil der Sahara.

11) Gemeint ist die Küste des ehemals maurischen Königreiches Granada in Spanien, das seit 1238 selbständig war und 1248 die Oberhoheit Kastiliens anerkannte.

12) Es handelt sich dabei wohl um Kapitäne von Kauffahrteischiffen, welche die portugiesischen Faktoreien in Flandern aufsuchten, und deren Route in ihnen bekannten Küstengewässern verlief, so daß sie sich weder einer Karte noch technischer Hilfsmittel bedienen mußten.

13) Das portugiesische Wort »lobo marinho« wurde verschiedentlich mit Seelöwe oder Seewolf (der nicht existiert) wiedergegeben; da es sich auf jeden Fall um eine Robbenart handelt und »lobo marinho« im »Dicionário da Língua Portuguesa« mit »foca«, also »Seehund«, bezeichnet ist, haben wir uns für letzteren Ausdruck entschieden.

14) Das Weglassen der Zahlen, welche das Jahrtausend bzw. Jahrhundert kennzeichnen, war in Werken der damaligen Zeit durchaus üblich. In den vorliegenden Texten handelt es sich grundsätzlich um Jahreszahlen, die auf das 15. Jahrhundert bezogen sind. (In diesem konkreten Fall ist somit das Jahr 1438 gemeint.)

15) Augustinus (354–430), einflußreichster Kirchenlehrer, dessen Hauptwerk »Über den Gottesstaat« von großer Wirkung auf das Mittelalter war.
Titus Livius (59 v. Chr.–17 n. Chr.), schrieb die Geschichte Roms seit der Gründung der Stadt. Von diesen 142 Büchern sind nur noch 35 erhalten, welche von den Abschreibern in Dekaden von je zehn Büchern eingeteilt wurden.
Bei Valerius handelt es sich vermutlich um Valerius Maximus, einen römischen Schriftsteller, der 31 n. Chr. eine Beispielsammlung aus der römischen und griechischen Geschichte verfaßte.

16) »Portugal, Santiago« (wie auch weiter unten: »São Tiago, São Jorge, Portugal«) sind die Schlachtrufe der Portugiesen beim Angriff.

17) Hier ist die Kolonisierung der Madeiragruppe in den Jahren 1424/25 gemeint.

18) Dom Pedro verlieh seinem Bruder Dom Henrique eine Charta, in der ihm das gesamte Fünftel an Einkünften aus den Entdeckungen überschrieben wurde, welches eigentlich der Krone zustand. Außerdem garantierte ein königlicher Erlaß von 1443, daß sämtliche Kapitäne nur mit der ausdrücklichen Erlaubnis Dom Henriques die afrikanische Küste aufsuchen durften.
19) Der Chronist bezieht sich vermutlich auf den Apostel Jacobus d. Ä., der einer seit dem 7. Jahrhundert nachweisbaren Legende zufolge in Spanien gewirkt haben soll.
20) Dom Pedro, Bruder des Königs Duarte I., regierte nach dessen Tod von 1438 bis 1448 im Namen des minderjährigen Dom Afonso V.
21) König João I. (1357–1433), Begründer der Dynastie Aviz, Vater der Infanten Duarte, Pedro und Henrique.
22) Es muß sich hierbei um vor dem Kap gelegene Inseln handeln, da die Kapverdischen Inseln zu diesem Zeitpunkt noch nicht entdeckt waren.
23) Die »Allgemeine Chronik des Reiches« setzt sich aus den Taten portugiesischer Könige und Notabeln zusammen, die von verschiedenen Chronisten bis in das 16. Jahrhundert herauf fortlaufend aufgezeichnet wurden.

ANMERKUNGEN ZU JOÃO DE BARROS

1) König Dinis I. (1261–1325), aus der Dynastie von Burgund, gelang es, die portugiesischen Besitzungen des Templerordens (dessen Aufhebung 1311/12 beschlossen wurde) dem von ihm gegründeten Christusorden zu sichern.
2) Unter »Villa« ist hier Sitz, Ort, Ortschaft zu verstehen.
3) Claudius Ptolemäus, Geograph, Astronom und Mathematiker, lebte etwa von 85–160 n. Chr. in Alexandria. Seine »Anleitung zur Erdbeschreibung«, in der Hauptsache Tabellen, gibt die Lage von über 8 000 Orten nach Längen- und Breitengraden an. Seine Geographie wurde beim Wiederaufleben der Wissenschaften im 15. Jahrhundert zur Grundlage aller wissenschaftlichen Erdkunde.
4) König Manuel I. (1469–1521), Sohn des vom Infanten Henrique adoptierten Fernando (zweiter Sohn des Königs Du-

arte I.), ließ in den bis dahin eroberten Gebieten starke Missionstätigkeit ausüben.

5) Hier sind unter Kapitänen die Inhaber einer »capitania«, also eines Erblehens, zu verstehen.

6) König João III. (1502–1557), Sohn Manuels I.

7) Die Stadt Diu an der Westküste Indiens wurde in den Jahren 1531–33 von den Portugiesen erobert und 1538 erstmalig von den Türken belagert, wobei António da Silveira de Meneses sie heldenhaft verteidigte.

8) Es handelt sich hier um König João II. (1455–1495).

9) Thronstreitigkeiten zwischen Afonso V. und Isabella von Kastilien wie auch Unstimmigkeiten durch die Ansprüche beider Kronen auf die Kanarischen Inseln wurden erst in den Verträgen von Alcaçovas und Toledo im Jahr 1479 zwischen Afonso V. und Fernando V. von Kastilien beigelegt.

10) Gemeint ist das Kap Verde.

11) Hier liegt entweder ein Übertragungsfehler vor, oder es handelt sich um einen Irrtum des Chronisten, da Dom Henrique bereits am 13. November 1460 starb.

12) Der Chronist João de Barros (1496–1570) teilte seine Chronik in die »Europa«, die »África«, die »Ásia« und »Santa Cruz« (worunter Brasilien zu verstehen ist, das ursprünglich diesen Namen trug) ein.

13) Der Infant Henrique ließ vermutlich mit Hilfe des Magisters Jakobus (Jacane dürfte eine Verballhornung dieses Namens sein) eine ausgewählte Gruppe von Seeleuten in Geographie und Nautik unterweisen.

14) Siehe Anmerkung 11)

15) König João I. betraute 1388 den Dominikanerorden mit der Errichtung dieses Klosters in Batalha (port.: Schlacht), das der Erinnerung an den 1385 errungenen Sieg über Kastilien im nahe gelegenen Aljubarrota dienen sollte; in Batalha befindet sich auch die Gruft der königlichen Familie.

WORTERKLÄRUNGEN

Alarve (port.): arabischer Beduine
Alcaide (port.): Bezirksvorsteher, Ortsrichter
Almadias (port., Plural von almadia): eine Art Einbaum
Antaleder: das Anta, südamerikanischer Tapir
Aries: Sternbild des nördlichen Himmels und erstes Tierkreiszeichen; Widder
Arrobas (port., Plural von arroba): 1 arroba = 15 kg
Azanegues, azenegues (port.): berberisch-arabische Stämme der Westsahara und Nordwestafrikas
Azeneguia (port.): Berbersprache
Balarte: Verballhornung des Namens Abelhart (des Dänen)
Barca (port.): Fluß- und Lastschiff; dreimastiges, zur Küstenschifffahrt geeignetes Fahrzeug
Barinel (port.): Schiff mit Ruder und Lateinsegel
Bicheiro (port.): eine Art Harpune
Caçoēs (port., Plural von cação): eine für uns nicht verifizierbare Fischart
Capitania (port.): Erblehen
Christusorden: nach Auflösung des Templerordens in Portugal aus dessen Gütern im Jahr 1318 gegründeter geistlicher Ritterorden
Coucho (port.): eine Art Piroge
Dobras (port.): alte Münzen; Dublonen
Dom (port., Abkürzung: D.): Ehrentitel vor dem Vornamen von Adeligen und hohen Geistlichen
Fidalgo (port.): Edelmann, Adeliger
Folosas (port., Plural von folosa): eine Lerchenart
Fortuna: römische Göttin des Glücks
Fusta (port.): langes Boot mit flachem Boden, Segel und Ruder
Jalof-Neger (port.: jalofos): heidnischer Stamm in Westafrika
Karavelle: Segelschiff des 15. und 16. Jahrhunderts mit hohem Heckaufbau
Légua (port., span.): Meile, in Portugal 6,179 km, in Spanien 5,555 km
Maure: Sammelbegriff der Portugiesen für »Ungläubiger«
Picanço, o Picanzo (port.): (der) Specht
Pombos trocazes (port., Plural von pombo trocaz): eine für uns nicht verifizierbare Taubenart
Santiagoorden: 1290 aus dem spanischen Orden de Santiago de la

Espada entstandener militärischer Orden, dessen ursprüngliche Funktion es war, die nach Santiago de Compostela reisenden Pilger zu schützen

Ständer: Beine der Stelzvögel

Themis: in der griechischen Mythologie die Göttin der Sitte und Ordnung, Schützerin des göttlichen Rechtes

GEOGRAPHISCHES GLOSSAR

Adeget: Arguim, Hauptinsel einer Gruppe kleinerer Inseln in der Arguim-Bucht an der Westküste Afrikas
Aljazur: Aljezur, Stadt im Südwesten von Portugal
Angra de Gonçalo de Cintra: Bucht des Gonçalo de Cintra, in der Nähe des Cabo Branco gelegen
Câmara de Lobos: (wörtlich: Wolfskammer), kleiner Fischerort westlich von Funchal auf der Insel Madeira
Ceuta: befestigte Hafenstadt an der Nordwestspitze Marokkos; gehört zur spanischen Provinz Cádiz; wurde 1415 von den Portugiesen erobert, seit 1580 spanisch
Diu: ehemals portugiesische Hafenstadt an der Westküste Indiens
Évora: Hauptstadt der portugiesischen Provinz Alentejo
Galway: Seehafen und Hauptstadt der westirischen Grafschaft Galway
Ilha das Garças: Reiherinsel, zur Arguim-Gruppe gehörig
Ilha de Gete, A de Gete: siehe Adeget
Ilha de Naar: kleine Insel in der Nähe der Reiherinsel, zur Arguim-Gruppe gehörig
Kanarische Inseln: Gruppe von sieben größeren und sechs kleineren Inseln vor der Nordwestküste Afrikas. Seit 1312 teilweise von Portugal beansprucht, bis 1479 die Ansprüche Kastiliens anerkannt wurden
Kap (Cabo) Bojador: (wörtlich: sich ausbauchendes Kap), an der Nordwestküste Afrikas gelegen; galt lange Zeit als unpassierbar
Kap (Cabo) Blanco, Branco: Weißes Kap, an der afrikanischen Westküste gelegen
Kap (Cabo) da Guillo: für uns nicht verifizierbares Kap in der Nähe des Cabo de Não an der afrikanischen Nordwestküste
Kap (Cabo) de Gue: für uns nicht verifizierbares Kap an der afrikanischen Nordwestküste
Kap (Cabo) de Não: Kap Nichts an der nordwestafrikanischen Küste, galt lange Zeit als der äußerste befahrbare Ort in jenen Gewässern; wer sich darüber hinauswagte, kehrte nicht mehr zurück
Kap (Cabo) Verde: Grünes Kap, an der Westküste Afrikas gelegen
Lagos: portugiesische Stadt und Hafen an der Algarveküste
Machico: Stadt im Osten der Insel Madeira
Madeira: (wörtlich: Holz), Hauptinsel der Madeiragruppe

Mallorca: Hauptinsel der Balearen
Meza: nicht genauer angegebener Ort in der Nähe des Cabo de Não
Mondego: Fluß in Mittelportugal
Nil: Senegal, von den Portugiesen auch Sanaga genannt; noch bis zum Beginn des 16. Jahrhunderts war man der Meinung, dieser Fluß hänge mit den Flußsystemen des Nil und Niger zusammen
Palma: eine der Kanarischen Inseln
Ponta de Tristão: Landspitze im Nordwesten der Insel Madeira
Porto do Cavaleiro: (wörtlich: Ritterhafen) an der afrikanischen Westküste gelegen
Porto da Galé: (Galeerenhafen) an der afrikanischen Westküste gelegen
Porto Santo: (wörtlich: heiliger Hafen), eine Insel der Madeiragruppe
Rio do Ouro: (wörtlich: Goldfluß), eine an der westafrikanischen Küste gelegene, tief ins Landesinnere gezogene Meeresbucht, die von den Portugiesen für eine Flußmündung gehalten wurde
Sanaga: Senegal
Sagres: Stadt im südwestlichsten Teil des Algarve
S. Vicente do Cabo: Kirche von Sagres
Serra Lioa: Sierra Leone
Setubal: Hafen an der Mündung des Sado, einst größter portugiesischer Umschlaghafen für Salz
Sines: Hafen an der portugiesischen Westküste
Sintra (früher Cintra): portugiesische Stadt nordwestlich von Lissabon
Tanger: Stadt in Marokko am westlichen Eingang der Straße von Gibraltar; 1471–1580 portugiesisch, nachdem der Versuch einer Einnahme 1437 völlig fehlgeschlagen war
Tavira: Hafen an der Algarveküste
Tider: eine der Inseln der Arguim-Gruppe
Tira: eine der Inseln der Arguim-Gruppe
Tomar: Stadt in Mittelportugal mit berühmter Templerfeste aus dem ausgehenden 12. Jahrhundert
Vila do Infante: (wörtlich: Ortschaft des Infanten), Sitz des Infanten Henrique in Sagres
Viseu: Stadt in der portugiesischen Provinz Beira
Zézere: Fluß in Mittelportugal

BIBLIOGRAPHIE

Allemann, Fritz René: *8mal Portugal.* München 1973.

Buescu, Maria Leonor Carvalhão: *Apontamentos de literatura portuguesa.* Porto 1980.

Feust, E.: *Die Ásia.* Nürnberg 1844.

Krämer, Walter: *Neue Horizonte. Das Zeitalter der großen Entdeckungen.* Leipzig 1972.

Lopes, Óscar; Júlio Martins: *Manual elementar de literatura portuguesa.* Lisboa 1970.

Marques, A. H. de Oliveira: *História de Portugal – Desde os tempos mais antigos até ao governo do Sr. Pinheiro de Azevedo.* Bd. I, Lisboa 1977.

Martins, F. A. de Oliveira: *História de Portugal.* Lisboa 1977.

Saraiva, António José; Óscar Lopes: *História da literatura portuguesa.* Porto 1976.

Zurara, Gomes Eanes de: *Crónica dos feitos notáveis que se passaram na conquista de Guiné por mandado do Infante D. Henrique. Versão actualizada do texto pelo Torquato de Sousa Soares.* Bd. II, Lisboa 1981.

ISCHER OCEAN
C.Blanco
Levrier B.
C.S. Anna
Arguin
el Hoden od. Wadan
West Taghazai
C.Mirik
S. John
Tanit od. Tindel B.
Portendik
Gummi Wälder
Cayor S.
Marigot
Podor
I. Morfil
B
Wallo
Daghana
Kahaide
St. Louis
Senegal
Niakra
Futa Tor
Gandiolo
Coque
Macaye
Wamkrore
Sedo
C. Verde
Magdalenen I.
I. u. Ft. Gorée
Rufisque
Baol
Jolof
Lambaye
Warneo
Joal
Sin
Salum
Wulli
Gambia
Albreda
Badibu
Pisania
Medina
Bondu
C.S. Maria
Bathurst
Ft. James
Vintang
Eropina
Ft. George
Cantor
Zinghichor
Casamanze
C.Roxo
Farim
Geba
Cacheo
Bissao
Concondo
Jatts I.
Geba
Archipel
der
Bissagots
Orango
Bulola
Kacondy
R. Grande
Kade
Faran
Konaan
I. Alkatras
C. Verga
Pongo
Loss I.
Malacong I.
Scarcies
Sierra Leone
Cap Sierra Leone
York
C. Schilling
u. Banana I.
Turtle I.
C.S. Anna
I. Scherboro
Turner H.
Gallinas
Sierra Leona-Küste
C. de Monte
S. Paul
C. Mesurado
Monrovia
Caldwell
Millsbg.
S. Johns
Gr. Bassa
Trade Town
Gr. Cestos
Sanguin
Settra Kru
Kl. Sestos
Windward-
der brittischen Se
SENEGAMBIEN
Gidumah
Dschiafnu
Elimane
Kasson
Moderi
Bakel
Makana
Bulebane
Joag
Fattecond
Kadschaga
Farbana
Kuniakare
Bambuk
Sansanding
Tenda
Farbana
Pajemma
Satadu
Woradu
Manna
Koina
Dendeia
Labbe
Futa Dschallon
Muri
Timbo
Cambaya
Bailia
Tamiso
Falaba
Podi
Bukaria
Sulimana
Samba
Loma B.
Kamato
Kambia
Kolakonka
Kuranko
Rokelle
Sumera
Kamaranka
Honde
Konde-Quojas
Cuscea
Kodschi
Manu
Liberia